Pferd und Reiter in Harmonie mit den Mondrhythmen

Mit aktuellem Mondkalender

Barbara Rauth

BLV

Inhalt

2,-

Pferd und Reiter in Harmonie mit den Mondrhythmen

Barbara Rauth

Für meine Mutter,
die die Liebe zu den Pferden
in mir geweckt hat

BARBARA RAUTH, geboren 1956,
seit 30 Jahren aktive Reiterin.
Beschäftigt sich seit circa 15 Jahren
mit der Astrologie und hat sich aufgrund ihrer
engen Beziehung zu Pferden intensiv auf die
Astrologie des Pferdes spezialisiert.

Einleitung

Alle Gesetzmäßigkeiten in der Astrologie sind nicht nur auf den Menschen, sondern auch auf alles Leben bezogen anwendbar.
In diesem Buch möchte ich Sie mit der astrologischen Denkweise vertraut machen und Ihnen den Einfluß des Mondes als einen sehr wesentlichen Teilaspekt kosmischen Zusammenwirkens näherbringen. Ich möchte Sie ermutigen, diese universelle Sprache, die uns eine Orientierung auf ganzheitliche Prinzipien vermittelt, in bezug auf das Leben mit Pferden erkennen und nutzen zu lernen. Dadurch entwickeln Sie mehr Verständnis für die natürlichen, dem Evolutionsprozeß angepaßten Vorgänge, die für uns still und unsichtbar sind. Diese bestimmen die Wahrnehmungswelt der Tiere wesentlich direkter als die der rational denkenden Menschen. Mit dem Wissen um die zyklischen Wechselwirkungen beginnen Sie, sich selbst und Ihr Pferd zu sensibilisieren, indem Sie sich den jeweils vorherrschenden Tagesimpulsen und einer gewissen Zeitqualität öffnen lernen.
So wie im Großen der Zyklus der Jahreszeiten die Natur und ihre Lebensformen auffordert, sich anzupassen, so beinhalten die kleinen Zyklen ebenfalls eine Fülle von Informationen, die mit den wachen Sinnen aller Lebewesen kommunizieren.

So beinhaltet jeder Tag, jede Stunde, ja jeder Augenblick seine Entsprechung. Nur der Mensch macht, unabhängig vom natürlichen Rhythmus, den Winter zum Sommer und die Nacht zum Tag. Er hat damit nicht nur den Bezug zum Rhythmus von Ruhe und Aktivität verloren, sondern auch die Botschaft des Augenblicks. Tiere in ihrem natürlichen Lebensraum leben augenblicksbezogen und sind auf das Hier und Jetzt gepolt. Deshalb reagieren sie ihren Lebensprogrammen entsprechend instinktiv, ohne jemals mit ihren feinen Sinnen den Zugang zu den kosmischen Kräften zu verlieren. Das trifft nur bedingt auf das domestizierte Tier zu.

Erziehungsfehler in der Aufzucht, unliebsame Erfahrungen und oftmals widrige Lebensumstände sowie permanenter Leistungsdruck verschüchtern und verbilden diese Lebewesen und stumpfen diese naturgegebene Sensibilität ab.
Das Pferd ist eines der am höchsten entwickelten Tierwesen dieser Erde. In freier Natur lebend spiegelt es uns nicht nur sein ausgeprägtes Sozialverhalten wider, sondern es zeigt auch jedem, der sich mit diesem Wesen und seiner Wahrnehmungswelt vertraut macht, bereitwillig sein breites Spektrum an Fähigkeiten.
Wenige von uns sind von Natur aus begabte »Horsemen«, die die Regeln einer harmonischen Pferd/Mensch-Beziehung richtig erkennen, indem sie die Körpersprache und die verschiedensten Stadien rhythmischer Wechselwirkungen als Verständigungsmöglichkeit intuitiv nutzen und richtig umsetzen.
So ist das Erleben und Lernen auch ein zyklischer Vorgang, der einem immer wiederkehrenden Wandel unterliegt. Um im »Einklang« mit Pferden zu leben und zu arbeiten, müssen wir den gegenwärtigen Augenblick achten lernen und dürfen nicht dem Fehler verfallen, stetig erlebnisorientiert handeln zu wollen, an den gegenwärtigen Umständen zu zweifeln, oder diese mit aller Gewalt ändern zu wollen. Der Umgang mit Tieren erfordert ein Leben in der Gegenwart im Hier und Jetzt. Nur die Konzentration auf das Wesentliche und die gefühlsmäßige Präsenz in der Tier/Mensch-Beziehung vermitteln uns auch die nötige »Vorsicht« und »Rücksicht« auf die jeweilige Grundverfassung des Tieres.
Mit dem Wissen um die zyklisch wechselnden Lebensrhythmen und dem Erkennen der jeweils vorherrschenden Tagesschwingung, die allem Leben eine Ausrichtung gibt, fällt es uns leichter, einen Einstieg in die Empfindungs- und Wahrnehmungswelt der Tiere zu finden.
Wir können erahnen, daß es bestimmte Zeitqualitäten geben muß, die uns harmonisch oder disharmonisch in eine Situation führen. So sind z. B. die Tage, während denen der Mond das Tierkreiszeichen Widder durchwandert, belebt von frischem Tatendrang und prädestiniert für einen Neubeginn, also gut für dynamische Aktionen, die herausfordern. Die darauffolgenden Tage des »Stiermondes« hingegen, stimmen uns weniger risikofreudig, so daß die Anlehnung an die sicherheitsvermittelnde Routine erstaunliche Leistungen bei der Wiederholung vertrauter Lektionen hervorbringen kann.
Weil die Ebene des Körpers mit der der Psyche ein untrennbares Ganzes bildet, beeinflussen, genauer gesagt korrespondieren die vorrangigen Impulsfrequenzen, die die Tagesqualität bestimmen, mit allen Ereignissen in entsprechender Wechselwirkung.
Da laden z. B. die »Fischemondtage«, die am Ende dieses in sich abgeschlossenen Kreislaufes stehen, zur Regeneration und Ruhe ein. Die auf den Körper bezogene motorische Anspannung hat ihren Tiefpunkt erreicht, gleichzeitig verlangt die psychische Verfassung nach sanfter uneingeschränkter Entspannung.

In diesem Buch werden die Ihnen bekannten 12 Tierkreiszeichen und deren Resonanz kosmischen Zusammenwirkens themenkonzentriert und in ihrem zyklischen Aufbau in der gegebenen Reihenfolge von Widder bis Fische aufgezeigt.
Angepaßt an Temperament und Mentalität Ihres Pferdes erstellen Sie das für die jeweils wirkende Tagesschwingung entsprechende pferdegerechte und individuelle Programm. Sie werden viel über emotionale Belastbarkeit, Regeneration und Gesundheit sowie über trainingsbegleitende Maßnahmen erfahren. Auch über die Lernbereitschaft während der Ausbildung, das Festigen bekannter Lektionen und Korrekturhilfen, Rhythmus und Feinkoordination, Fordern und Nichtfordern sowie Anpacken und Loslassen zum richtigen Zeitpunkt.
Jedem Tierkreiszeichen sind biologische Entsprechungen und Körperregionen zugeordnet, welche in Tabellen und Zeichnungen Ihnen die Thematik näherbringen und Ihnen einen schnellen Überblick über die jeweils vorherrschenden Impulsqualitäten ermöglicht.
Ich habe mich bemüht, Ihnen die Verhaltensweisen der Pferde in der jeweiligen Tagesgrundstimmung nach ganzheitlichen Prinzipien zu analysieren, zu hinterfragen und so wertfrei und praxisnah wie möglich zu vermitteln.
»Pferd und Reiter in Harmonie mit den Mondrhythmen« heißt, in Anlehnung und im Einvernehmen der vorgegebenen Lebensrhythmen, die oft ähnlichen Tagesstimmungen mit den Pferden zu erfahren und zu reflektieren. So zeigt Ihnen das Pferd, wie kaum ein anderes Tier, im Zusammenleben und Wirken mit dem Menschen eine breite Palette psychischer Entsprechungen auf, die Sie im übertragenen Sinn auch sehr persönlich nehmen dürfen.
Beziehungen zu Tieren dienen dazu, sich selbst zu erkennen, nicht dazu, um auf deren Kosten mit sich selbst zufrieden zu sein. Sie sind wirkliche Freunde.
Vielleicht setzen Sie sich darüber hinweg, vielleicht spüren Sie aber auch in dieses Thema hinein und warten auf Resonanz und beginnen somit das Wechselspiel symbolisch zu begreifen. Mit dem Inhalt dieses Buches möchte ich Ihnen eine neue Erfahrungs- und Beobachtungsebene erschließen, die Ihnen Tür und Tor öffnen kann für die universelle Sprache der Gefühle, die in kultivierter Form auch die Sprache des Herzens ist, die alle Lebensformen verstehen.

Das Glück unserer Pferde liegt zwischen Himmel und Erde

Um ein Gespür für die Bedeutung der komplexen Wahrnehmungswelt der Tiere zu entwickeln, möchte ich mit meinen Ausführungen etwas ausholen. Vielleicht für den einen oder anderen Leser ein wenig abgehoben, aber der Himmel ist nun einmal oben, beginne ich meine Erklärungen dort, wo neues Leben seinen Anfang findet, und dort, wo wir unsere alten Denkmuster beiseite stellen sollten, um uns einzuschwingen in die lichten Lebensformen, die alles Sein durchdringen.

Evolutionsweg

Beginnt ein Lebewesen, den Lichtspektren und Lebensprogrammen eines Pferdes gleich, sich den Evolutionsweg zur Erde zu bahnen, so hat es seiner Frequenz entsprechend den Ruf empfangen, einzutauchen in diese irdische Welt. Eingewoben in den warmen schutzbietenden Mutterschoß vollzieht sich Evolution, also Wachstum ewigen Lebens.

Nach dem Gesetz »Gleiches zieht Gleiches an« findet das Tierwesen den Weg vom Feinstofflichen in das Grobstoffliche, also in die für uns sichtbare irdische Daseinsform. Es ist für uns Menschen, die wir in Raum und Zeit denken, schwer vorstellbar, daß sich der Evolutionsweg der Mineral-, Natur- und Tierreiche zuerst im Feinstofflichen strukturiert, bevor diese ihren Werdegang auch auf der materiellen Ebene vollziehen.

Teilseele

Hat sich eine Naturform über Lichtzyklen hinweg soweit entwickelt, daß sie zur Teilseele herangereift ist, so ist es damit wie auch das Pferdewesen zum Träger der vier Elementarkräfte (Feuer, Erde, Luft, Wasser) geworden.

Entwicklungsstufen

Über die Planetenbahnen, den geistigen Makrokosmen und dem materiellen Makrokosmos, die ganze Seinsschöpfung nach dem Gesetz »Alles in Allem« registrieren und ordnen, findet jede Daseinsform ihre Entwicklungsstufe.

Ähnlich wie sich die Zellverbände eines Körpers aufbauen, so fügen und vermehren sich im Laufe der Entwicklung die geistigen Partikel eines Lebewesens zu einem immer flexibler werdenden Geistleib. Diese feinstofflichen Partikel bestehen aus einer Vielzahl geistiger Atome, welche als Essenz alle Kräfte und Bewußtseinsenergien des reinen Seins, der Gestirne, der Mineralien, Pflanzen und Tiere beinhalten. Das gilt jedoch nur soweit, wie es dem momentanen Entwicklungsstand der Teilseele, in diesem Fall der Wesenheit des Pferdes, entspricht, da sein Evolutionsweg hin zum reinen Naturwesen noch nicht abgeschlossen ist.

Je weiter das Potential der geistigen Partikel oder das Bewußtseinslicht der Lebensform reicht, desto weitreichender strahlt der von Gott gegebene freie Wille ein, der nicht nur dem Menschen gegeben ist, sondern als kosmisches Grundgesetz auch dem Tier seine Kommunikations- und Bewegungsfreiheit schenkt.

Kosmisches Grundgesetz

Würde der Mensch seine grobe, von Nutzen und Machtstreben geprägte Einstellung zu den Tieren ändern, sich selbst sensibilisieren, und den wunderbaren Seinsformen der Schöpfung mit mehr Achtung begegnen; dann würde er ihnen auch mehr Freiheit und Lebensraum zugestehen, weil er erkennen würde, daß erst durch die Entfaltung des freien Willens, des freiwilligen aufeinander Zugehens Unabhängigkeit und Reife entstehen kann.

Unabhängigkeit und Reife

Diese Ausführungen lassen den wachen Leser erkennen, wieviel Feinfühligkeit von seiten des Menschen notwendig ist, um mit der Anmut und Liebe, die diese reinen Tierwesen ausstrahlen, auch richtig umzugehen. Die Aufforderung zu mehr Sensibilität gegenüber den Tieren würde heißen, die universelle Sprache des Herzens zu lernen, indem wir unsere Kopflastigkeit, unsere vorrangig auf Erfolg und Ansehen ausgerichtete Sicht- und Handlungsweisen mit wachsender Empfindsamkeit zu höherer Ethik und Moral schulen. Jede Empfindung, jeder Gedanke und jede Tat des Menschen transportiert und strahlt eine Bewußtseinsschwingung aus, die vom Tier in seiner Wahrnehmungswelt mit all seinen feinen Sinnen aufgenommen wird. Unmut, Frustration und Aggressionen finden somit Einlaß in die Tierpsyche und verbilden und entfremden es in seinen natürlichen Verhaltensweisen. Zusätzlich wirken die vom Menschen auferlegten Lebensprogramme, die es zum willenlosen Jasager abrichten möchten und dem Tier Lebenskraft (Bewußtseinslicht) entziehen. Sie programmieren somit Mangelerscheinungen, die sich in Krankheit und Depression niederschlagen. Diese Spannungskomplexe und umgepolten Lebensprogramme, die vom Energiekörper oder Geistleib ausstrahlen, werden auch vom Tier zu weiteren Inkarnationen (Einverleibungen) mitgebracht.

Lebensprogramme

Einen dieser Degenerationsprozesse stellt z. B. die heute vielfach angewandte künstliche Besamung dar. Hier wird in den Ablauf der Zeugung eingegriffen, ohne zu wissen, ob Gene, Blut und Frequenz der Körper aufeinander abgestimmt sind. Die Frage der Schwingung zwischen Hengst und Stute wird negiert. Instinkt spielt keine Rolle mehr. Der natürliche Lebensrhythmus wird manipuliert, nur das gewünschte und angedachte Ergebnis interessiert. Die Folge sind in vielen Fällen überzüchtete Wunschkreationen oder mit Erbkrankheiten belastete Tiere.

Degenerationsprozesse

Um die Wahrnehmungswelt der Tiere, im konkreten die des Pferdes, besser zu verstehen, beschreibe ich nun die inneren Vorgänge der Sinneswahrnehmung, beginnend mit der vorgeburtlichen Phase, in welcher die Lebensverhältnisse und Gemütslage der Mutterstute die Gefühlswelt des heranreifenden Pferdewesens wesentlich mitbestimmen, da es diese teilweise schon im Mutterleib miterlebt.

Wahrnehmungswelt der Tiere

Daß die Sinnesorgane beim Tier eine viel feinere Ausprägung erhalten, liegt darin begründet, daß artspezifische Lebensprogramme die-

Sinneswahrnehmung

se Übersensitivität für ein Leben im Einklang mit der Natur fordern, auch um überleben zu können. Ein weiterer Grund ist, daß es mit seinem Entwicklungsstand weder die rationale Beurteilungsfähigkeit noch die willentliche Auf- oder Abwertung des Nächsten, die dem Menschen so sehr zu eigen ist, nicht kennt. Ein Tier bleibt immer in sich unkompliziert, ernsthaft und geradlinig in seinen Äußerungen, die wiederum Instinkt sind.

Urempfindungen

Die Tiere sehen die Welt mit ihren reinen Empfindungen, die wir auch die Welt der Urempfindungen nennen können. Sie beziehen ihre Lebenskraft aus der steten Verbundenheit zur Allkommunikation, währenddessen der Mensch diese meist im Äußeren sucht. Diese Art der Sinneswahrnehmung prägt auch das Verhalten der Tiere wesentlich nachhaltiger, da mit den aufgenommenen Sinnesreizen augenblicklich eine Art Simultanübersetzung stattfindet. Das Tier integriert das Erschnupperte, Ertastete, Gesehene oder Gehörte sofort zu einem Muster in einem Gesamtbild, das ihm nicht nur Zustimmung bzw. Ablehnung, Sympathie oder Antipathie, angenehm - unangenehm, Sicherheit oder Bedrohung signalisiert, sondern auch alle damit verbundenen Erinnerungen wachruft, die in seinem Lebensprogramm gespeichert sind.

Vorgeburtliche Phase

Alle Sinne werden schon im vorgeburtlichen Zustand durch die Empfindungswelt der Mutter vorgeprägt und teilweise über innere Eindrücke miterlebt. Die Lichtspektren des noch kleinen Energiekörpers stehen so in Resonanz mit dem Muttertier, und es trägt bereits die Elementarstruktur in sich, die zur gegebenen Zeit in Übereinstimmung mit dem Stand des Mondes, der Sonne und der Gestirne den Geburtsvorgang einleiten.

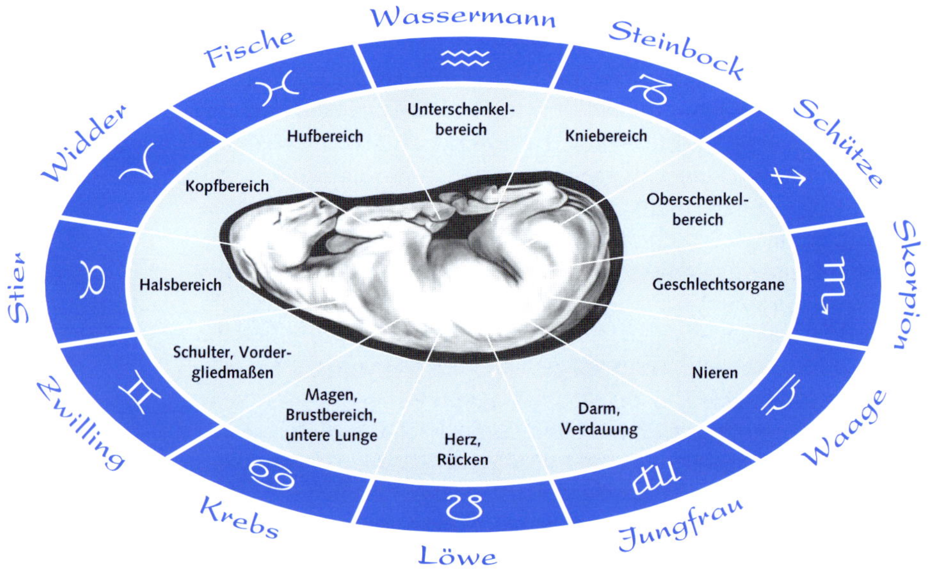

Mit dem ersten Atemzug (Geruchssinn) findet die Koppelung des Energiekörpers an den irdischen Körper statt, und somit beginnt das endgültige Erwachen und Gewahrwerden der Sinne. Die schutzbietende Nähe der Mutter, ihre ersten Liebesbezeugungen werden so durch Tasten, Hören, Riechen, Schmecken und Sehen zur Bindung für die naturgegebene Zeitspanne beiderseitiger Abhängigkeit.

Gewahrwerden der Sinne

Das Fohlen erlebt die Erdenschwere, den Druck seines Gewichtes, fühlt den Boden unter sich und den ersten Temperaturunterschied. Und schon beginnt es die Berührungen seiner Mutter wahrzunehmen (Tastsinn). Der Hauch ihres Atems (Geruchssinn) und die leisen Äußerungen ihrer ganz speziellen Stimmlaute (Hörsinn) werden zu ersten Bindegliedern direkter Kommunikation. Bald darauf verspürt das junge Leben den Impuls aufzustehen. Tollpatschig und mühsam überwindet es sich und erprobt erstmalig den Gleichgewichtssinn und sucht im Anschluß instinktiv nach dem Euter der Mutter. Mit dem Einsaugen der Muttermilch (Geschmackssinn) findet wiederum eine erneute Koppelung, eine Prägung statt. Die Bedeutung des Sehsinnes beginnt zu reifen, nachdem es die inneren Eindrücke seiner Wahrnehmungswelt auch mit dem Geschauten instinktiv zu verbinden lernt. Auch dabei helfen die Impulse des Mondes, der Sonne und die der Gestirne, die mitgebrachten Wesensinhalte, die bereits die Anlagen der Lebensprogramme für diesen Erdenweg beinhalten, zu aktivieren. Die Mutterstute und die Menschen, die das junge Lebewesen umgeben, und nicht zuletzt sein Lebensraum tragen dazu bei, daß es mit Hilfe seiner Wahrnehmungswelt, mit seinen stetig wacher werdenden Sinnen, seinen physischen Leib immer mehr zu durchdringen und zu programmieren vermag. In dieser Phase der Lebensvorbereitung, den ersten Wochen und Monaten und darüberhinaus entstehen die Lebensprogramme, in dem sich der Energiekörper immer mehr in seinem irdischen Körper verwurzelt. Es lernt die Funktionen des heranwachsenden Körpers zu beherrschen, bis die physische und psychische Koordination in optimaler Wirkung aufeinander abgestimmt ist.

Geruchssin
Tastsinn
Gehörsinn

Geschmacksinn
Sehsinn

Lebensprogramme

Diese oft sehr unterschiedlich erlebten Entwicklungsstadien stehen in sehr engem Zusammenhang mit den Zyklen rhythmischer Wechselwirkungen des Mondes, der Sonne und gegebener Planetenkonstellationen, die das Heranreifen des Pferdekindes einmal verlangsamen oder beschleunigen.

Entwicklungsstadien

Hier würde ein Pferdehoroskop interessante Aufschlüsse geben, weil es als Meßinstrument die graphische Darstellung der Elementestruktur und die Prinzipienmuster seines Lehrplans aufzeigt und damit die Grundkonstitution, die Wesenszüge, Veranlagungen und die damit verbundenen Entwicklungsphasen transparent macht.

Pferdehoroskop

Die Möglichkeit, ein so hoch entwickeltes Tierwesen wie das Pferd auf diese Weise näher kennenzulernen, ist für viele ein sehr reizvoller Weg, vor allem dann, wenn unser Hauptinteresse dem Wohlergehen des Tieres gilt und nicht den spekulativen Vorstellungen ehrgeiziger Pferdesportler.

Pferd/Mensch-Beziehung

Der einfühlsame Pferdefreund weiß, wie sehr der Erfolg einer befriedigenden Pferd/Mensch-Beziehung von der Offenheit und Bereitschaft abhängig ist, auch an sich selbst zu arbeiten. Je weniger jedoch ein Mensch von seinem innersten Wesen weiß, desto weniger Möglichkeiten kann er nutzen, um sich der psychologischen Herausforderung zu stellen, die ihm die Partnerbeziehung zum Pferd in ihrer Vielfalt zu bieten vermag. Wer im Zusammenleben mit Pferden auch die spirituelle Entwicklungschance erkennen möchte, wird früher oder später mit Hilfe der Tiere die universelle Sprache aller Lebensformen kultivieren und bejahen lernen und seine Empfindungen, Gedanken, Worte und Taten bewußter bündeln und kanalisieren, damit diese auch von der Empfindungswelt der Tiere richtig wahrgenommen werden können.

Dabei sollten wir Pferdeliebhaber uns mehr auf die innere Erlebniswelt der Pferde einstellen und uns bemühen, diesem Lebewesen seine naturgegebene Sensitivität zu erhalten, ja sogar im positiven Sinne versuchen, diese zu erweitern und zu vertiefen.

Auch wenn uns die Pferde durch ihre Größe und Stärke so robust und gefühllos erscheinen mögen, gehen wir komplett fehl in der Annahme, daß sie unsere oft groben und unsensiblen Signale brauchen, um uns zu verstehen. Im Gegenteil, das Pferd ist zweifellos der sensiblere Teil dieser Partnerbeziehung.

Körpersprache des Pferdes

Es gibt eine Vielzahl von Pferdebüchern. Nur wenige jedoch erzählen von der Körpersprache dieses hoch entwickelten Lebewesens und vermitteln uns den für die Praxis nötigen Blick und das Einfühlungsvermögen, um uns so einer gemeinsamen Sprache näherzubringen. Worte und Gesten beinhalten noch lange nicht das, was wir oft ausdrücken wollen. So ist die Sprache auch unter uns Menschen oft Ursache von Mißverständnissen, weil wir, jeder seinem Bewußtseinsstand entsprechend, Gesprochenes und Gehörtes unterschiedlich interpretieren.

Hilfengebung

Das Pferd, das gelernt hat, die Signale des Menschen auch über seinen hochempfindlichen Tastsinn aufzunehmen, hat ebenfalls Mühe, diese sogenannten Hilfen richtig umzusetzen, besonders deshalb, weil diese Form der Verständigung seinen Lebensprogrammen total fremd ist.

Wird die Körpersprache des Pferdes beim Erlernen bestimmter Aufgaben mitberücksichtigt, wie z.B. bei der Bodenarbeit, so findet das von Natur aus gesellig-gelehrige Pferdewesen sehr schnell und mit befriedigendem Erfolg einen direkten Zugang zu den geforderten Aufgaben.

Es begreift schneller und effektiver, weil es auf diese Weise den Menschen besser mit all seinen Sinnen wahrnehmen kann und nach seinem Dominanzempfinden die ihm übermittelten Aufgaben teilweise durch Nachahmen (auch der inneren Bilder) direkter begreifen lernt. Bei der Bodenarbeit ist die Konzentration auf beiden Seiten erhöht.

Gedankenbilder

Das Annehmen der Signale wird mit Hilfe von Gesten, Gedankenbildern und der Stimme des Menschen unterstützt und vom Pferd mit wachen Sinnen freudig und ohne Verzögerung umgesetzt. Der Blickkontakt darf dabei nie ganz aufgegeben werden. Auch das Lob, in erster Linie durch die Stimme und in zweiter Linie durch Körperkontakt vermittelt, soll die vertraute Zufriedenheit beider ausdrücken und zu weiteren Lernschritten motivieren. (Anregend wären z. B. unterschiedliche Bodenhindernisse, wie sie beim Westernreiten häufig benutzt werden.)

Vertrauen

Mit der Beachtung, die wir dem Pferd entgegenbringen, stärken wir sein Vertrauen. Es fühlt sich nicht mehr überrumpelt, sondern eingeladen von seinem »großen Bruder«, dem Menschen, mit ihm etwas zu unternehmen.

Kontakt

Kontakt heißt das Schlüsselwort. Wann immer Kontakt stattfindet, kommt Energie zum Austausch. Über die Sinnesorgane aufgenommene Informationen werden an Schaltzentren weitergeleitet und nach dem Prinzip von Senden und Empfangen entsprechend reflektiert.

Geruchssinn

Neben dem Seh-, Hör- und Tastsinn bekommt nicht zuletzt auch der für das Pferd so elementar erlebte Geruchssinn eine übergeordnete Bedeutung, die ich nun eingehender beschreiben möchte, weil wir im Umgang mit Pferden dieser Sinneswahrnehmung zu wenig oder gar keine Beachtung schenken.

Für alle Tiere, so auch für das Pferd, ist der Geruchssinn einer der wichtigsten Informationsträger, der ihm nicht nur die Duftnoten molekularer Strukturen übermittelt, sondern es weit feinere Nuancen erfassen läßt.

Urempfindungen

Damit Sie eine Idee von der so komplexen Empfindungswelt der Tiere bekommen, möchte ich nun mehr über die elementare Wirkung des Geruchssinnes verraten, der auch neben allen anderen Sinneswahrnehmungen in uns Menschen eine Art Urempfindung auszulösen vermag.

Gestatten Sie sich hierzu ein kurzes Experiment

Versuchen Sie nun, nachdem Sie diese Zeilen gelesen haben, sich an eine ganz bestimmte Duftnote zu erinnern. Schließen Sie dabei die Augen und begeben Sie sich bewußt in diese Wahrnehmungs-Erinnerung.

Was ging in Ihnen vor?

Dufterinnerung

Sie werden festgestellt haben, daß Sie in diesen Augenblicken Ihre Gedanken fast gänzlich ausgeschaltet haben und sich diesen Situations- und Bildergefühlen hingaben, indem Sie mit der Dufterinnerung Informationen herbeiholten, die außerhalb Ihrer Gedankenwelt, also Ihrer Ratio lagen. Erlebten Sie den Duft tatsächlich, so schalteten Sie ebenfalls für die Dauer dieser Sinnesempfindung Ihren Intellekt aus und reagierten **instinktiv.**

Anhand dieses Beispieles möchte ich eine Brücke zu weiteren Erklärungen bauen: Düfte können in uns Feinfühligkeit und auch Dynamik auslösen, die uns an einen tiefen Punkt, ja an die Wurzel, der damit verbundenen Empfindung selbst führen (Urempfindung).
Durch das Einatmen, das An- und Aufnehmen der Duftbotschaft zieht es uns förmlich in eine **Bewußtseinswelt der Gedankenleere** (wie bei den Tieren), die ein intellektuelles Ausloten des Geruchsimpulses nicht sofort zuläßt.
Oft begleitet von inneren Bildern der damit verbundenen Geschehnisse kann man sagen, daß der Geruchssinn eine Art Koppelung auslöst, die durch direkte Kommunikation mit der Innenwelt, die wiederum eine Ausrichtung gibt, ein weiteres Bindeglied zur Außenwelt schließt.

Innere Bildmuster

Wir erfahren, ohne bewußt zu denken, innere Bildmuster. Je nachdem, was wir riechen - ob Angenehmes oder Unangenehmes - es bleibt ein umfassender nachhaltiger Eindruck zurück. Diese Erkenntnis läßt sich auch auf die Wahrnehmungswelt der Tiere übertragen, wohl aber mit dem gravierenden Unterschied, daß deren Sinneszellen schon auf feinste Schwingungen reagieren, während uns nur dichte Duftwolken bewußt beeindrucken können.
Nach Gino Soldera kann der Geruchssinn am Beginn des biologischen Lebens mit dem Einsetzen der Pulsierung angesetzt werden. Die Riechsinnes-Nervenzellen sind ein gigantisches Wunderwerk, von dem die Wissenschaft bis heute noch nicht genau weiß, wie es wirklich funktioniert.

Schüssel-Schloß-Prinzip

Man nimmt an, daß sie nach dem Schlüssel-Schloß-Prinzip funktionieren, d. h., daß eine bestimmte Geruchsinformation zu einer bestimmten Zelle paßt und entsprechende Impulse auslöst.

Vibrationsmechanismus

Es gibt eine Theorie von Daniel McKenzie, nach der neben der chemischen Wahrnehmung beim Riechen auch ein **Vibrationsmechanismus** beteiligt ist, der nichts mit der Präsenz von Molekülen zu tun hat.
Auch die physikalische Tatsache, daß die Riechzentren in der Großhirnrinde den Geruch an die sogenannten primitiven Teile des Gehirns weiterleiten, in den Hypokampus und vor allem in das lymbische System, das nicht nur der älteste Teil des Gehirns, sondern derjenige Teil ist, welcher die Basis für alle bewußten höheren Erfahrungen bildet, der uns diese nicht bewußt kontrollieren läßt.

der 6. Sinn

Das gibt uns Anlaß zu der Annahme, daß dort ein Ineinandergreifen von physischen und psychischen Strukturen stattfindet, also Kontakt zwischen Körper und Geistleib.

Schwingungszahl

Jede Lebensform trägt ihre eigene Schwingungszahl, da sich die ganze Schöpfung in Farbe, Form, Klang und Duft ausdrückt.
Einerlei, was ein Pferd (Tier) identifizieren möchte, ob es einen Gegenstand, Nahrung, ein Artgenosse oder ein Mensch ist, es sieht und hört nicht nur genau hin, sondern es will den Gegenstand seines Interesses auch genauestens beriechen und betasten. Düfte sind auch für Pferde sehr wichtige Informationsträger. Jeder Duft hat seine besondere Schwingung, jedes Energiefeld hat sein athmosphatisches

Bild. Tiere sind in der Lage, **Entfaltungs- und Bewußtseinsdüfte** wie z.B. die menschliche Ausstrahlung und Bewußtseinsschwingung aufzunehmen. Das Tier, so auch das Pferd, erschnuppert die Gesinnung eines Menschen, sein Empfinden, Denken, Reden und Handeln. Es sieht, hört, fühlt und riecht sein Gegenüber und nimmt sogleich einen Gesamteindruck wahr, den es seinem Entwicklungsstand und seinen Lebensprogrammen entsprechend wiederum in Farbe, Form, Klang und Duft in seiner inneren Wahrnehmungswelt entstehen läßt.

Entfaltungs- und Bewußtseinsdüfte

Deshalb ist es von entscheidender Wichtigkeit, wie und mit welcher Grundhaltung wir dem Pferd (jedem Tier) begegnen, mit welchen Empfindungen, Gedanken, Worten und Gesten wir es bei gemeinsamen Aktivitäten unterstützen, damit es die ihm vertraute geistige Kommunikation nicht gänzlich verliert. Es soll wieder Vertrauen schöpfen zu seiner Gefühlswelt. Diese ist dem Pferd wesentlich näher, als die vielen äußeren Gesten und Aktionen, die wir ihm täglich aufs neue bieten.

Geistige Kommunikation

Lernen wir mit den Pferden diese innere Kommunikationsebene Schritt für Schritt zu erschließen, lernen wir die Konzentration auf innere Mitteilungen an unseren Freund, dem Pferd, stetig zu erweitern, so schaffen wir damit ein Fundament für eine gemeinsame Sprache und nähren damit gezielt inneres Wachstum.

Fundament gemeinsamer Sprachen

Wer sein Pferd als einen Teil von sich selbst erkennt, der wird sich in die jeweilige Situation des Pferdewesens besser hineinfühlen können. Auch die Vorstellung, das Tier wie unser Kind zu behandeln, indem wir es liebevoll von einem Lernschritt zum nächsten mit emotionaler Anwesenheit (z.B. mit Geduld und ohne Erwartungshaltung) begleiten, verhilft uns zu einer optimalen Basis gegenseitiger Verständigung.

An diesem Punkt wird es Zeit, die theoretischen Betrachtungen mit Beispielen aus der Praxis zu beleben

Ich möchte Sie ermutigen, eine mit Bildbotschaften visuell unterlegte Sprache im Umgang mit Tieren zu gebrauchen.

Bildbotschaften

Ein Erfolg stellt sich jedoch erst dann ein, wenn Sie durch stetes Üben des gegenseitigen Vertrauens dafür eine Basis für diese Art der Kommunikation schaffen.

Eine zusätzliche und wertvolle Hilfe ist das Wissen um die Mondrhythmen, das Thema dieses Buches. Der Inhalt wird uns Genaueres über die jeweils wechselnden Tagesgrundstimmungen verraten. So finden wir sehr schnell den gemeinsamen Nenner, um uns auf ein stimmiges Tagesprogramm vorzubereiten und einzustellen.

Nach einem kurzen Blick in den Mondkalender informieren Sie sich anhand der Kurzzusammenfassung über die heute wirkenden Tagesimpulse. Vielleicht lesen Sie nur das am Anfang eines jeden Kapitels stehende Stimmungsbild, um die Gemütslage Ihres Vierbeiners besser

Mondkalender

Stimmungsbild

einzuschätzen, oder Sie entscheiden sich erst nach genauem Studium des Inhaltes für ein passendes Tageskonzept.

Tagesprogramm

Nehmen wir an, daß der Mond in zunehmender Phase sich im Tierkreiszeichen Löwe befindet und Sie sich aufgrund vergangener, anstrengender Tage in der Gruppe zu einem »Relax-Tag mit Spazierfreude« für sich und Ihr Pferd im »Alleingang« entschieden haben, und nicht zuletzt deshalb, weil Sie in Ruhe und Gelassenheit die innere Kommunikation mit Ihrem Pferd üben wollen.

Die Bildbotschaften

Bildinformationen als telepathische »Vorausbotschaft«

Auf Ihrem Weg in den Reitstall lassen Sie also vor Ihrem inneren Auge ein Bild des Begrüßungszeremoniells mit Ihrem treuen, heute vielleicht etwas verträumten Vierbeiner entstehen. Damit informieren Sie ihn telepathisch über Ihr baldiges Eintreffen. Visualisieren Sie jetzt schon, wie Sie sich Ihr gemeinsames Tagesprogramm vorstellen. Es braucht Sie dann keineswegs zu erstaunen, wenn dieser Impuls Ihr Pferd bereits erreicht hat und es Sie freudig wiehernd erwartet. Bei der Begrüßung gehen Sie auf die Verhaltensweise und die Pferdesprache ein. Z. B. wird ein sanfter Atemhauch in die Nüstern Ihr freundliches Gegenüber mit einem ebensolchen in Ihr Gesicht erwidern. Damit teilt es Ihnen nicht nur seine Wertschätzung mit, sondern erschnuppert auch Ihre augenblickliche Ausstrahlung und Ihre Gemütsverfassung, die nun gespeichert bleibt. Vielleicht hat es sich in diesem Moment an Ihre telepathische Vorausbotschaft erinnert und hat nun die Gelegenheit, die erneut eingegebene Information über Ihr Vorhaben durch das in ihm entstandene Schnupperbild wesentlich deutlicher aufzunehmen. So ist für heute die notwendige Ausgangsbasis geschaffen, um weitere Gedankenbilder und Informationen einfließen zu lassen. Die Grundschwingung ist erkannt.

Tages-Schnupperbild

Gedankenbilder

Anstatt Ihre Aufmerksamkeit auf einen Plausch mit anderen Reiterkameraden zu konzentrieren und mechanisch Ihr Pferd von der Box nach draußen zu führen, lassen Sie das Band innerer Kommunikation geknüpft. Bleiben Sie mit Ihren Empfindungen beim Pferd. Sprechen Sie mit ihm in gewohnter Stimmlage und benennen Sie wiederholt bekannte Begriffe wie z. B. »Komm her«, etc. Gleichzeitig visualisieren Sie die vertrauten Handlungsmuster, indem Sie Ihr Pferd einladen, Ihnen zum Putzplatz zu folgen. Dort angekommen, beobachten Sie sein Verhalten. Für jeden engeren Kontakt wie Berühren oder Beschnuppern nehmen Sie sich Zeit, um in diesen Momenten den Fluß Ihrer Gefühle und positiver Gedankenbilder zu intensivieren. In bildhaften Abläufen, die von Ihnen mit ruhiger und gleichmäßiger Stimme unterstützt werden, informieren Sie Ihr Pferd wiederholt über das gemeinsame Unternehmen.

Vertraute Handlungsmuster

Rituale des Putzzeremoniells

Bevor Sie Striegel und Bürste zur Hand nehmen, benennen Sie gedanklich die Stelle, an der Sie diese ansetzen. Jede noch so simple Handlung kann dem Tier auf diese Weise noch bewußter gemacht werden. Somit werden die Rituale eines Putzvorgangs zu einem direkten Energieaustausch, ja sogar zur energetischen Massage, die die geistigen Partikelstrukturen in Fluß bringen und aktivieren.

Ton-Bildeingaben

Jedes nun folgende Vorhaben, ob nun der geplante Ausritt oder die Dressur- oder Springstunde, wird gedanklich vorprogrammiert. So wird beispielsweise aus dem bis heute von Ihrem Pferd nur widerwillig akzeptierten Verladeakt in den Hänger durch positives Vordenken eine freundliche Aufforderung, dem Ihr sonst etwas irritierter Vierbeiner allmählich willig nachkommt. Sie haben mehrere Male vorher eine Bildfolge vom freiwilligen Begehen des Hängers, dem duftenden Heusack im Inneren, der kurzen Fahrt, sowie des Fahrziels, die von Ihnen beiden geschätzte Ausreitstrecke mit federndem Wiesengrund und den langen Trabstrecken entlang der schattenspendenden Pappelallee, entstehen lassen.

Ton-Bildsprache

Beschaulichkeit und Ruhe unterstützen während des gesamten Zusammenseins das Aufnehmen der Ton-Bildsprache. Da Sie mehr über die Tagesverfassung des Pferdes wissen, fällt es Ihnen leichter, sich auf Grundlegendes zu konzentrieren. Z. B. wissen Sie vorab, daß Ihr Pferd an »Löwemondtagen« zur Abwechslung einmal gut ohne Begleitung seiner Artgenossen zurechtkommt und sich deshalb mehr auf den Reiter konzentrieren wird. Sein Pferde-Ich, sein emotionales Empfinden, möchte sich stabilisieren. Trotzdem sollten Sie dabei beachten, daß diese Tagesqualität besonders das temperamentvolle Pferd dazu veranlaßt, selbst Impulse zu setzen, die Sie als qualifizierter Reiter gerade im Gelände richtig beantworten müssen. Mit Hilfe der Bildeingaben, auch während des Reitens, wird jede Handlung synchron der Situation angepaßt, und mit der Zeit werden diese Vorstellungen in optimaler Koordination den Fluß der Bewegung mitbestimmen.

Pferde-Ich

Ihr Vierbeiner wird diese Form der Verständigung sehr schnell annehmen, er wird souverän reagieren und zunehmend anspruchsvollere Aufmerksamkeit fordern. Deshalb vergessen Sie nicht, nach getaner Arbeit Ihr Pferd weiter zu informieren.

Zu Hause angekommen, geben Sie schon die Vorfreude auf ein paar saftige Äpfel, die Sie heute statt der gewohnten Mohrrüben mitgebracht haben, vor allem bildlich weiter. Nachdem Sie es gewissenhaft versorgt haben, verabschieden Sie sich mit einem »Dankeschön«, herzen es noch einmal mit körperlichen und seelischen Streicheleinheiten, bevor Sie Ihrem Pferd bildhaft in Gedanken zu erkennen geben, daß Sie morgen wiederkommen werden.

Fazit

Derjenige, der in »Sachen Pferd« betont »männlich« denkt und fühlt, wird meine Ausführungen vielleicht belächeln und diese für »dämlich« übertrieben halten und sein starres Konzept mit einer kopfbetonten Analyse begrenzen. Die andere Wirklichkeit hingegen, die Bilderwelt, die die Sprache unserer Seele ist, der Trend zu mehr Herz und Gefühl, wird unsere Intuition besonders im Umgang mit den Pferden stärken und uns einem spirituellen Konzept zur Vereinigung mit allem Leben näherbringen.

In Resonanz mit den Mondprinzipien

Der Mond

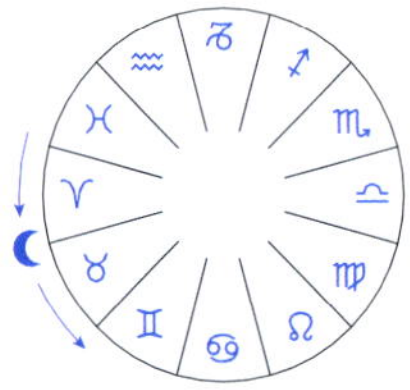

Während seines 28–29,5tägigen Umlaufes um die Erde dominiert der Mond unseren Sternenhimmel und erregt unser aller Aufmerksamkeit, indem er uns außer in den Tagen des Neumondes die zu- oder abnehmende Art seines periodischen Erscheinens aufzeigt. Er durchläuft in knapp 2,5 Tagen jeweils eines der uns bekannten 12 Tierkreiszeichen. Innerhalb eines Monats wird der Mond einmal als Vollmond und einmal als Neumond sowie mehrere Male als zu- oder abnehmender Mond auftreten.
Um den jeweiligen Stand des Mondes mit einem Blick festzustellen, bedienen wir uns des anliegenden Mondkalenders (siehe Anlage).

Die Position und Winkelbeziehung von Sonne und Mond zueinander bestimmt nicht nur sein für uns sichtbares Volumen, sondern zeigt uns die dynamischen Prozesse innerer und äußerer Entwicklungstendenzen an.

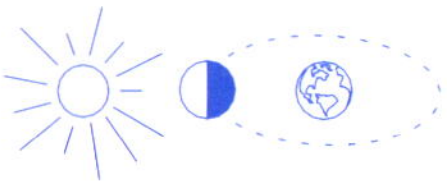

Die erste Phase des Zyklus beginnt mit dem Neumond. Dieser steht jetzt der Sonne am nächsten. Beide befinden sich im gleichen Tierkreiszeichen. Es ist die Zeit des geringsten Magnetismusses, in der sich nach einer Phase innerer Zurückgezogenheit wieder ein Impuls neuen Wachstums zu regen beginnt. Die Trägheit vergangener Tage soll überwunden und neue Grenzen wollen erkannt werden.

☽ Beginn des zunehmenden Mondes

Das ist die Zeit des Verwertens jeder Energiezufuhr. Nähr- und Aufbaustoffe werden besser gespeichert, Körper und Seele sammeln die ihnen zugeführten Energien. Eine ideale Erholungspause für die Körperregion, die dem Tierkreiszeichen entspricht, das der Mond gerade durchwandert, mit bestmöglichem Erfolg für eine Regeneration. Gerade jetzt dürfen jene Körperregionen keineswegs überstrapaziert werden. Die geistige Aufnahmefähigkeit ist begünstigt, Positives wird schneller und nachhaltiger integriert, jedoch Negatives auch länger festgehalten. Operationen und Eingriffe zu dieser Zeit sind möglichst zu vermeiden, da die Wunden stärker bluten und der Heilungsprozeß wesentlich langsamer verläuft.

Das Sichtbarwerden des **Sichelmondes** bedeutet, daß nach einer Phase des Rückzuges sich die kreativen Energien wieder manifestieren wollen. Die Zeit der Aufnahmefähigkeit und des Kräftetankens beginnt.

Der **Halbmond** oder der Mond im ersten Viertel ist eine Zeit der Herausforderung, eine Zeit innerer und äußerer Aktionen. Man sucht nach Unabhängigkeit und kehrt nur ungern zu dem zurück, was man bis dahin bereits gefestigt und integriert hat.

Der **Buckelmond** ist die Zeit kurz vor Vollmond. Sie stellt unsere Standhaftigkeit auf die Probe und fordert uns auf, jede Einschränkung zu überwinden und unserem Handeln eine eindeutige Richtung zu geben.

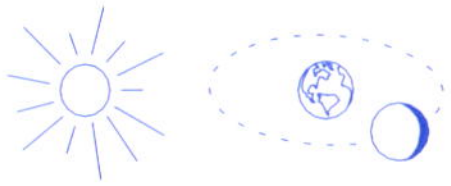

Es ist **Vollmond**, wenn der Mond nach ca. 14 bis 15 Tagen die erste Hälfte seiner Wegstrecke um die Erde hinter sich gebracht hat. Sonne und Mond stehen sich also genau gegenüber, sie befinden sich auch auf der Achse zweier sich gegenüberliegenden Tierkreiszeichen. Der Punkt höchster Energieentfaltung ist erreicht. Er zeigt uns das, was als Erfolg oder Fehlschlag im Lauf des ersten Halbzyklus (und dem letzten Halbjahr) aufgebaut wurde.

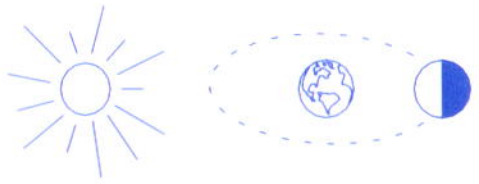

☾ Beginn des abnehmenden Mondes

Körper und Geist sind auf Aktivität und Energieabgabe ausgerichtet. Körperliches und seelisches Empfinden ist gestärkt und kann jetzt freigesetzt werden. Die Zeit für Operationen und Eingriffe ist aufgrund besserer Anpassungsfähigkeit der Zellverbände, die eine schnellere Heilung bewirken, ideal.
Die Körperregion, die dem Tierkreiszeichen entspricht, welches der Mond durchwandert, will vermehrt entschlacken. Nur in dieser Region sollen aufschiebbare Operationen auf ein anderes Tierkreiszeichen verschoben werden. Ansonsten ist die Zeit für operative Eingriffe aufgrund weniger stark auftretender Blutungen und schneller Wundheilung optimal. Neue Unternehmungen wollen angepackt werden; das Abenteuer ruft.

Nachdem mit dem Vollmond der Kulminationspunkt erreicht wurde, folgt nun die zweite Hälfte des Zyklus, die abnehmende Phase, die als die Phase der Aussaat, der Demonstration und des Loslassens erlebt werden soll. Die Aktivphase beginnt und ermuntert uns, im sportlichen Sinne unsere Leistungsfähigkeit zu steigern. Eine breitere soziale Basis soll Austausch und Verständnis fördern.

Der **Halbmond** im letzten Viertel bringt uns die Neuorientierung. Wir beginnen, unsere Aufmerksamkeit nach innen zu lenken und uns zu unseren Idealvorstellungen zu bekennen. Bisher Erreichtes wird in Frage gestellt.

Der **Sichelmond** kurz vor Neumond leitet den Abschluß des Zyklus ein. Alle vorhergegangenen Resultate konzentrieren sich hier und sind wiederum der Ausgangspunkt für die Erwartungshaltung, die der neue Zyklus in sich birgt.

Neumond - erneuter Zyklusbeginn.

Mondrhythmen und ihre Wirkung auf die Körperebene

Die Mondenergie steht in direktem Zusammenhang mit den Körperzyklen und reguliert unter anderem den Flüssigkeitshaushalt des Körpers. Sie bestimmt Ruhe- und Aktivphase der inneren Uhr entsprechend mit und beeinflußt im gegebenen Rhythmus auch den Trieb zur Fortpflanzung. Die Eßgewohnheiten und das Verwerten der Nahrung folgen ebenfalls den Impulsen der jeweils wechselnden Grundqualität des Mondes, die jenes Tierkreiszeichen mitbestimmt, in dem er sich gerade aufhält.

Gefühle und Körperzyklen

Im Mondrhythmus und seinen entsprechenden Wechselwirkungen zeigt sich unter anderem auch die emotionale Verbindung zur körperlichen Gesundheit und die damit verbundenen Sicherheitsbedürfnisse. Wird dieses Gleichgewicht der Gefühle und Körperzyklen gestört, so geraten auch die Körperzellen in ein Ungleichgewicht. Emotionaler Streß und Unterdrückung der Bedürfnisse verursachen in der Folge gesundheitliche Probleme. Krankheiten können die Folge sein.

Kranke Zellstrukturen

Mit Hilfe der Kenntnis der einzelnen Mondprinzipien können wir den naturgegebenen Rhythmus unterstützen und verhelfen gegebenenfalls einer erkrankten Zellstruktur, oder einem ins Wanken geratenen Gefühlszustand, wieder schneller ins Gleichgewicht zu finden.

Zellbewußtsein

Jede Zelle des Körpers trägt eine bestimmte genetische Information in sich, welche ihre spezielle Aufgabe mitteilt. In diesem Bewußtsein lebt und arbeitet die Zelle (Zellbewußtsein) und steht in ständiger Verbindung mit dem Energiekörper, der geistig-seelischen Struktur, die wiederum mit den Mondprinzipien und allen Gestirnen kommuniziert. Das heißt, eine Zelle eines Knochens würde sich als Leberzelle überfordert fühlen. Sie ist nur dann in Harmonie, wenn sie an ihrem Bestimmungsort, im richtigen Milieu und dem Rhythmus ihres heimischen Zellverbandes wirken kann. Das Wesen einer jeden Zelle ist es,

Milieu und Rhythmus des Zellverbandes

möglichst gut zu arbeiten und zu funktionieren, also möglichst gut ihre Aufgaben zu erfüllen und somit ihr ganzes Dasein dem Wohle des Körpers zu widmen.
Treten Krankheiten oder Verletzungen auf, ist die Zelle in ihrem Rhythmus gestört, sie ist unglücklich, weil sie ihre Aufgaben nicht mehr richtig erfüllen kann. Dennoch ist ihr ganzes Bestreben daraufhin ausgerichtet, dem Zellverband bzw. dem Organ zur Regeneration und Heilung zu verhelfen. Unterstützen wir sie dabei durch sanfte therapeutische Maßnahmen und achten zugleich auf den ihr eigenen Rhythmus, indem wir um den rechten Zeitpunkt der kosmischen Kräfte des Mondes wissen, und im Einklang mit diesem Handeln wird sie sich gestärkt fühlen und mit dieser Hilfe die Heilung anstreben.
Die Grundqualität der Prinzipienketten, die uns durch die Mondpartikel vermittelt werden, erreicht zyklisch jede Zellstruktur für die Dauer von ca. 2,5 Tagen (innerhalb eines Mondkreislaufes). Diese vorgegebene Schwingung aktiviert jene Zellverbände, die in Resonanz mit der entsprechenden kosmischen Latenz eine optimale Ausrichtung erfahren. Die Energie fließt stärker ein, das Zellbewußtsein wird aufgemuntert und die Heilung kann besser voranschreiten.

Chirurgische Eingriffe

Chirurgische Eingriffe haben eine große Macht über das feine Zellbewußtsein. Eine Operation folgt nicht den stillen Gesetzen oder der inneren Selbstheilung, sie schneidet das Zellbewußtsein förmlich ab. Aus diesem Grund sollen an bestimmten Tagen Eingriffe und Operationen vermieden werden, nämlich dann, wenn das Zellbewußtsein in Resonanz mit den naturgegebenen Rhythmen auf Hochtouren arbeitet.
So empfiehlt es sich, Operationstermine und Eingriffe stets bei ☾ **abnehmendem Mond unter Berücksichtigung des vorherrschenden Sonnenstandes und Tierkreiszeichens zu planen.**

Beispiel Kastration

Haben Sie z. B. vor, Ihren Hengst kastrieren zu lassen, so vermeiden Sie tunlichst das Zeichen Skorpion, das den Geschlechtsorganen zugeordnet wird. Achten Sie ebenfalls auf das dem Skorpion gegenüberliegende Zeichen Stier und auf die Zeitdauer vom 23. Oktober bis 23. November, wenn die Sonne Skorpion durchwandert.

Beispiel Zahnentfernung

Muß z. B. ein schlechter Zahn gezogen werden, so vermeiden Sie Widder- und Stiertage. Da Widder die gesamte Kopfregion bestimmt und Stier für den Kieferbereich steht, muß z. B. bei einer bevorstehenden Zahnbehandlung oder Operation auf folgendes geachtet werden:
Vermeiden Sie Widder- und Stiertage und die gegenüberliegenden Zeichen Waage und Skorpion, die als Sekundärwirkung eine Überempfindlichkeit provozieren. Auch in der Zeit, während die Sonne Widder und Stier durchwandert, ist die genannte Zellstruktur in erhöhter Schwingung, so daß hier ebenfalls das oben Genannte gilt. Versuchen Sie deshalb, den Eingriff an diesen Tagen zu vermeiden, und bevorzugen Sie die Tage in den restlichen 8 Tierkreiszeichen.
Bei unaufschiebbaren Eingriffen und Operationen, die an einem vorgenannten ungünstigen Zeitpunkt stattfinden, ist mit längeren Heilungsphasen und größerer Schmerzempfindlichkeit zu rechnen.

Im Spiegellicht des Mondes und seiner Prinzipienketten

Der Mond als Reflektor der Sonne verströmt einen zarten Lichtschein, der nicht heller als ein Kerzenschein aus einem Meter Entfernung lediglich 0,25 bis 0,50 Lux ausstrahlt. Doch das ist nicht alles.

Partikelströme

Seine Partikelströme unterschiedlichster Frequenzen sind angereichert mit Informationen und transportieren, abhängig von seinem Stand im jeweiligen Tierkreiszeichen, diese Prinzipienketten in seiner zu- oder abnehmenden Qualität. So wie die Mondkraft auf den Gezeitenwechsel von Ebbe und Flut Einfluß nimmt, so unmittelbar wirkt diese auch auf unser physisches wie psychisches Empfinden. Entspricht doch seine Hauptschwingungszahl oder sein Frequenzfaktor in erster Linie dem Wasserelement. Das bestärkt wiederum die Tatsache, wie sehr unser Körper, der zu vier Fünftel aus Wasser besteht, auch mit den Mondprinzipien und Rhythmen in Verbindung steht. Unbewußt, für uns kaum spürbar, korrespondiert alles Leben miteinander nach dem Prinzip von Senden und Empfangen.

Im Einklang mit der Natur

Tiere, welche weitgehend im Einklang mit der Natur leben, richten ihr gesamtes Verhalten instinktiv nach diesen allumfassenden Gesetzmäßigkeiten aus. Instinktiv deshalb, weil sie keine Wertung oder Bewertung im menschlichen Sinne kennen, weil sie im Vergleich zum rational denkenden Menschen augenblicksbezogen im Hier und Jetzt leben, also Vergangenheit und Zukunft nur ihren gespeicherten Lebensprogrammen (Instinkt) gemäß erfahren, erfassen und reflektieren können.

Instinkt

Nach unserem Sprachgebrauch nennt man den Instinkt einen Naturtrieb, eine angeborene Fähigkeit zu bestimmten Verhaltensweisen, die wiederum auf die Körperebene bezogen, den verschiedenen Genprogrammen zugeschrieben werden. Das ist zwar richtig, doch in diesem Zusammenhang wird der wesentlichste Aspekt, der allen Erscheinungsformen materiellen Lebens zugrunde liegt, außer acht gelassen. Nämlich die geistige Struktur zu erkennen, die hinter allem Sichtbaren steckt.

Resonanz

Die Wissenschaft hat dieses unsichtbare Prinzip der »nicht linearen Bindung« als Resonanz erkannt. So läßt z. B. ein bestimmter Ton nur Objekte gleicher Frequenz mitschwingen, anders ausgerichtete Teilchen hingegen, die in einem anderen Energiemuster eingebettet sind, werden dabei nicht oder nur teilweise angesprochen.

In der Vielfalt der Erscheinungsformen hat der wissenschaftlich orientierte Mensch hauptsächlich im Außen gesucht, so daß er die feinstofflichen Urbausteine und deren Prinzipien außer acht ließ.

Urbausteine und Prinzipienmuster

In der Astrologie weiß man um diesen unsichtbaren Bereich der Wirklichkeit, weil man die Prinzipienmuster sowie die Urbausteine in ihrer Wirkung und Resonanz von jeher erkannt und studiert hat. In der Beobachtung der Gestirne und ihrer Beziehungsmuster erfaßt der Astrologiekundige die augenblicklich wirkenden Prinzipienketten und schließt somit auf die verschiedensten Ebenen der Erscheinungsformen, nach dem Grundsatz, daß alles Sichtbare nur ein Gleichnis für das Unsichtbare ist.

Mit den nun folgenden Worten von Liz Greene, eine angesehene Astrologin unserer Zeit, möchte ich die Bedeutung des Mondes aus astrologischer Sicht unterstreichen:

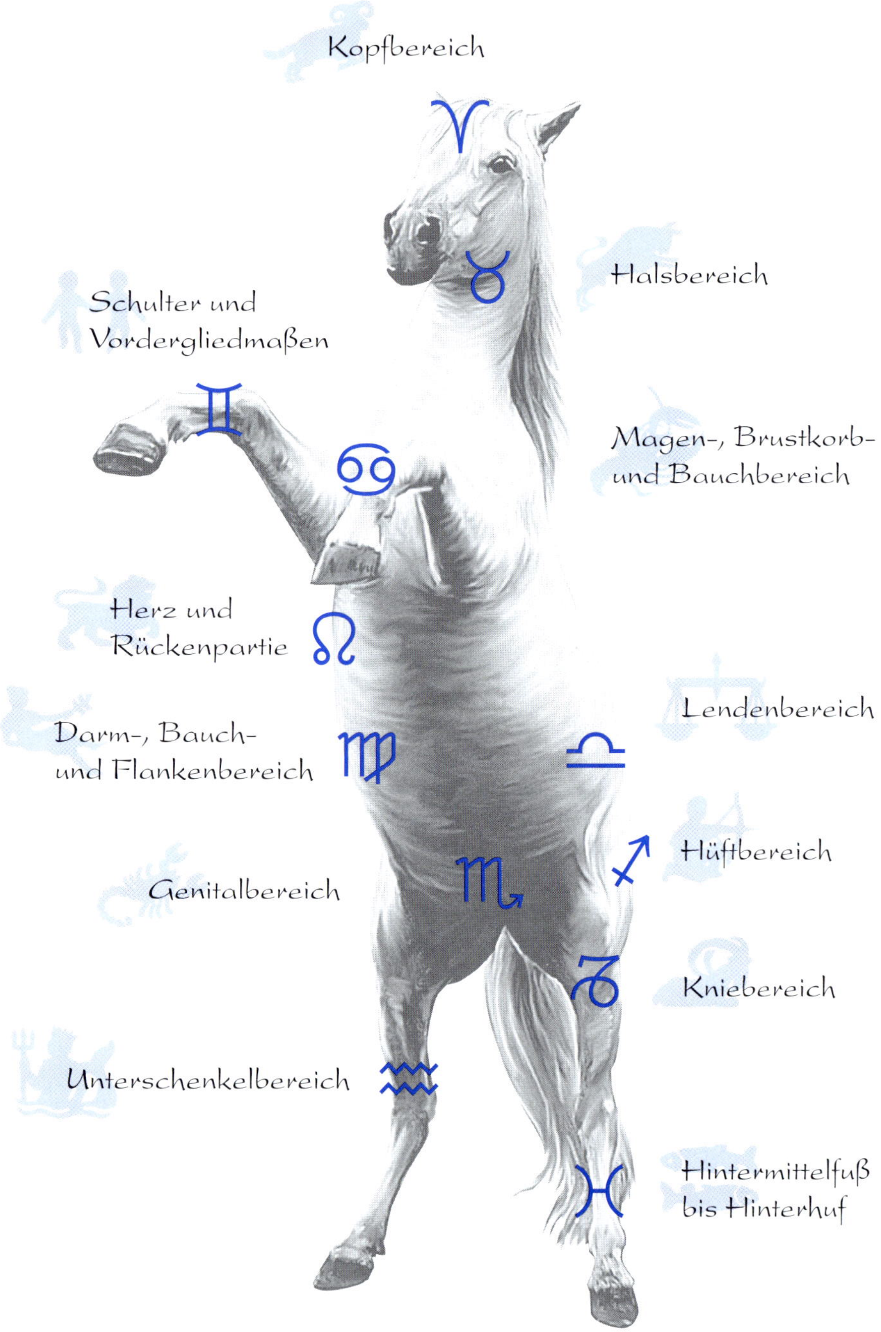
Kopfbereich
Halsbereich
Schulter und
Vordergliedmaßen
Magen-, Brustkorb-
und Bauchbereich
Herz und
Rückenpartie
Lendenbereich
Darm-, Bauch-
und Flankenbereich
Hüftbereich
Genitalbereich
Kniebereich
Unterschenkelbereich
Hintermittelfuß
bis Hinterhuf

Einführung zu den 12 Tierkreiszeichen

(Erklärung zum besseren Verständnis)

In diesem Buch geht es nicht darum, in welchem Tierkreiszeichen Sie oder Ihr Pferd geboren sind. Nein! Wir orientieren uns nur an dem Lauf des Mondes, weil er unseren natürlichen Lebensrhythmus begleitet. Wir richten uns nicht nach der starren Wiederholung von Wochentagen, sondern passen uns seinen reflektierenden Grundschwingungen an, die sich in seinem 28–29tägigen Zyklus durch die 12 Tierkreiszeichen ergeben und stetig ändern. Anstatt mittwochs unserem Pferd regelmäßig einen Ruhetag zu gönnen, wählen wir z. B. den Fische-Mondtag mit der Gewißheit, daß unser Pferd speziell an diesem Tag ein besonderes Relaxbedürfnis hat. Diese Tagesgrundstimmung erreicht jedes Pferd unabhängig seines Konstitutionstyps.
Wenn Sie sich auf diesen Rhythmus einstellen, werden Sie beobachten, daß wiederkehrende Stimmungsbilder harmonisch oder auch disharmonisch erlebt werden können. Diese werden jedes Pferd, abhängig von Mentalität und Temperament entsprechend stimulieren und Ihnen einen optimalen Einblick über die regelmäßig wiederkehrende Tagesgrundverfassung wie z. B. Stimmungsschwankung, Wahrnehmungsstärken und -schwächen, Einfühlsamkeit und Leistungsbereitschaft, deutlich wiedergeben.
Verbunden mit etwas Phantasie und Umsetzungsvermögen können Sie diese Ausführungen zu den jeweiligen Tagesthemen nicht nur auf Ihr Pferd, sondern auch auf andere Tiergattungen beziehen.

Vorgehensweise

Z. B. Wir haben Samstag, den 24. Oktober 1998 (siehe Mondkalender).

Herbstbeginn, die Sonne steht in Skorpion. Der Mond befindet sich in zunehmender Phase im Tierkreiszeichen Schütze und wird erst am 25. Oktober 1998 ab 18.06 Uhr in das Tierkreiszeichen Steinbock überwechseln. Das Kapitel zum Tierkreiszeichen Schütze finden Sie auf Seite 110.

Do	22			♏
Fr	23	ab	06.17	♐
Herbstbeginn				
Sa	24			♐
So	**25**	**ab**	**18.06**	♑
Mo	26			♑
Di	27			♑
Mi	28	ab	03.45	♒ ☽
Do	29			♒
Fr	30	ab	09.59	♓
Sa	31			♓

⊙ ♏ Sonne in Skorpion

Unser materielles Universum ist nur ein Teilaspekt eines gigantischen natürlichen Computersystems, das wiederum eingebettet in einem ihm weitgehend identischen feinstofflichen und einem rein geistigen Makrokosmos ist. Alles Leben ist miteinander verwoben, alles schwingt im ewigen Sein in einem geordneten und ausgewogenen Rhythmus. Diesen Einheitsgedanken wollen wir auch dann nicht außer acht lassen, wenn wir uns dem Mond, dem von der Erde am wenigsten entferntesten Himmelskörper

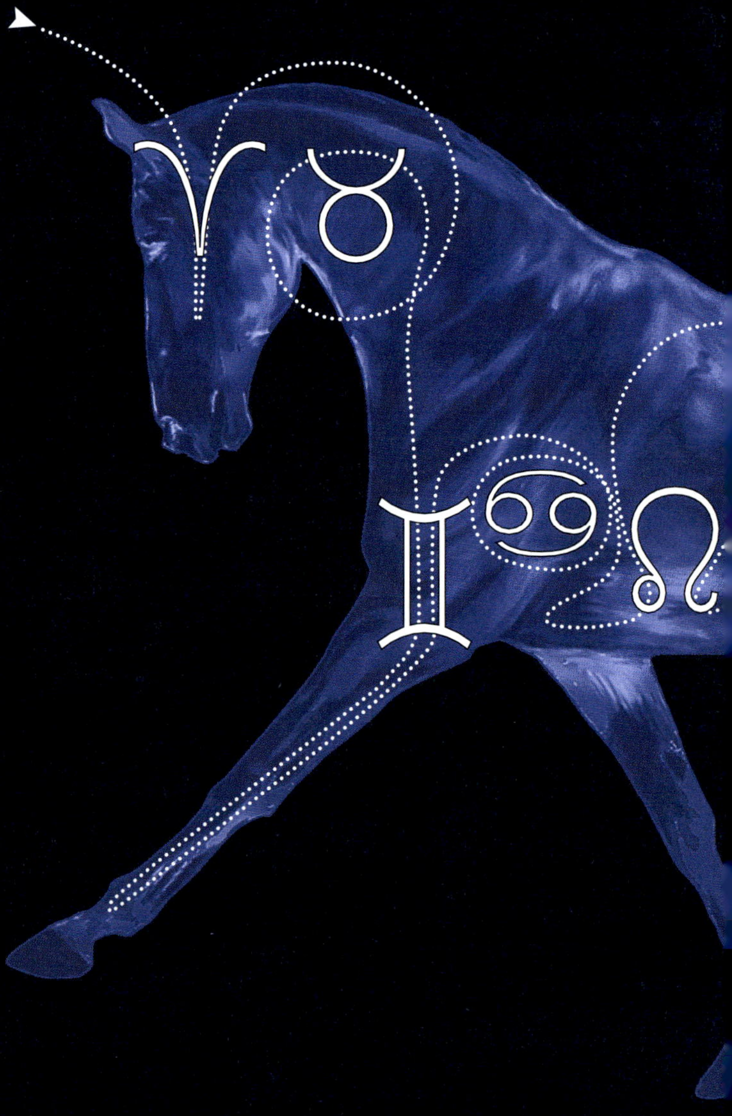

zuwenden. Auch er schwingt von den Synphonien des Universums und schenkt dem Leben auf der Erde die unterschiedlichsten Frequenzen harmonisch abgestimmter Melodien.

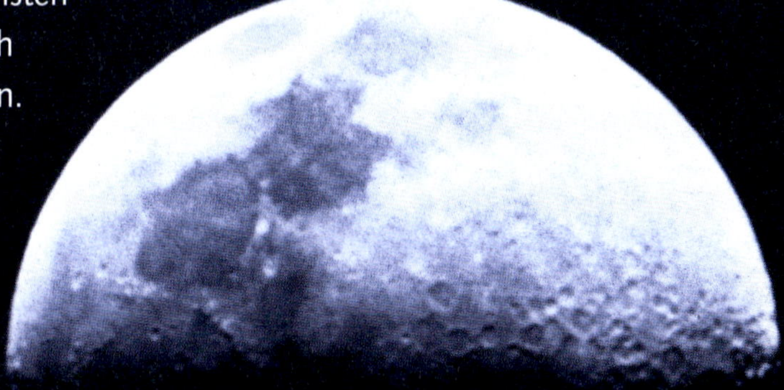

♈ Konstitutionstyp Widder

Betonung der Grundqualitäten der grob- und feinstofflichen Urbausteine im Konstitutionstyp.

heiß + trocken
kalt + trocken
kalt + feucht
warm + feucht
warm + trocken

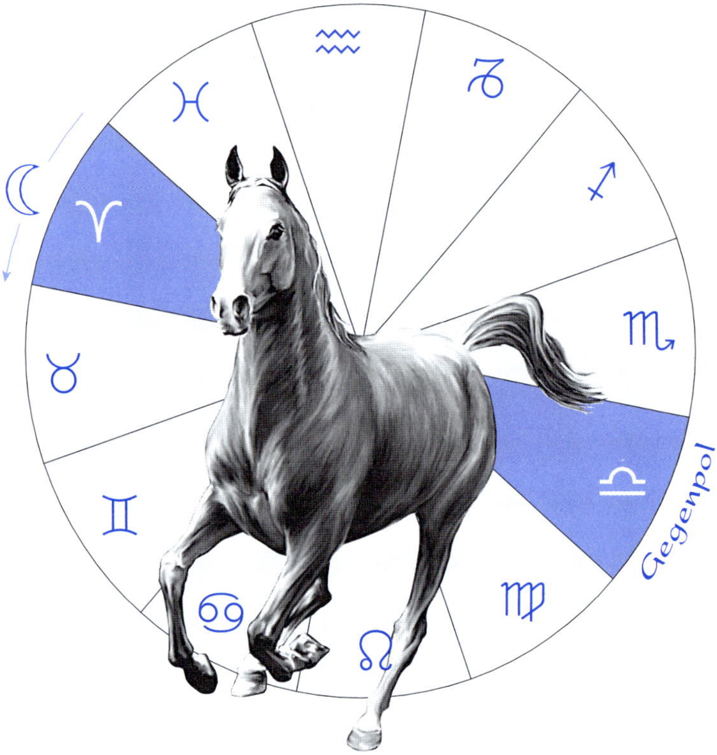

Exterieur

Der Körperbau ist in der Regel mittelgroß, athletisch und trocken. Knochen und Muskelpartien sind meist gut sichtbar. Das Kopfprofil ist gerade geschnitten. Das bewegliche Ohrenspiel zeugt von aufmerksamer Wachheit.

Interieur

Der Mond in Widder verstärkt die Wesenszüge des kämpferischen und stürmischen Naturells, das mit gespannter und nach außen gerichteter Wachheit zielgerichtet agiert. Die Reaktionen haben eine Tendenz zur Ablenkbarkeit und Übereilung. Dieser Typ wird durch starken Vorwärtsdrang beherrscht und wird schnell heiß. Darüber hinaus besticht er jedoch durch Ehrgeiz und Schnelligkeit mit ausgeprägter Eigenmotorik.

Die in den folgenden Kapiteln beschriebenen Tagesgrundstimmungen und Qualitäten betreffen jedes Pferd, unabhängig seiner pferdespezifischen Eigenheiten im Konstitutionstyp; jedoch können diese Stärken und Schwächen unterschiedlich intensiv hervortreten.

Mond in Widder

Abwarten fällt schwer

Stimmungsbild

Schon seit den frühen Morgenstunden verspürt Ihr Pferd die Aufladung der von Widder dynamisierten Lebenskräfte. Anders als sonst kündigen diese heute schubweise einsetzenden Energien eine vielversprechende Phase an. Ein verstärktes Eigengefühl macht sich breit und ermuntert das dadurch aufgeweckte Pferde-Ich zu neuen Taten. Stillstehen fällt schwer. Ungeduldig knabbert es an den letzten Heubüscheln, die sich noch vereinzelt im durchwühlten Strohbett finden lassen. Doch immer wieder wird der Kopf gehoben und mit zielgerichteter Wachheit interessiert in die Umgebung geschaut. Ein kribbelndes Verlangen nach mehr Bewegung und frischem Tatendrang erreicht sogar den Langeweiler besonders dann, wenn er sich von den »Jungen« herausgefordert fühlt. Bedürfnisse und Stimmungen werden direkt zum Ausdruck gebracht. Wird im Laufe des Tages endlich die Boxentüre geöffnet, so drängelt Ihr Pferd freudig nach draußen. Am Putzplatz angekommen, signalisiert es gerne seine Absichten. Er oder sie möchte erobern und auf sich aufmerksam machen. So mancher »Freudenquietscher« ist nach gegenseitigem Beschnuppern zu hören und ist Ausdruck dafür, daß die Eroberungsabsicht angekommen ist.

Zum Tagesprogramm

Der athletische Pferdetyp

Alle Impulse, so auch der Widdermondimpuls, werden nicht von jedem Pferd gleichermaßen empfunden und reflektiert. Heute wird vor allem jenes Pferd angesprochen, desssen Typ dem Tierkreiszeichen Widder weitgehend entspricht. Dieser Pferdetyp ist meist athletisch und muskulös. Seine Vitalität und sein Bewegungsnaturell, gepaart mit Nerv und Kampfgeist, sind z. B. ideale Voraussetzungen für den Galopper, der immer auf der Überholspur zu finden ist. Auch im reiferen Alter erinnert sich dieser Typ besonders an Widdermondtagen spontan an seine »Flegeljahre« und überrascht durch impulsive und hektische Aktionen bis hin zur »Zügellosigkeit«.
Im allgemeinen werden Sie feststellen, daß sich Ihr Pferd heute ausgesprochen munter und unternehmenslustig, ja sogar selbstbewußter präsentiert, als an manch anderen Tagen. Alle Sinne sind konzentriert und gespannt nach außen gerichtet, und es besteht das Verlangen, unmittelbar zu agieren. Der Traktor, der bellende Hund am Gartenzaun und andere Störfaktoren sind dann ganz willkommene Anlässe, sich zu erregen. Da können sich Pferd und Reiter kurzfristig gereizt fühlen, doch sollten Sie heute keine Herausforderungen annehmen, die gefährlich werden könnten.

Vorsicht: Spielen Sie keine Konflikte hoch, denen Sie sich nicht gewachsen fühlen.

Unbeschwerte Abwechslung

Vermeiden Sie Routine und Paradeübungen. Unbeschwerte Abwechslung, die körperlich kurzfristig anstrengen darf, ist angesagt. Versammelnde Lektionen und Halteparaden, die Rhythmus und eine hohe Anlehnung und Durchlässigkeit verlangen, entsprechen absolut nicht der Grundstimmung. Wenn Sie einen Ausritt planen, so meiden Sie die gewohnte Strecke, gehen Sie, wenn möglich, querfeldein auf Entdeckungstour. Sind Sie mit Ihrem Partner Pferd allein unterwegs, so werden Sie bald merken, daß Mut und Einsatzwillen sich unterschwellig mit Unsicherheit mischen, und Ihr Pferd deshalb eine Stütze bei seinem Partner, dem Menschen, sucht. Diese Unterstützung muß so intuitiv wie möglich erfolgen, da sich sonst die widderspezifische Ich-Betonung angegriffen fühlt, was spontane Entgleisungen zur Folge haben kann.

Gruppe

In der Gruppe herrscht heute eine unruhige Atmosphäre. Die Pferde neigen dazu, schon im Schritt zu zackeln und zu tänzeln. Jedes möchte das Erste sein und jeder Anlaß, sich aufzupumpen, ist willkommen. Der Gruppengalopp kann leicht zum Wettrennen ausarten.

Vorsicht: Heute neigt Ihr Pferd besonders zu rücksichtsloser Drängelei. Ein »Auf den Pelz rücken« wird vom Vorderpferd als persönlicher Angriff auf dessen Eigenraum empfunden, was heftige Reaktionen auslösen kann.

So sind absolute Wachheit und deutliche Hilfen notwendig, um die Aufmerksamkeit Ihres Partners von anderen Signalen abzulenken.

Springtraining

Die Widdermondtage versprechen im allgemeinen gute Voraussetzungen für ein Springtraining. Ihr Pferd gibt sich mutig, entwickelt einen starken Vorwärtsdrang und zusammen mit den widderspezifischen Eigenschaften »spannen und abstoßen« ergeben sich ideale Bedingungen. Reiter mit extrem heftigen Pferden sollen lieber an anderen Tagen trainieren, es sei denn, Sie verstehen es, mit Gleichmut die ungestümen Energien auf Wesentliches zu bündeln.

Heute verlangt Ihr Pferd nach mehr Aufmerksamkeit

Die Widderimpulse heizen schnell auf und sprechen in erster Linie die Motorik an. Die Zellaktivität im Kopfbereich ist stark erhöht und die dadurch vermehrt angeregten Sinnesorgane leiten alle Reizmeldungen reflexartig und direkt an den Bewegungsapparat weiter. Das verlangt ein schnelles und sicheres Reaktionsvermögen des Reiters.

Selbstbeherrschung

Im Vertrauen zu dem übergeordneten Willen des Reiters müssen beide Partner heute Geduld und Standhaftigkeit beweisen und sich gegenseitig akzeptieren. Da diese Tagesschwingung auch uns Menschen berührt, ist Selbstbeherrschung angesagt, denn der eine oder andere von uns neigt heute verstärkt dazu, mit dem »Kopf durch die Wand« zu rennen oder »Barrieren niederzureißen«, die er sonst scheuen würde. So gilt es, einen Kompromiß zu finden, der Reiter und Pferd genü-

☾ ♈ Mond in Widder

Tage sind ideal für

- Reiten in neuer Umgebung
- Einzelreiten
- Springen (je nach Konstitutionstyp)
- Vertrautmachen mit neuen Hindernissen
- Vorzugsweise Sprungreihen
- Klettern mit dem Pferd

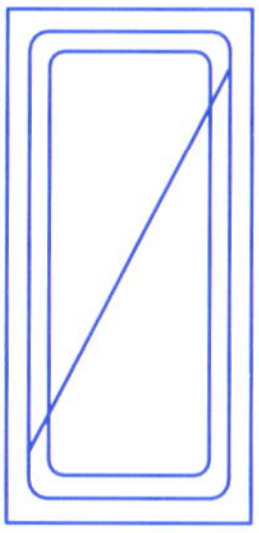

Im Viereck

Hauptaufgabe ist Losgelassenheit und Takt

- Vermehrtes Geradeausreiten (z. B. zweiter Hufschlag)
- Handwechsel
- Überprüfen der Taktreinheit der Gänge, des Schwungs und der Durchlässigkeit
- Entspannende Übungen

Tagesverfassung

energetisch: aufbauend
physisch: impulsgebend
psychisch: gespannt nach außen gerichtet

⊕ tapfer, entschlossen, spontan, draufgängerisch

⊖ ungeduldig, rücksichtslos, unvorsichtig, hektisch, eigensinnig, impulsiv

Tagesmotivation

Kontrollierte Losgelassenheit

Tagesparole

Dominanzverhalten klären, Geduld üben und Konsequenz beweisen

Psychologisches

Selbstbeherrscht disziplinieren, ohne zu provozieren – gegenseitige Akzeptanz erzielen

Kompromiß

gend Spielraum läßt. Also »gerecht bleiben und ein lockeres Handlungsmuster zeigen!«. Schon das Aufsitzen kann heute die erste Lektion in Sachen Geduld sein, da Ihr Sportsfreund es kaum erwarten kann, seiner Bewegungsfreude freien Lauf zu lassen, noch bevor Sie fest im Sattel sitzen.

Was Sie an Widdertagen besonders beachten sollten

Springen, Dressur

Widdermondimpulse vermitteln Ihrem Sportsfreund eine blickpunktorientierte, geradlinige auf ein Vorwärts ausgerichtete Energie. Davon profitieren im Besonderen die Springreiter. Für die Absichten der Dressurreiter hingegen kann diese Ausrichtung Probleme aufwerfen. Das Pferd sträubt sich gegen jede Art der Einschränkung. Zuviel Detailarbeit und Kontrolle der Bewegung sowie Gehorsam kann es schwer annehmen. Es fehlt nicht nur an Interesse, sondern hauptsächlich an Geduld, sich für längere Zeit auf eine Sache zu konzentrieren.

Der Reiter wird dem Grundbedürfnis seines Pferdes sehr entgegenkommen, wenn er auf die obengenannten Handlungsmuster für heute verzichtet und stattdessen darauf achtet, dem Bewegungstrieb seines Pferdes mehr Gleichmaß und Rhythmus zu verleihen.

Tagestips

Ein lockeres und abwechslungsreiches Bewegungsspiel in den Grundgangarten, ein vermehrtes Geraderichten, verhilft Ihrem Vierbeiner, den Überschuß an nervöser Energie seinen Bedürfnissen entsprechend zu kanalisieren. Ein Reiten am zweiten Hufschlag oder über Stock und Stein in freier Natur hilft ihm, sein etwas ins Wanken geratene Gleichgewichtsgefühl wieder zu stabilisieren. Geben Sie also einem freudigen, flüssigen, jedoch disziplinierten Vorwärts einen Rhythmus, der in den darauffolgenden Stiermondtagen die Grundlage für versammelte Lektionen bilden wird.

Vollenden, was man begonnen hat, disziplinieren, jedoch nicht herausfordern.

Korrekturhilfen

Das zentrale Anliegen des Widdermondtages gilt dem Eigengefühl, den Emotionen und Reaktionen auf Umwelteinflüsse. Jede Einschränkung und jeder Zwang wirkt dann besonders herausfordernd.

Kopfschlagen, Maulaufsperren, Lippenschlagen, Zähneknirschen

Massive Konfrontationen können eine innere Gereiztheit gemischt mit Wut und Frustration erzeugen, die vor allem mit der wirkenden Widderenergie im Kopfbereich stärker empfunden wird. Zu voreilig herbeigeführte Versammlungsversuche können zu Verspannungen und Verkrampfungen führen, die dann widder-spezifische Reaktionen, wie z. B. Kopfschlagen, Maulaufsperren, Lippenschlagen, Zähneknirschen, alles Zeichen von unterdrückter ungeduldiger Widderaggression, hervorrufen. Bei den genannten Problemen lohnt es sich, die Aufmerksamkeit vom Kopfbereich auf andere Körperregionen zu verlagern. Stellen Sie Ihr Pferd so ein, daß es sich nicht beengt fühlt und führen

Sie den Spannungsbogen in Richtung »Losgelassenheit«. In manchen Fällen empfiehlt es sich, in kürzeren Abständen immer wieder das Gebiß zu wechseln.

Sanfte Dominanz

Die Charaktereigenheiten besonders widderbetonter Pferde sind mangelnder Selbstbehauptungstrieb, Unentschlossenheit, Gereiztheit und Widersetzlichkeit. Diese Eigenschaften, die letztendlich auch der Mensch durch sein Fehlverhalten im Tier mit ausgelöst hat, wird er niemals mit äußerem Willenseinsatz umpolen können, es sei denn, er versteht den Umgang mit der gerechten sanften Dominanz.

Typischer Sprint im vollen Speed für Widder-Konstitutionstypen.

Turnier

Ein Tag für Abenteurer!
Ein Premierentag!
Ein Siegestag für Springcracks!
Ein Übungstag für junge Pferde!

Abwechslung und Neubeginn sind angesagt, das Abenteuer Turnier ruft. Besonders das junge Pferd ist bereit, sich auf neue Begebenheiten einzustellen. Die vielen Reize, die von außen einwirken, werden interessiert und eher unerschrocken aufgenommen. Beim turniererfahrenen Pferd hingegen kann es passieren, daß es sich ungeniert impulsiv und manchmal sogar ausgesprochen stur verhält. Weil es am liebsten selbst die Initiative ergreift, lassen in manchen Fällen Gehorsam und Aufmerksamkeit dem Reiter gegenüber zu wünschen übrig.

Springen

Das mag dem Springreiter ein Hinweis sein, seinem Pferd heute ein wenig mehr Spielraum einzugestehen. Die Konzentration auf einen guten Grundrhythmus und eine gute Linienführung reichen aus, anstatt zusätzliche Aufmerksamkeit auf gewollte Galoppeinteilungen zu demonstrieren.

Dressur

Dressurreitern kann der eigenwillige Vorwärtsdrang ihres Kameraden heute zum Verhängnis werden. Höchste Aufmerksamkeit erfordert deshalb schon das Einreiten ins Dressurviereck und das anschließende Halten und Grüßen. Ein widerwilliges Halten, der Versuch, sich den Hilfen zu entziehen, um das jeweilige Objekt seiner augenblicklichen Aufmerksamkeit ins Auge zu fassen, und dann auch noch ein frühzeitiges Anreiten sind typische Auswirkungen dieser Tagesimpulse. Das kann sich auch im vorzeitigen Wechseln, z.B. von Schritt in den Trab und anschließendes Zackeln beim Durchparieren, äußern.

Abreiten

Die Vorbereitung auf dem Abreiteplatz verlangt besondere Konzentration und Ruhe. Alle Aufmerksamkeit des Pferdes ist gespannt nach außen gerichtet. Neben eifriger Beweglichkeit können sich Spannungen aufbauen, die eine längere Lösungsphase erfordern. Besonders empfindlich reagiert es auch gegen ein vorzeitiges An-die-Hilfen-stellen.

Fazit

Am besten begegnen Sie den Widderenergien mit Unvoreingenommenheit, Geduld und Gleichmut. So errreichen Sie Ihr Ziel, anstatt mit übereilten Aktionen am Ziel vorbeizuschießen.

Kondition und Regeneration

Am liebsten würde sich Ihr Pferd heute frei und unabhängig fühlen, sich austoben, um damit seinem Eigengefühl mehr Platz zu schaffen. Unter dem Reiter ist es gerne gewillt, Leistung zu zeigen, vorausgesetzt er versteht es, sein Pferd dementsprechend zu motivieren. Dann kann es sich besonders auf kurzen Strecken verausgaben und sein Letztes geben. Das lange Durchhalten fällt schwer und kann nervöse Erschöpfungszustände hervorrufen.

Kopfmassage

Da die Widderenergien besonders die Zellverbände der Kopfregion ansprechen, wäre z. B. eine behutsame Kopfmassage von besonderer Wirkung - vorausgesetzt Ihr Pferd gestattet es Ihnen. Ansonsten sollten Sie sich mit Geduld um diese Vertrauensübung bemühen und in kleinen diplomatischen Schritten mit sanften Berührungen langsam damit beginnen, um eines Tages Ihrem Pferd den wohltuenden Effekt dieser Behandlung näherzubringen.

Gegenpol

Auch Verspannungen im Lendenbereich, der dem gegenüberliegenden Tierkreiszeichen Waage zugeordnet wird, können heute erfolgreich behandelt werden.

Das Besondere an Widderneumond

ca. zwischen 21. März und 20. April

Es ist Frühlingsbeginn! Meist überrascht uns typisches Aprilwetter mit seinen oft schnell und stürmisch wechselnden Wetterumschwüngen. Die feuchtkalten »Fischewochen« sind vorbei und die rasch ansteigenden Temperaturen kündigen von der nun lichter und wärmer werdenden Jahreszeit.

Sonne und Mond befinden sich einmal im Jahr gleichzeitig im Tierkreiszeichen Widder.

Die Zyklen, die ein Zusammentreffen dieser beiden Himmelslichter herbeiführen, sind mit unseren starren Kalendertagen nicht festzulegen. Jedoch wissen wir, daß diese Konjunktion einmalig, an einem Tag ca. zwischen dem 21. März und dem 20. April stattfinden wird.

Das heißt, daß die Sonne vermehrt ihre Partikelströme mit den widderspezifischen Informationen anreichert. Indem sich der Neumond vor die Sonne stellt und seine Rückseite mit diesen Energien auftankt, entzieht er sich uns.

Schlechte Gewohnheiten überwinden

Der Mond, der die körperlichen wie psychischen Aspekte in unserem Leben stark mitträgt, wird uns seine Partikelströme in diesen oft kritischen Tagen weitgehend vorenthalten. Stattdessen wird seine Rückseite, sein Resonanzboden mit voller Widder-Sonnenkraft belebt. Das bedeutet für uns, daß zur Neumondzeit neue Chancen auf uns warten, die wir ergreifen sollten. Körperlich und psychisch spüren wir oft ein Dahinschwinden der Kräfte. Das verunsichert. Doch ein bewußter Umgang in Momenten der Schwäche kann uns besonders stärken und Halt geben. So verspricht z. B. die Zeitqualität an Widderneumond ein leichteres Überwinden von schlechten Gewohnheiten und Unarten. Vielleicht sollten wir einmal innehalten und ein kleines Gelübde unserem lieben Vierbeiner gegenüber ablegen, in dem wir versprechen, unsere Unarten ihm gegenüber bewußt loszulassen. Wenn Ihnen das gelingt, können Sie neuen Energien und Bildern Platz schaffen, die dann zur Vollmondzeit in das Sichtbare rücken werden.

Das Besondere an Widdervollmond

ca. zwischen 23. September und 23. Oktober

Mit Herbstbeginn (ca. am 23. September) tritt die Sonne in das dem Widder gegenüberliegende Zeichen Waage. Sie wird an einem Tag, irgendwann zwischen ca. dem 23. September und 23. Oktober, dem Mond in Widder genau gegenüberstehen. Das heißt, daß sich die Sonnenpartikelströme aus dem Tierkreiszeichen Waage mit denen des Widdermondes mischen. Meist verspricht diese Zeit eine sehr ausgewogene beständige Wetterperiode, die herrliche Ausritte ermöglicht. Die Erntezeit ist vorbei. Die Bauern haben Feld und Flur für Querfeldeinritte und oft auch für ein jagdliches Halali freigegeben.

Der Wechsel vom zunehmenden zum abnehmenden Mond wird meist intensiver und direkter erlebt als umgekehrt, besonders zu Widdervollmond. Gerade noch war der Mond im Zeichen Fische zu finden, welchem in dieser Zeitspanne der Bereich der Hufe vom Sprunggelenk abwärts zugeordnet ist. Sprunghaft und ohne Übergang wechselt die starke Kraft des Widdervollmondes zum Kopfbereich. Übergangslos deshalb, weil sich in der Regel die Energien im ca. 28tägigem Mondzyklus fließend auf der Körperebene, vom Kopfbereich angefangen, (siehe Seite 28 und Seite 29) bis hin zu den Hufen verschieben. Nur der Richtungswechsel von Fische zu Widder vollzieht sich abrupt. Das kann auch psychisch zu Überraschungen führen. Gestern war Ihr Pferd noch ausgewogen, ja sensibel auf sein Gegenüber eingestellt, und heute ist es plötzlich wie ausgewechselt, aufgedreht und zu jeder Dummheit bereit. An dieser Reizschwelle angelangt, können wir nun überprüfen, ob die Lernaufgaben zu Widderzeiten, nämlich Geduld und Standhaftigkeit zu beweisen, erfüllt wurden und schlechte Gewohnheiten erfolgreich überwunden werden konnten.

Überraschungen sind möglich

Wissenswertes bei Mond in ♈ Widder

Der Mond in Widder und seine Partikelströme sind gefärbt und verbunden mit

Herrscherplanet:	Mars ♂
Element:	Feuer
Pol:	männlich, yang
Urbausteine:	heiß und trocken
Gegenpol:	Waage ♎
Mineral:	Amethyst, Feueropal
Metall:	Eisen
Farbe:	Rot
Ernährungsqualität empfiehlt:	Frucht und Eiweiß

- ☽ zunehmende Widdermondtage: von September/Oktober bis März/April
- ☾ abnehmende Widdermondtage: von März/April bis September/Oktober
- ● Widderneumond: März oder April
- ○ Widdervollmond: September oder Oktober
- ☉ Die Sonne befindet sich von 21. 3. bis ca. 20. 4. im Tierkreiszeichen ♈

Pferdepflege

Schwerpunktmäßig der Kopfbereich.

Therapiemöglichkeiten

Akupunktur allgemein und speziell für die Skelettmuskulatur; kräftige und stimulierende Massagen, eventuell mit Zugabe von ätherischen Ölen.

Wichtig zu wissen

Günstig bei ☾ abnehmendem Mond sind Wurmkuren, Impfungen und Hufbeschlag.

Zucht und Aufzucht

Gut für das Absetzen des Fohlens von der Mutter.

Ein erfolgreicher Deckvorgang an Widdermond verspricht uns heute ein Hengstfohlen. Entscheidend ist der Moment der Befruchtung.

Widderspezifische Impulse sorgen für eine erhöhte Zellaktivität in folgenden Bereichen:

Organe:	Quergestreifte Muskeln, Gallenproduktion der Leber, Arterien, Hufe und Hornbildung (♑), Haare und Zähne (♑)
Knochen:	Schädelknochen
Muskulatur:	Alle Muskeln im Kopfbereich – einschließlich der Kaumuskulatur
Körperfunktion:	Motorik der Skelettmuskulatur

Eingriffe und Operationen

An den von Widder angesprochenen Bereichen sind Eingriffe und Operationen heute zu vermeiden. Jedoch wohltuende und regenerierende Maßnahmen sind zu empfehlen.

Der ☾ abnehmende Mond begünstigt generell Operationen und ausleitende Maßnahmen, z. B. bei Entzündungen und Entschlackung.
Der ☽ zunehmende Mond begünstigt aufbauende, pflegende Maßnahmen zur Heilung und Regeneration.

♉ Konstitutionstyp Stier

Betonung der Grundqualitäten der grob- und feinstofflichen Urbausteine im Konstitutionstyp.
heiß + trocken
kalt + trocken
kalt + feucht
warm + feucht
warm + trocken

Exterieur

Der Körperbau ist in der Regel kompakt, rumpfbetont und eher gedrungen mit kräftigem Hals. Die Gliedmaßen sind eher kurz, wodurch Standfestigkeit und das Gleichgewichtsvermögen begünstigt werden.

Interieur

Der Mond in Stier verstärkt die Wesenszüge des besonders erdig verhafteten Naturells, das mit stark nach innen orientierter Haltung auf eindeutige äußere Hilfen wartet. Gehorsam und Anhänglichkeit sowie Zuverlässigkeit im Rahmen seiner Alltagsroutine zeichnen es dann aus, wenn es nicht durch zu große Erwartungshaltung in Richtung Flexibilität überfordert wird. Das widerstrebt seinen manchmal bequemen Wesenszügen, die bis hin zur Faulheit gehen. Zu starker Druck von außen führt zu übersteigerter Reizbarkeit und unkontrollierten Ausbrüchen.

Die in den folgenden Kapiteln beschriebenen Tagesgrundstimmungen und Qualitäten betreffen jedes Pferd, unabhängig seiner pferdespezifischen Eigenheiten im Konstitutionstyp; jedoch können diese Stärken und Schwächen unterschiedlich intensiv hervortreten.

Mond in Stier

Der Reiz liegt in der Wiederholung des Vertrauten

Stimmungsbild

»Wenn ein Stiermondtag als glücklich und zur vollsten Zufriedenheit empfunden wird, dann beginnt er langsam und genüßlich mit der Mahlzeit. Auch wenn der Speiseplan keine Abwechslung zeigt, so werden heute der Verzehr und die damit verbundenen Sinnesfreuden dankbar verinnerlicht.

Die gewohnte Umgebung, die sogenannte »Stallwärme« wird besonders geschätzt. Das Herdenverhalten wird angesprochen. Familienbande und Freundschaften unter Artgenossen wollen gepflegt werden. Pferde, welche »kleben«, zeigen ihren Herdentrieb und die Angst vor unerwarteten, unangenehmen Erlebnissen. Es steckt in der Natur der Pferde, sich bei witternder Gefahr zusammenzuschließen. Heute ist Ihr Pferd besonders anhänglich und will differenzieren. Alles Fremdartige wird heute gerne abgewiesen.

Wenn das Vertrauen tief wurzelt, werden Zusprache und Lob genügen, wenn Sie Ihr Pferd aus dieser »Stierbehaglichkeit« entführen wollen. Doch davor noch das tägliche Putzprogramm: »Bitte ausführlich und intensiv« - das würde sich Ihr Vierbeiner heute wünschen.

Der Körperkontakt, die Berührung, ein Energieaustausch durch Streicheln und Striegeln, ist ein wahrer Hochgenuß, der das gegenseitige Vertrauen nur intensivieren kann.

Zum Tagesprogramm

Gruppenaktivität

Jede Form von Gruppenaktivität an diesen Tagen gibt dem Pferd ein Gefühl von Herdengemeinschaft. Sie wollen einander nahe sein. Also ein guter Tag für gemeinsame Unternehmungen. Wenn die Wetterverhältnisse nun keinen Ausritt erlauben, so bleiben Sie mit Ihrem Pferd in vertrauter Umgebung. Vielleicht verabreden Sie sich mit Stallkollegen zum Musikreiten. Das wäre besonders an Stiermondtagen eine hervorragende Tagesaktivität. Denn im Licht der Stiermondimpulse wird Musik ausgesprochen gerne wahrgenommen. Musik beruhigt die Nerven und stimmt uns auf ein harmonisches Miteinander ein.

Musikreiten

Stiermondtage; Genießertage und intensive Arbeit

Beginnen Sie den Tag langsamer und gemächlicher als sonst, überstürzen Sie nichts. Mangelnde Flexibilität sowie Mißtrauen allem Neuen und Unbekannten gegenüber läßt Ihr Pferd heute vielleicht etwas starr, ja sogar stur erscheinen. Das liegt daran, daß seine Aufmerksamkeit heute eher gespannt nach innen gerichtet ist, und daher ein spontanes nach außen gerichtetes Reflektieren (Reagieren) verhin-

dert. Hier darf der Reiter keinesfalls mit negativ herabstimmenden Verhaltensmustern provozieren.
Wie schon die Überschrift ankündigt, liegt der Reiz in der Wiederholung des Vertrauten. Dazu zählen Lektionen, welche täglich stattfinden. Für den Einen das Einmaleins, für den Fortgeschrittenen natürlich jene anspruchsvollen Lektionen, die schon längst integriert sind und nur noch verfeinert werden müssen. Die Lösungsphase dauert. Die scheinbare Stierbequemlichkeit und Gleichgültigkeit wird überwunden, indem der Reiter mit emotionalem und tiefgreifendem Willenseinsatz sein Programm langsam, jedoch systematisch aufbaut. Und hier wiederum sind das Lob durch die Hand und der Körperkontakt des Reiters wichtig und motivierend. Das Selbstbewußtsein läßt heute ein wenig zu wünschen übrig. Ihr Pferd zeigt wenig Initiativkraft. Es möchte geformt werden und sich angenommen wissen.

Die Lösungsphase dauert

♉

Dressurreiter können profitieren - vorausgesetzt sie nehmen sich Zeit

Jede Art von Lösung und Vorarbeit, sei es an der Longe, ein paar Cavaletti-Übungen oder der entspannte Trab oder Galopp entlang der gewohnten Spazierstrecke, fördern die Aufwärmphase vor der konzentrierten Arbeit im Viereck. Erst ein gelöstes, durchlässiges Pferd kann versammelnde Lektionen aufnehmen. Dabei achten Sie bitte besonders auf Ihre Handhaltung. Denn wenn Sie mit grober Hand eine verfrühte Versammlung erzwingen wollen, wird Ihr Pferd ähnlich reagieren wie an den Widdertagen. Die Zellaktivität im Kiefer-, Halseinschließlich Ganaschenbereich ist stark angeregt und die berühmte »Ohrspeicheldrüse«, welche für die Speichelbildung und Kautätigkeit mitverantwortlich ist, arbeitet an diesen Widder-/Stiertagen wesentlich stärker. Die Stierimpulse fördern auch das statische Gleichgewichtsgefühl sowie die Koordination der Bewegungen. All diese Komponenten unterstützen versammelnde Lektionen und jene Hilfen, welche die Hinterhand zu vermehrter Aktivität anregen sollten. Wenn Sie Ihr Pferd durch engagiertes tiefes Hineindenken in die Aufgaben über den Punkt der Durchlässigkeit führen, dann können Sie heute jenen beglückenden Moment erleben, welcher den inneren Kontakt und die stille Kommunikation des Herzens aktiviert und zum Fließen bringt. »Der Reiter braucht nur mehr zu denken und das Pferd reagiert«.

Ohrspeicheldrüse
Gleichgewichtsgefühl

Korrekturhilfen

Haben Sie Geduld! Spüren Sie hinein, mit welcher Bereitschaft heute Gewohntes wiederholt wird und erkennen Sie ein Überschreiten der Toleranzgrenze rechtzeitig. Nur zu leicht vergißt man bei aller Stiergutmütigkeit, daß sich bei Übertreibung im sensiblen Inneren der Widerstand breit machen kann, der nicht so schnell vergessen wird. »Sture Erdigkeit« oder heftige Reaktionen sind dann das Ergebnis.

☾ ♉ Mond in Stier

Tage sind ideal für

- Reiten in vertrauter Umgebung
- Abteilungs- (Gruppen-) und Paarreiten
- Longieren
- Unterricht (Schwerpunkt Dressur)
- Musikreiten
- Ausdauertraining (oder Konditions- training)

Im Viereck

Hauptaufgabe ist Takt und Anlehnung

- Longieren (vermehrte Lösungsarbeit)
- Wiederholung vertrauter Lektionen
- Entsprechende Versammlung
- Gymnastizierende Übungen wie z. B. Zirkel verkleinern und vergrößern
- Zum Treiben kommen

Tagesverfassung

energetisch: stabil
physisch: impuls- aufnehmend
psychisch: gespannt nach innen gerichtet

⊕ beharrlich, solide, treu, ausdauernd, verläßlich, gesellig

⊖ eigensinnig, stur, störrisch, träge, reizbar

Tagesmotivation

Wiederholung des Vertrauten

Tagesparole

Beweglichkeit im Wandel der vertrauten Aufgabenstellungen lernen

Psychologisches

Selbstbewußtsein und Initiativkraft stärken

Emotionale Präsenz

Sie werden sich vielleicht wundern, wenn ich Ihnen heute sage, daß die beste Korrekturhilfe das Zeigen Ihrer Emotionen ist, z. B. bewirkt ein gefühlsbetonter Stimmausdruck und der gleichzeitige Einsatz Ihrer impulsartigen Signale Wachheit und eine erneute Ausrichtung; doch dürfen Sie keinesfalls mit negativ herabstimmenden Verhaltensmustern Ihr Pferd provozieren.

Bildinformationen

An dieser Stelle möchte ich daran erinnern, daß Tiere Geruchs- und Gedankenbildern folgen. Der Einsatz Ihrer Stimme und die Worte sollten das gewünschte Bild transportieren, damit jede Hilfe und Korrektur auch bis in das Bewußtsein Ihres Vierbeiners vordringen kann. Vertrauen Sie Ihrer Bildkraft!

Zungenfehler

Als komplex und schwierig erweist sich das zum Stier gehörige Kapitel »Zungenfehler«. Wenn Sie mit diesem Problem konfrontiert werden, können Sie davon ausgehen, daß Ihr Pferd eine diesbezügliche Veranlagung in sich trägt. Neben reiterlichen Schwächen können auch andere Faktoren eine Rolle spielen, wie z. B. ein schmerzender Zahn. Es ist bekannt, daß ein Zungenfehler häufig mit einer schwachen Hinterhand, die weniger trägt als schiebt, in Verbindung gebracht wird. Hier, an dieser Stelle, ist es interessant zu erfahren, daß nicht nur die Zunge als Teilbereich dem Tierkreiszeichen Stier zugeordnet wird, sondern im übertragenen Sinn auch das Gleichgewichtsgefühl, das über die von Natur aus kräftige Hinterhand beinflußt wird.

Balance

Erst eine gymnastizierte Hinterhand macht es dem Pferd möglich, seinen Reiter in Balance zu tragen, ohne dabei sein »fünftes Bein«, den Kopf, zu gebrauchen. Auch Ganaschenprobleme verlieren dann etwas an Bedeutung. Ihr Pferd kann sich aufrichten und legt sich nicht mehr schwer und kopflastig auf die Vorhand, um unkontrolliert davonzueilen, weil es sein eigenes Gewicht dabei auffangen möchte. Gymnastizierende Übungen, die das Balancegefühl schulen, sind besonders an Stiermondtagen zu empfehlen. Lenken Sie geschickt die Aufmerksamkeit weg vom Kopfbereich und fördern Sie die Losgelassenheit.

Gymnastizierung

Nur ein stabiler Hals kann auch ein steter, ruhig getragener Hals sein. Ein ständiges übertriebenes Ab- und Verbiegen läuft dieser Forderung zuwider. Ein recht brauchbarer Hinweis, daß ein Hals nicht »verbogen«, sondern ausreichend gebogen ist, ist der, wenn beide Zügel, sowohl der äußere als auch der innere, am Hals liegen. Zusammen mit der von Aufrichtung und Beizäumung beeinflußten Längsbiegung wird daher auch die seitliche Biegung dafür mitverantwortlich sein, ob ein Zügelanzug den gewünschten Weg bis zu den Hinterbeinen findet. So wichtig die Gesamtforderung im Rahmen der Ausbildung ist, eine Bearbeitung mit »Hilfszügeln« macht sie heute bestimmt nur noch in wenigen Ausnahmefällen notwendig.

Turnier

Nur Turnierprofis unter den Pferden akzeptieren das Turniergeschehen als Alltagspflicht. Junge, unerfahrene Pferde hingegen können bei den vielen neuen Eindrücken schnell überfordert werden. Dem Erdelement

des Stierimpulses entsprechend hinterlassen negative Erlebnisse Spuren dieser »Eindrücke«, welche für das Pferd nicht so leicht in Vergessenheit geraten. Schon die kleinste Unsicherheit, vor allem das Sich-Abwenden von der Gruppe hin zum Dressur- oder Springplatz, kostet manchem Pferd große Überwindung. Am liebsten würde es bei seinen Artgenossen »kleben bleiben«, anstatt mit seinem Sportsfreund, dem Reiter, tapfer den Weg in die »Arena« anzutreten.
Oft ist an Stiermondtagen auf Turnierplätzen lautes Wiehern zu hören. Die zaghaften Neulinge fühlen sich verlassen und rufen lauthals nach ihren Kameraden, die dann auch prompt antworten. Stiermondtage sind in der Regel »Verlaßtage«, vor allem für Dressurprofis, die heute mit längeren Aufwärmphasen rechnen müssen.

Dressur

♉

Kondition und Regeneration

Das Tierkreiszeichen Stier ist bekannt für seine Ausdauer und Zähigkeit. So schaffen die vorhandenen Stiermondimpulse ideale Voraussetzungen für das Training.
Wenn es sich mit Trainings-, Turnier- und Startzeiten vereinbaren läßt, achten Sie bitte auf den sonst gewohnten Tagesrhythmus. Sorgen Sie dafür, daß Ihr Pferd die nötigen Freß-, Schlaf- und Ruhephasen zwischen den Prüfungen hat. Massagen und Einreibungen, vor allem im Hals-/Nackenbereich, sind nicht nur wohltuend, sondern tragen zur Regeneration bei.
Wenn Sie das Fressen mit etwas Schmackhaftem aufwerten wollen, dann sollten Sie daran denken, daß an Stiermondtagen der Körper Mineralstoffe besonders gut aufnimmt. Also sollten Sie mineralstoffreiche Nahrung zufüttern. Der Verlust dieser Stoffe durch Schwitzen wird somit ausgeglichen. Vorsicht! Sehr empfindlich reagiert Ihr naßgeschwitztes Pferd heute auf Zugluft. Wiederum ist die gefährdete Region der Hals-/Kehlkopfbereich.

Mineralstoffe

Das Besondere um Stierneumond

ca. zwischen 21. April und 21. Mai

Sonne und Mond sind heute im Tierkreiszeichen Stier zu finden. Es ist Hochfrühling.
Wenn auch in manchen Breitengraden der Weidegang zu dieser Jahreszeit noch verfrüht erscheinen mag, so sind es doch die Impulse der immer lichter werdenden Tage, die zum sinnlichen Genießen und Kräftesammeln einladen. Die Schlacken des Winters haben sich aufgelöst oder sind bereits überwuchert von sattem Grün. Die Erde läßt frische Energien aus dem Boden aufsteigen, sie atmet ein und aus. Die lichten Partikelstrukturen der freien Erdstrahlen werden nun von allen Lebewesen intuitiv aufgenommen und ausgetauscht. Vor allem die Pferde haben einen sehr fein entwickelten Energiekörper, der wie mit

Erdstrahlen

unsichtbaren Antennen stetig mit den Erdenergien korrespondiert. Deshalb kann ein Stallplatz mit einer für das Pferd negativen Erdstrahlung auch zur Ursache von Krankheiten beitragen.
Auch wenn die Tage um den »leeren Mond« uns manchmal unsicher und bedürftig stimmen, meist weil es an innerer Zuwendung mangelt, so sind es doch die Tage um den Stierneumond, die uns zeigen, ob der Kräftehaushalt unseres Pferdes im psychischen wie physischen ausgeglichen ist. Energetisch aufgetankt wollen wir nun der lichtreichen Jahreszeit entgegengehen.

♉

Neue Aufgaben

Mit den nun im nächsten Halbjahr abnehmenden Stiermondtagen bis zum Stiervollmond im Hochherbst beginnt die Schulung um mehr Beständigkeit. Das bedeutet, daß trotz aller Gewohnheitsliebe auch weitere Aufgaben und Lektionen allmählich integriert und stabilisiert werden sollten.

Das Besondere um Stiervollmond

ca. zwischen 23. Oktober und 23. November

Die Sonne befindet sich während der Zeit des Hochherbstes im Tierkreiszeichen Skorpion und strahlt dem Mond in Stier die Informationen ihres Zeichens zu.
Diese Energieausschüttungen beider sich gegenüberstehenden Lichter können uns alle besonders in emotionalen Bereichen aus der Reserve locken. Meist ist es eine alltägliche Kleinigkeit oder ein immer wiederkehrendes Ärgernis, das heute zum Stein des Anstoßes eines heftigen Gefühlsausbruches werden kann.
Die Kraft des Vollmondes wirkt sich immer optimal auf ein Bündeln der inneren Energien aus. Andererseits ist seine Auswirkung auf das äußere Tun janusköpfig. Der Vollmond bewirkt hier Veränderungen, deren Qualität nach beiden Seiten, d.h. positiv oder negativ, aufbauend oder zerstörerisch, ausstrahlt. Deshalb hüten Sie sich vor einem Kräftemessen und zuviel Kritikempfinden. Erfolgserlebnisse festzuhalten heißt in diesem Moment, den Fluß des Geschehenlassens zu unterbrechen. Dieses gewollte Eingreifen verursacht Ungleichgewicht. Der Stau bewirkt Stagnation. Das Geschehenlassen ist das Schlüsselerlebnis hin zur Transformation.
An diesem Punkt sind wir wieder an der Lernaufgabe der typischen Stiermondtage angelangt und können nur hoffen, daß Pferd und Reiter das Prinzip der Beständigkeit im Wandel gelernt haben.

Wissenswertes bei Mond in ♉ Stier

Der Mond in Stier und seine Partikelströme sind gefärbt und verbunden mit

Herrscherplanet:	Venus ♀
Element:	Erde
Pol:	weiblich, yin
Urbausteine:	kalt und trocken
Gegenpol:	Skorpion ♏
Mineral:	Achat, Rosenquarz
Metall:	Kupfer
Farbe:	Pink
Ernährungsqualität empfiehlt:	Mineralstoffe, Wurzelgemüse

☽ zunehmende Stiermondtage: von Oktober/November bis April/Mai
☾ abnehmende Stiermondtage: von April/Mai bis Oktober/November
● Stierneumond: April oder Mai
○ Stiervollmond: Oktober oder November
☉ Die Sonne befindet sich von ca. 21. 4. bis 21. 5. im Tierkreiszeichen ♉

Pferdepflege

Ideal für einen neuen Hufbeschlag.

Therapiemöglichkeiten

Massagen im Hals- und Schulterbereich, Chiropraktik, Phytotherapie - Inhalationen, ausgedehnte Ausritte.

Wichtig zu wissen

Pferde mit Ganaschenproblemen und starrer Halshaltung heute nicht überstrapazieren!

Zucht und Aufzucht

Körperkontakt zum Fohlen aufbauen. Mineralstoffreiche Nahrung anfüttern.

Ein erfolgreicher Deckvorgang an Stiermond verspricht uns heute ein Stutfohlen. Entscheidend ist der Moment der Befruchtung.

Stierspezifische Impulse sorgen für eine erhöhte Zellaktivität in folgenden Bereichen:

Organe:	Stimmbänder, Kehlkopf, Speicheldrüsen, Ohrspeicheldrüse (♈), Schilddrüse, Speiseröhre, Luftsack (♈)
Knochen:	Halswirbel (bis auf den Atlaswirbel ♊)
Muskulatur:	Hals- und Nackenmuskulatur, Kehlkopf- und Schlundmuskulatur
Körperfunktion:	Schluckvorgang, Geschmacksempfindung

Eingriffe und Operationen

An den von Stier angesprochenen Bereichen sind Eingriffe und Operationen heute zu vermeiden. Jedoch wohltuende und regenerierende Maßnahmen sind zu empfehlen.

Der ☾ abnehmende Mond begünstigt generell Operationen und ausleitende Maßnahmen, z. B. bei Entzündungen und Entschlackung.
Der ☽ zunehmende Mond begünstigt aufbauende, pflegende Maßnahmen zur Heilung und Regeneration.

♊ Konstitutionstyp Zwillinge

Betonung der Grundqualitäten der grob- und feinstofflichen Urbausteine im Konstitutionstyp.

- heiß + trocken
- kalt + trocken
- kalt + feucht
- warm + feucht
- warm + trocken

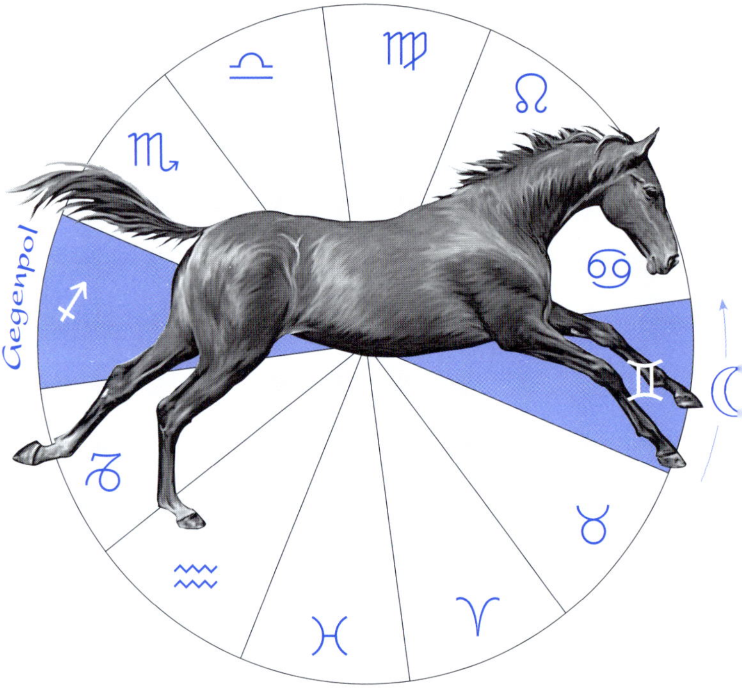

Exterieur

Der Körperbau ist in der Regel feingliedrig mit langen Gliedmaßen. Auch der Rumpf ist eher langlinig mit kräftiger Lendenpartie und betonter Hinterhand. Ein meist gut geformter langer Hals, ein ausgeprägter Widerrist und die steile Schulter sind typische Merkmale. Der Kopf ist fein geschnitten, mit wechselhaftem Mienenspiel durch lebhafte Augen, Ohren und weite Nüstern.

Interieur

Der Mond in Zwillinge verstärkt die Wesenszüge des äußerst aufmerksamen, teilweise nervösen Naturells mit neugieriger Wachheit. Seine Aufmerksamkeit ist entspannt nach außen gerichtet, seine innere Verfassung ist impulsgebend. Die Fähigkeit zur spontanen Energieentfaltung wechselt mit fahriger Unentschlossenheit ab. Der Bewegungsablauf ist leichtfüßig. Sein verspieltes Temperament fordert viel Kommunikation und Losgelassenheit, um seiner Lernfreude gerecht zu werden.

Die in den folgenden Kapiteln beschriebenen Tagesgrundstimmungen und Qualitäten betreffen jedes Pferd, unabhängig seiner pferdespezifischen Eigenheiten im Konstitutionstyp; jedoch können diese Stärken und Schwächen unterschiedlich intensiv hervortreten.

Mond in Zwillinge

Der Luftikus zeigt sich

Stimmungsbild

Mit neugierig gespitzten Ohren wird nach Abwechslung und interessanten Ereignissen Ausschau gehalten, offen und positiv empfindet Ihr Pferd seine unmittelbare Umgebung und ist jederzeit bereit, auf Entdeckungsreise zu gehen. Da kann eine halb geöffnete Boxentüre oder der etwas lose gebundene Führstrick gleich Anlaß sein, um in die Freiheit zu entwischen.
Heute ist wahrhaftig ein Tag, um in die Luft zu gehen! Die geistige Dynamik Ihres Vierbeiners, verbunden mit seinen blitzartig wechselnden Stimmungen und Interessen, machen, um mit den Worten von Karl Valentin zu sprechen, »Ihr Pferdl zum Pfluftl«. Der Luftikus zeigt sich.

♊

Zum Tagesprogramm

Der Mond in Zwillinge und seine Impulsqualitäten verstärken im besonderen die Wesensmerkmale des Vollblüters oder die des immer wachen und neugierigen Schlaukopfes, der durch seine aufgeweckte Haltung immer wieder die ruhige Hand und das wache Auge des Lehrers braucht.
Mit der Luft als Element des Zwillingeimpulses kommt Beschwingtheit, aber auch eine gewisse Ruhelosigkeit auf. Warten und Zuhören lernen heißt die Devise. Das ist nicht immer einfach, denn das Spitzbübische und Pfiffige dieser Tagesqualität will emotionslos abgefangen und richtig kanalisiert werden. Dem nervösen und immer ängstlich zweifelnden Naturell dürfen Sie heute sachlich fordernd gegenübertreten. Mit ruhiger Zuversicht lassen sich dann Nervosität und Ängste abbauen. Kommunizieren Sie gezielt mit Ihrem Kameraden Pferd, weg von der Routine und allen Alltagsbegebenheiten. Entdecken Sie miteinander spielerisch Neues.

Nervosität und Ängste abbauen

Ein Reiterwechsel z. B. ist für Ihr Pferd heute eine willkommene Abwechslung. Das unkontrollierte Element soll jedoch unbedingt beherrscht werden. Nachdem sich überschüssige, nervöse Energie abgebaut hat, ist Ihr Pferd heute gerne bereit, sich neuen Aufgabenstellungen zu widmen. Nutzen Sie diese Lernbereitschaft. Der Beistand und Rat des Lehrers oder einer anderen kritischen Person ist heute besonders wichtig. Auch der beste Reiter braucht den ständigen Austausch, die Korrektur und eine sichere Hand, die ihn und sein Pferd der Einheit schrittweise näher führen können.

Reiterwechsel

Lernbereitschaft

Die Zeit ist reif, Neues zu lernen

Wann immer der Mond das Tierkreiszeichen Zwillinge durchwandert, liegt Lernbereitschaft in der Luft. Die Aufmerksamkeit Ihres Pferdes ist gelöst nach außen gerichtet. Das Gegenüber interessiert. Es möchte in Kontakt treten, sich mitteilen und teilhaben, die Erlebnissphäre ausdehnen und Neues erfahren. Es ist bereit, aktiv mitzuarbeiten. Wenn Sie in den vergangenen Stiermondtagen vertraute Lektionen festigen konnten, so haben Sie das richtige Fundament geschaffen, um neue Lektionen zu erlernen. Das Basisvertrauen in das bereits Erlernte ist Grundbedingung, um weitere Fortschritte erzielen zu können. Nur so kann sich das »Pferde-Ich« bestätigt fühlen und sich motiviert den neuen Aufgaben stellen. Die von Zwillinge dynamisierten Impulse vertreten verstärkt das Polaritätsprinzip. Scheinbar Gegensätzliches möchte heute genauer definiert, erfaßt und miteinander in Einklang gebracht werden. Pferd und Reiter als Partnerpaar können heute im gegenseitigen Verständnis füreinander das Auffassungsvermögen schulen. Die instinktive Unterscheidungsgabe für Begriffe - wie gut und schlecht, aktiv und passiv, Lob und Tadel etc. - werden besser aufgenommen. Vergessen Sie nicht, daß es zwei Seiten einer Medaille gibt, und daß es eine subjektive und objektive Seite von nur einer Wahrheit gibt, die wir nicht voneinander trennen können. Bleiben Sie also gerecht, verzetteln Sie sich nicht. Passen Sie Ihre Forderungen dem Entwicklungs- und Ausbildungsstand Ihres Pferdes an, indem Sie es mit gut definierter Hilfengebung in seiner Entwicklung fördern lernen.

Polaritätsprinzip

♊

Konzentration auf kleinste Details ist Voraussetzung

Gedankenbilder

Ein Bündeln von Informationen zu Gedankenbildern bis hin zu Symbolen und das Umsetzen in kleinste Impulse ist heute für den Reiter eines sensiblen Pferdes stärker als sonst eine Herausforderung, die vom Pferd gerne und interessiert aufgenommen wird. Es geht darum, die richtige Kommunikationsebene ausfindig zu machen, auf der wir uns dem instinkthaften »Denk«- und Empfindungsnaturell unseres Pferdes emotionslos anpassen lernen.

Körpersprache

Wir erreichen dies am besten, indem unsere Stimme die gedanklichen Bildinformationen den Anforderungen entsprechend übermittelt. Auch unsere Körpersprache muß deutliche Signale setzen, die das Pferd unmißverständlich wahrnehmen und umsetzen kann. Praktisch gesagt, verändern Sie auch nicht nach Willkür Ihr Vokabular, indem Sie einmal »Steh« und ein andermal »Halt« oder »Brrr« rufen oder gar wortlos mit einer harten Parade Ihr Pferd zum Stehen bringen. Bedenken Sie, daß Ihr Vierbeiner seinem Entwicklungsstand entsprechend Situationen mit dem Einsatz all seiner Sinne gleichzeitig und augenblicklich aufnimmt. Korrekturhilfen, die eine erhöhte Aufmerksamkeit bewirken, müssen deshalb konsequent, ohne Verzögerung und gezielt zum Einsatz kommen. Nur so lernt das Pferd zu verstehen. Das Nervensystem unterscheidet zwei Impulse: »Her« von den Sinnesorgangen und »Hin« zu den Bewegungsorganen. Eine gute Verständigung ist somit auch Vertrauenssache, die Ihr Pferd motiviert mitarbeiten läßt, anstatt daß es sich seiner Natur entsprechend entzieht oder gar die Flucht ergreift.

☾ ♊ Mond in Zwillinge

Tage sind ideal für

- Reiten in neuer Umgebung
- Paarreiten
- Ausreiten
- Unterricht
- Neue Lektionen
- Gymnastikspringen (Kombinationen)
- Freispringen
- Bodenarbeit (Kommunikation)
- Handarbeit

♊

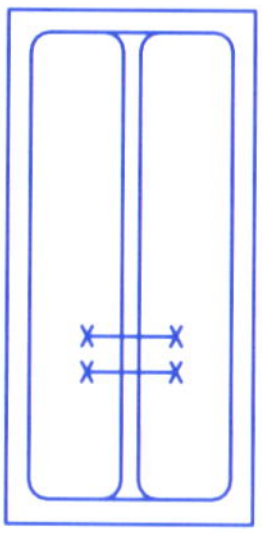

Im Viereck

Hauptaufgabe ist Anlehnung und Schwung

- Losgelassenheit erreichen und erhalten
- Vorhand auf die Hinterhand einstellen
- Kombinierte Dressur- und Springaufgaben
- Schulterherein, Schenkelweichen
- Außengalopp
- Fliegende Galoppwechsel

Tagesverfassung

energetisch: beweglich
physisch: impulsgebend
psychisch: entspannt
nach außen gerichtet

⊕ interessiert, neugierig, clever, vielseitig, lebhaft

⊖ unbeständig, zerfahren, nervös, rastlos, zweifelnd

Tagesmotivation

Neues im Ansatz erlernen

Tagesparole

Beweglichkeit im Wandel der vertrauten Aufgabenstellungen lernen

Psychologisches

Konzentrierte Beständigkeit lernen, oder gezielt kommunizieren

Zellaktivität

Mit dem Mond in Zwillinge ist die Zellaktivität im Bereich der Schultern, der Vordergliedmaßen sowie der Bronchien und Lungen erhöht.

Gegenpol

Als Sekundärwirkung wird der dem Schützen zugeordnete Bereich miteinbezogen, also der Hüft-, Becken- und Oberschenkelbereich.

Reiter und Pferd sollten heute diese Körperregionen gezielt zum Einsatz bringen. Lenken Sie heute Ihre Aufmerksamkeit auch auf ein bewußtes Ein- und Ausatmen und Sie werden feststellen, wie sehr sich der Schulter- und Beckengürtel dabei entspannt. Nur mit zurückgenommenen Schulterblättern können Sie dann die Oberarme, Ellbogengelenke, Unterarme bis hin zur Hand spannungsfrei einsetzen. Das gleiche gilt für den Beckenraum und die unverkrampft anliegenden Oberschenkel.

Abschnauben lassen

Auch auf die Atmung des Pferdes können Sie indirekt Einfluß nehmen, indem Sie besonders während der Lösungsphasen ganz bewußt auf das Abschnauben Ihres Pferdes warten und gezielt darauf eingehen.

Bildinformation

Wir geben in diesen Momenten dem Entspannungsbedürfnis unseres Pferdes nach, indem wir seinen möglichst flüssigen Bewegungsrhythmus nicht stören und ihm mehr Hals-Zügelfreiheit schenken. Wird es zudem noch durch Stimme und bildhafte Eingaben zum Abschnauben aufgefordert, so werden Sie staunen, wie oft und intensiv Ihr Pferd dieses Entspannungszeremoniell wiederholen möchte. Sie erhalten sogar den Eindruck, daß es Ihrem Pferd Spaß macht, sich auf diese Art und Weise mit Ihnen zu unterhalten. Durch dieses tiefe Ein- und Ausatmen gelangt mehr Sauerstoff ins Blut, und damit erhöht sich die Konzentration bei gleichzeitiger Anregung der Handlungsbereitschaft.

Beginn neuer Lektionen

Der Beginn neuer Lektionen im Ansatz sollte durch fundiertes Wissen aus Erfahrung, Fachliteratur und im besonderen durch den Beistand eines Lehrers unterstützt werden. Die Bandbreite der zwillingespezifischen Lektionen beginnt, je nach Ausbildungsstand des Pferdes und Reiters, mit Vor- und Hinterhandwendungen und reicht von Schenkelweichen bis hin zur Traversale und von natürlichen Galoppwechseln bis hin zu den Einer-Wechseln im Galopp. Üben Sie heute diese Lektionen nur im Ansatz, ohne zu überfordern. Diese Übungen verlangen ein exaktes Kombinieren und Koordinieren von Bewegungsabläufen, und sie verlangen neben Konzentration nach Takt- und Rhythmusempfinden.

Nachahmen

Nach diesen Lektionen folgt meist ein Handwechsel, das ist bereits die Vorstufe für die Bewegungsformen der kommenden Krebsmondtage. Mit jungen Pferden, die noch in der Grundausbildung stehen, sollten Sie heute spielerisch umgehen und z. B. in der Gruppe und am Boden arbeiten. Alle Pferde lernen leichter durch Nachahmen. Da ist z. B. das Nebeneinanderreiten eine große Lernhilfe. Die Bewegungsabläufe der Reiter werden aufeinander abgestimmt und die Hilfengebung koordiniert. So können die Pferde voneinander abschauen.

Nur das gymnastizierte und geradegerichtete Pferd ist in der Lage, Takt und Schwung zu entwickeln – hier eine Trabverstärkung mit deutlicher Schulterfreiheit.

Springreiter können an Zwillingetagen mit erhöhter Kombinationsbereitschaft rechnen

Beintechnik und Distanzen schulen

Das sollten sie so übersetzen, daß z. B. das Durchreiten einer Übungsreihe (Kombination) von verschiedenen Hindernissen (auch Cavaletti) die zwillingespezifischen Eigenschaften fördern. Die Beintechnik und der Blick für Distanzen wird somit optimal geschult. Durch ein gefälliges, dem Bewegungsablauf angepaßtes Einsitzen, wird dem Reiter und auch dem Pferd ein gewisses Rhythmusgefühl vermittelt, das die Wahrnehmung, zum richtigen Zeitpunkt agieren oder reagieren zu können, verfeinert. Wählen Sie heute auch den rechten Zeitpunkt, um mit viel Lob und Zuspruch die Lektionen, bei denen ein Erfolg erzielt wurde (Neues erreicht wurde), zu beenden. Denn jedes »Zuviel« wird sich bemerkbar machen und den natürlichen Fortschritt sowie das Vertrauensverhältnis empfindlich stören.

Korrekturhilfen

Emotionslos handeln

Ein für das Luftelement typischer Merksatz für Reiter könnte lauten: »Ein nervöses Pferd braucht einen ruhigen Reiter, sonst gehen beide in die Luft!« Also Ruhe bewahren und Korrekturhilfen mit Gleichmut begegnen. Wenn wir an vergangenen Stiermondtagen so manche Lektion mit Emotionen begleiten durften, so ist heute ein klares Handeln erwünscht. Sofern nervöse Überreaktionen das geplante Tagesprogramm umwerfen wollen, bringt ein rationales Aufarbeiten heute den gewünschten Fortschritt. Verzetteln Sie sich nicht, indem Sie zuviel auf einmal erwarten. Bevor Sie Korrekturhilfen einleiten, ist es notwendig, daß Sie einen unabhängigen tiefen Sitz erreichen, und daß Sie Ihren Schwerpunkt nicht durch einen verspannten Schultergürtel künstlich hochziehen. Erst ein ruhiges Ein- und Ausatmen wird Ihnen die Verkrampfung bewußt machen. Nur so können Sie etwas gelöster mit einer vom Sitz unabhängigen Hand differenzieren und Korrekturübungen einleiten.

Geraderichten

Das zu Zwillinge gehörige Thema heißt auch »Geraderichten«. Es zählt zu den immer wiederkehrenden Grundlagen der Gymnastizierung des Pferdes. Die Kernübung, das Schulterherein, bildet die Vorraussetzung und ist somit die wichtigste Übung zum Geraderichten. Die daraus entwickelten Seitengänge, wie Renvers und Travers, werden dann in den folgenden Krebsmondtagen voll zum Tragen kommen. Es ist allgemein bekannt, daß sich mit diesen gymnastizierenden Lektionen allmählich mehr Konzentration und eine optimale Aktivierung der Hinterhand einstellt. Pferde, welche durch Unaufmerksamkeit sich immer wieder den Hilfen des Reiters entziehen wollen, können auf diese Art und Weise besser stabilisiert werden. Respektieren Sie dabei unbedingt Takt und Rhythmuseigenschaften Ihres Pferdes und haben Sie Verständnis dafür, daß die Schwingungsweite von Biegung und Stellung täglich schwanken kann.

Turnier

Heute ist Abwechslung willkommen. Schon beim Aufklappen der Hängerrampe gerät Ihr Pferd in Abenteuerstimmung. Die lebhafte Ausdrucksfähigkeit Ihres Sportsfreundes will souverän geführt werden. Deshalb sollte die Qualifikation des Reiters deutlich überlegen sein. Bei guten Voraussetzungen können Sie heute auch den Sprung in die nächsthöhere Disziplin wagen und auch das junge Pferd ein wenig herausfordern. Ein Leistungsknick wird sich nur dann bemerkbar machen, wenn Sie zuviel auf einmal fordern. Bleiben Sie wachsam und übersehen Sie nicht die Signale, die einer Überbeanspruchung vorausgehen.

Abwechslung

Während der manchmal langen Pausen zwischen den Prüfungen, sollten Sie für etwas Abwechslung sorgen. An Zwillingemondtagen darf keine Langeweile aufkommen, denn »Kontakt« heißt das Zauberwort, das heute für gute Laune mit Ausgeglichenheit sorgt.

Kondition und Regeneration

Die Zeit ist günstig, um Spannungen zu lösen. Ausgedehnte Spaziergänge lenken vom Alltagsstreß ab. Raus aus der stickigen Stalluft und wieder einmal »Auslüften«! Geben Sie Ihrem Pferd die Gelegenheit, in Ruhe abzuschnauben. Das gelingt dann am besten, wenn Ihr Pferd seinen eigenen Rhythmus gefunden hat und weiß, daß es sich Zeit und Raum für diese »Entspannungstechnik« nehmen darf. Heute stellt sich Ihr Pferd auf äußere Veränderungen ein und reagiert meist der Situation angepaßt. Nur ein Überstrapazieren seines Nervenkostüms kann geradewegs in das Chaos führen. Obwohl Ihr Vierbeiner sich durch seine geistige und körperliche Beweglichkeit geradezu anbietet, ist von einem zu ausgedehnten Fitneßprogramm abzuraten. Die Zellaktivität der Vordergliedmaßen ist heute erhöht. Das heißt, daß jede heilende Maßnahme vor allem bei zunehmendem Mond gut angenommen wird. Einreibungen, Umschläge, Wechselbäder oder der kalte Wasserstrahl abwechselnd an den Beinen auf- und abgeführt, wirken heute besonders wohltuend und heilsam. Die bekannten wärmenden Stallbandagen sind keine übertriebene Maßnahme eines besorgten Pferdehalters. Nein, speziell an diesen Zwillingemondtagen wirken sie vorbeugend und regenerierend.

Ausspannen

Das Besondere um Zwillingeneumond

ca. zwischen 22. Mai und 21. Juni

Der Zwillingeneumond ereignet sich im Mai oder Juni, zu einer Jahreszeit, in der die Natur in voller Blüte steht, bald bereit, das Neue zu empfangen. Wie immer fehlt es zur Zeit des »leeren Mondes« an physischer wie psychischer Stabilität. Deshalb sollten Sie weder sich selbst

Lernaufgaben

noch Ihr Pferd an diesen Tagen unter Druck setzen. Die für heute so typisch ruhelos stimmenden Energien solllten bewußt nach innen gelenkt werden. Im Zusammensein mit Ihrem Pferd sollten Sie heute abwarten können und hineinspüren in das, was sich als Lernaufgabe für das nächste Halbjahr manifestieren möchte. Geben Sie dieser Lernaufgabe einen Namen, ähnlich einem Projekt, das ein halbes Jahr später zum Zwillingevollmond vorgestellt werden möchte. Z. B. der »Fliegende Galoppwechsel«, der zur Zwillingevollmondzeit im Spätherbst nicht mehr aus der Biegung am Wechselpunkt geritten wird, sondern schon etwas selbstbewußter auf der Geraden. Doch vorerst lassen Sie die Tage der dunklen Nächte einmal vorüberziehen, bevor Sie Ihr Vorhaben in die Tat umsetzen.

Das Besondere um Zwillingevollmond

ca. zwischen 23. November und 20. Dezember

Es ist Spätherbst geworden. Die Sonne befindet sich in dem, dem Pferd und Reiter zugedachten Tierkreiszeichen »Schütze«. Der Schütze versinnbildlicht den Philosophen, der dem »jungen Zwillinge« so manche Lebensweisheit beibringen kann. Er steht auch für den Lehrer. Bei dieser Gegenüberstellung von Zwillinge und Schütze denke ich an das von Klaus Ferdinand Hempfling (»Die Botschaft der Pferde) erwähnte und im Zusammenhang mit Pferd und Reiter gebrachte Wahrzeichen des Tempelritterordens - einem Pferd mit zwei Reitern. Dieser aus der Tradition der Kreuzritter entstandene Orden pflegte überliefertes, esoterisches Wissen. Das Wahrzeichen symbolisiert auch die Achse Zwillinge/Schütze, die daran erinnert, daß der Mensch in wacher innerer Kommunikation und Verbindung mit dem Pferd Weisheit um seine Seele erlangen kann. Das Pferd, welches beides trägt, nämlich Seele und Körper des Reiters. Die Zweiheit findet zur Einheit!

Geben Sie dieser philosophischen Betrachtung heute Raum und Energie, dann werden Sie vielleicht das Glück der Erde auch auf dem Rücken der Pferde finden.

Wissenswertes bei Mond in ♊ Zwillinge

Der Mond in Zwillinge und seine Partikelströme sind gefärbt und verbunden mit

Herrscherplanet:	Merkur ☿
Element:	Luft △
Pol:	männlich, yang
Urbausteine:	warm und feucht
Gegenpol:	Schütze ♐
Mineral:	Falkenauge, Moosachat
Metall:	Quecksilber
Farbe:	Gelb
Ernährungsqualität empfiehlt:	Fette, Blütenessenzen

☽ zunehmende Zwillingemondtage: von November/Dezember bis Mai/Juni
☾ abnehmende Zwillingemondtage: von Mai/Juni bis November/Dezember
● Zwillingeneumond: Mai oder Juni
○ Zwillingevollmond: November oder Dezember
☉ Die Sonne befindet sich von ca. 22.5. bis ca. 21.6. im Tierkreiszeichen ♊

Pferdepflege

Ausgiebig bürsten und striegeln, Schweifverlesen.

Therapiemöglichkeiten

Inhalationen, Massagen der Schulter und Vordergliedmaßen, Beine abwechselnd mit Wasserstrahl abspritzen und trockenreiben.

Wichtig zu wissen

Vorbeugen und Behandeln von Insektenstichen z. B. mit Knoblauch oder Teebaumöl.

Zucht und Aufzucht

Mit dem Fohlen spielerisch Beine aufheben üben oder Neues lernen.

Ein erfolgreicher Deckvorgang an Zwillingmond verspricht uns heute ein Hengstfohlen. Entscheidend ist der Moment der Befruchtung.

Zwillingspezifische Impulse sorgen für eine erhöhte Zellaktivität in folgenden Bereichen:

Organe:	Lungen, Bronchien, Luftröhre, Nervenbahnen, Kapillargefäße, Lymphsystem
Knochen:	1. Halswirbel (Atlas), 1.-5. Brustwirbel, 1.-5. Rippe, Schulterblätter, Vordergliedmaßen
Muskulatur:	Schulter und gesamte Vorhandmuskulatur
Körperfunktion:	Anreicherung des Blutes mit Sauerstoff und Abgabe von Kohlendioxyd

Eingriffe und Operationen

An den von Zwillinge angesprochenen Bereichen sind Eingriffe und Operationen heute zu vermeiden. Jedoch wohltuende und regenerierende Maßnahmen sind zu empfehlen.

Der ☾ abnehmende Mond begünstigt generell Operationen und ausleitende Maßnahmen, z. B. bei Entzündungen und Entschlackung.
Der ☽ zunehmende Mond begünstigt aufbauende, pflegende Maßnahmen zur Heilung und Regeneration.

♋ Konstitutionstyp Krebs

Betonung der Grundqualitäten der grob- und feinstofflichen Urbausteine im Konstitutionstyp.

	heiß + trocken
	kalt + trocken
⚛	kalt + feucht
	warm + feucht
	warm + trocken

Exterieur

Der Körperbau ist in der Regel gedrungen mit der Tendenz zur Schwammigkeit. Die Gliedmaßen sind verhältnismäßig kurz mit geringer bzw. mittlerer Knochenstärke. Eine steile Fessel und oft tief angesetzte Knie sind den kraftvollen Bewegungen angemessen. Eine gute Gurttiefe mit guter Schulter sorgen für eine ausgezeichnete Sattellage und sind typische Merkmale. Der Kopf ist fein geschnitten, mit wechselhaftem Mienenspiel durch lebhafte Augen, Ohren und weite Nüstern.

Interieur

Der Mond in Krebs verstärkt die Wesenszüge des weichen beeindruckbaren Naturells, das in seiner passiv nach innen gerichteten Einstellung oft Spannungen zwischen Wollen und Handeln erzeugt; er reagiert also indirekt. Dieser Pferdetyp ist zyklisch phlegmatisch (die rossige Stute) mit starkem Nachahmungsgeschick; es hat oft die nachteilige Gabe, nichts zu vergessen, vor allem wenn es um Formen von Gegenständlichem geht (z. B. der Traktor, der Wassergraben, der Sonnenschirm, etc.). Seine fürsorgliche und vorsichtige Instinktnatur prägt sich auch in extremer Anhänglichkeit aus. Es sucht Anschluß und Sicherheit bei anderen.

Die in den folgenden Kapiteln beschriebenen Tagesgrundstimmungen und Qualitäten betreffen jedes Pferd, unabhängig seiner pferdespezifischen Eigenheiten im Konstitutionstyp; jedoch können diese Stärken und Schwächen unterschiedlich intensiv hervortreten.

Mond in Krebs

Das Stimmungsbarometer schwankt

Stimmungsbild

»Wann immer der Mond sein Zeichen durchwandert, rufen seine Impulse Vergangenheitsbilder und die damit verbundenen Gefühle wach. Nur ungenau und wäßrig gestaltet sich das Bild, so daß man sich selbst nicht klar darüber ist, was es in einem auszulösen vermag. Das Stimmungsbarometer schwankt. Auch Ihr Pferd, abhängig von seiner Umwelt, fühlt sich heute besonders der Ebbe und Flut von Stimmungen ausgesetzt. Leicht beeinflußbar und immer an seinem Nächsten orientiert, möchte es am Gemeinschaftsleben teilhaben. Das Streben nach Geborgenheit, vor allem im Kreis seiner Artgenossen im Stall oder auf der Weide, ist ausgeprägt. Beschützen und beschützt werden ist ein Hauptanliegen dieser Tagesverfassung.

Grundschwingung

Deshalb achten Sie heute vermehrt auf Ihre Grundschwingung, mit der Sie Ihrem Schützling begegnen. Jede schroffe Handlungsweise, jede Zurücksetzung wird demütig eingesteckt, jedoch im Inneren, ähnlich einer Ereigniskette, Glied für Glied gespeichert. Heute reagiert Ihr Pferd besonders sensibel und kann bei mangelnder Zuwendung oder erlittenen Grobheiten in der Entwicklung zurückgeworfen werden. Es ist dann für den Rest des Tages ohne Energie und lustlos gestimmt. Es wird zwar den Anforderungen nachkommen und sein Aufgabenprogramm absolvieren, jedoch an Ausstrahlung wird es deutlich fehlen.

Zum Tagesprogramm

Grundvertrauen

Im gewohnten Ambiente und in Anlehnung an die Bezugsperson sollte heute am Fundament des Grundvertrauens gearbeitet werden. Mit jungen Pferden sollte heute besser zuhause trainiert werden, um eventuell auftretenden emotionalen Hürden leichter und feinfühliger begegnen zu können. Wenn Sie dennoch der Wandertrieb packt, so verabreden Sie sich mit einem verläßlichen Partnerpaar zum Ausreiten. Außer einigen übervorsichtigen Reaktionen wird am Hinweg nichts Außergewöhnliches passieren. Der Heimweg hingegen kann bei besonders hitzigen Pferden zum Problem werden, denn sie suchen und finden Anlässe, um den Nachhauseritt zu beschleunigen.

Minderheit

Mit guter Laune und Mitgefühl können Sie sich heute der freiwilligen Mitarbeit Ihres Kameraden sicher sein. Fördern Sie, anstatt zu fordern, und begleiten Sie ganz natürlich die angebotenen Bewegungsmuster mit Gedankenbildern.

Das »innere Kind«

Der Aspekt des Wasserelementes, der durch den Krebsmondimpuls Tier und Mensch gleichermaßen anspricht, gibt uns Gelegenheit, auch auf der Gefühlsebene das Pferde-Ich zu stärken. Wer im Zusammenhang mit dem Pferd auch die psychologische Komponente miteinbezieht, wird täglich mehr von seinem Pferd und letzlich auch von sich selbst erfahren können. Er wird früher oder später den nächstfolgenden Schritt tun/überlegen und erkennen, daß sich in unserer Außenwelt auch unsere Innenwelt spiegelt.

Das »innere Kind«

Das ist auch auf unser Pferd zu beziehen. Es spiegelt uns unsere innersten Strukturen wider. Das »innere Kind« von uns Menschen reflektiert sich dann im Verhalten der Tiere. Diesen versteckten Teilaspekt unserer emotionalen Ebene nennt die heutige Psychologie gerne »das innere Kind«. Das »innere Kind« in uns ist der Anteil, der das seelische Kindheitserleben speicherte und erlernte Verhaltensmuster aus dieser Zeit abrufbereit in Stimmungen und Launen umsetzt. Ähnlich wie Eltern mit ihren kleinen Kindern, so sollten auch wir mit unserem »Kind-Pferd« umgehen. Nur eine stabile, ruhige Umgangsweise läßt dieses Vertrauen finden und läßt uns in der Erziehung die Konsequenz falschen Verhaltens erkennen.

Erfahrungen sammeln und lernen, erwachsen zu werden

Pferde brauchen Gehorsam, um sich zentrieren zu lernen. Manchmal müssen einem »Zuviel« gesunde Grenzen gesetzt werden.

Gehorsam

Doch gerade bei jungen Pferden, die den neu entdeckten Kräften eines jeden Wachstumsschubes freien Lauf lassen möchten, ist es nicht immer einfach, mit Verständnis und dem rechtem Maß an Disziplin zu reagieren. Vielleicht will uns das Pferd nur zeigen, wie groß und stark es geworden ist und wozu es aus einer Laune heraus fähig ist. Reagieren Sie darauf gelassen und tolerant, lassen Sie jedoch niemals Untugenden zur Gewohnheit werden.

Das Grundvertrauen festigen und Konzentration üben

Mit der Energie des Krebsmondimpulses wechselt die Polarität. Die Erfahrungen von gestern und vorgestern werden von der Verstandesebene auf die Gefühlsebene verschoben. Das erklärt auch, warum der Lernerfolg sich selten kontinuierlich aufbaut. Mit der Energie des Zeichens wechselt die Grundschwingung. Die Krebsimpulse sind eben keine Zwillingeimpulse!

Vertrauen festigen

Begegnen Sie nun dieser Tagesqualität mit Zuversicht und konzentrieren Sie sich auf Ihre Gedankenbilder. Halten Sie während der Aufgaben vermehrt die innere Verbindung zum Pferd aufrecht, und Sie werden erfühlen können, wie sehr es sich anlehnen und anpassen möchte. Erst dann ist die Bereitschaft gegeben, sich gemeinsam der Tagesaufgabe zu stellen, welche lautet: »Das Grundvertrauen festigen und Konzentration üben!«

Heute vermittelt die vertraute Umgebung Ihrem »Kind-Pferd« den Schutz, den es braucht, um sich ganz auf seinen Erzieher »Mensch« einstellen zu können.

☾ ♋ Mond in Krebs

Tage sind ideal für

- Reiten in gewohnter Umgebung
- Paarreiten
- Ausreiten und Entspannen
- Bodenarbeit
- Longieren

♋

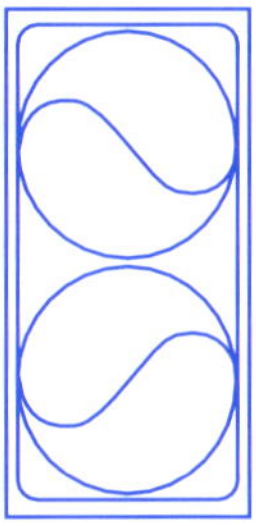

Im Viereck

Hauptaufgabe ist Schwung und Geraderichten

- Entspannende Übungen (Lösen)
- Zirkel und Wendungen reiten
- Übergänge und Paraden
- Rückwärtsrichten
- Seitengänge bis zum Travers

Tagesverfassung

energetisch: aufbauend
physisch: impulsaufnehmend
psychisch: entspannt nach innen gerichtet

⊕ anpassungsfähig, sensibel, anhänglich, diszipliniert

⊖ unzuverlässig, unselbständig, ängstlich, stimmungsabhängig

Tagesmotivation

Emotionale Anlehnung vermitteln

Tagesparole

Grundvertrauen festigen

Psychologisches

Erfahrungen sammeln und lernen, erwachsen zu werden

Abhängig von der Veranlagung Ihres Pferdes gilt es heute, eine besondere Balance zwischen der treibenden und der verhaltenden Einwirkung zu schaffen. Fließende, ineinander übergehende Handwechsel und Gangartenwechsel entspannen. Voraussetzung dabei ist die Feinkoordination und das Annehmen der Gewichts- und Schenkelhilfen. Konzentrieren Sie sich vermehrt auf die innere Verbindung zu Ihrem Pferd. Üben Sie das Anhalten und Innehalten. Nutzen Sie die Ruhephase, um Gegenwart zu erspüren, und um auf der Empfindungsebene mit ihrem »Kind« bewußt zu kommunizieren.

Feinkoordination

Geborgenheit ist die Gewißheit, geschützt und geführt zu werden.

Der Erfolg der heutigen Tagesaufgabe hängt also in erster Linie von Ihrem Einfühlungsvermögen ab. Zeigen Sie jedoch zu starken Willenseinsatz und sind auch noch stolz darauf, wie gut Ihr Pferd funktioniert, so als hätten Sie ein Spielzeug aufgezogen oder einem Automaten ein Geldstück eingeworfen, dann hält es vor Ihnen sein innerstes Wesen verborgen, und niemals werden Sie mit dieser Methode Ihre und seine Persönlichkeit stärken!

Leider nur zu oft kann man diese Handlungsweise beobachten und die Ignoranz des Reiters und die antrainierte Unterwürfigkeit des Pferdes erkennen.

Der Schwerpunkt unserer Aufmerksamkeit sollte heute vermehrt dem Gemüt dienen und weniger der körperlichen Ebene. Trotzdem gilt es auch hier wiederum, die unterstützenden Bewegungsabläufe in ihrer Form und Reihung zu berücksichtigen. Dazu zählen z. B. Volten, Zirkel verkleinern und vergrößern und Handwechsel, die eine vermehrte Biegung und Stellung erfordern. Die Zwischenrippenmuskulatur möchte angesprochen werden. Das Bein und die Schenkelhilfen des Reiters werden heute vom Pferd besonders gut wahrgenommen und sind eine unerläßliche Hilfe beim Versammeln des Pferdes. Halteparaden greifen besser und ein Rückwärtsrichten an Krebsmondtagen gelingt schon mit sanften Hilfen. Auch Seitengänge bis zum Travers passen gut in das Bewegungsbild des heutigen Tages.

Wichtig für das weitere Wohlbefinden ist heute nach getaner Arbeit ein frisch aufgeschütteltes Strohbett, natürlich weitere Streicheleinheiten fürs Gemüt und eine Extraportion Leckerbissen zur Belohnung.

Korrekturhilfen

Mit Disziplin, Hinwendung und Liebe können wir unser gemeinsames Ziel besser erreichen, auch dann, wenn wir Rückschläge hinnehmen müssen. Besonders heute sollten wir darauf achten, daß wir die Korrekturhilfen behutsam vermitteln. Unangenehme Ereignisse an Krebsmondtagen erlebt, bleiben in der Pferdepsyche allgegenwärtig. Sie werden nicht vergessen. Sich abgrenzen bedeutet Schutz. Auch Pferde verstecken ihre Überempfindsamkeit hinter einem Schutzpanzer. Versuchen Sie heute einen Zugang zu diesem »innersten Wesen« zu finden, jedoch ohne Tricks!
Egal, um welches Problem es sich handeln mag, bei Korrekturmaßnahmen muß zuerst ein Grundvertrauen zur Bezugsperson hergestellt werden und jugendlicher Überschwang eingegrenzt und beherrscht werden. Etwas Begonnenes auch konsequent zu Ende zu führen.

Anlehnung an das Gebiß

An Krebstagen bewirkt eine erhöhte Funktion des Drüsensystems eine vermehrte Speichelbildung, welche unterstützend beim Versammeln und Abkauen mitwirkt. Es ist jedoch heute schwieriger als an Widder- und Stiermondtagen zusätzlich eine optimale Anlehnung an das Gebiß zu erreichen. Manche Pferde entziehen sich gerne in »Krebsmanier« indirekt den Hilfen, indem sie sich z. B. »einrollen«, also hinter der Senkrechten gehen. Auch ein Ausweichen in Krebsmanier seitwärts oder rückwärts ist möglich. Bemühen Sie sich in diesem Fall um ein »Geradeausrichten«. Pferde, welche Probleme beim Rückwärtsrichten haben, dürften heute mehr Bereitschaft zeigen, diese Gehorsamsübung zu akzeptieren. Viel Feinabstimmung, vor allem richtiger Schenkeleinsatz ist notwendig, um hier einzuwirken. »Den Zügel aus der Hand kauen lassen« zeigt an, wie zufrieden und ausgeglichen der Bewegungsrhythmus beibehalten wird und ob Ihr Pferd »abtaucht«, um das Gebiß zu suchen.

Rückwärtsrichten

Wenn Verspannungen diese Reaktionen verhindern, kann folgende Übung ein wenig helfen: Bewegen Sie sich im Schritt schräg oder seitlich auch im Travers auf die Hufschlagbegrenzung zu. Entlassen Sie Ihr Pferd durch ein deutliches Nachgeben der Hände aus der Biegung in die Gerade. Der vermehrte Schenkeleinsatz und die scheinbare Anlehnung an die Bande wird für einen raumgreifenderen Schritt sorgen. Dadurch wird sich der Hals des Pferdes automatisch gegen das Gebiß strecken. Diese Übung hilft auch bei Schrittproblemen und Taktunreinheiten, bei Verkrampfungen im Rücken und beim verspannten Gehen des Pferdes auf zwei Hufschlägen. Einerlei, was immer Sie heute korrigieren möchten, tun Sie es mit Gefühl und Mitgefühl.

Mehr Anlehnung erreichen

An Krebsmondtagen können übertriebene Korrekturhilfen gegenteilige Wirkungen und Blockaden hervorrufen. Das Ergebnis, verstärkt durch den Krebsmondimpuls, ist dann ungewiß, da immer neue Wechselwirkungen entstehen und einen ungewissen Ausgang hervorrufen können. Ihr Pferd möchte sich dann in »Krebsmanier« am liebsten in seinen Panzer zurückziehen, schmollend natürlich.

Turnier

Kein idealer Turniertag!

Auch uns überkommt manchmal ein dringendes Bedürfnis, zuhause zu bleiben. Nichts um alles in der Welt könnte uns bewegen, die heimelige Behaglichkeit zu verlassen.
So ergeht es Ihrem Pferd, wenn es an einem Krebsmondtag nur widerwillig und aus reinem Pflichtgefühl heraus den Transporter betritt. Egal, wohin die Reise führen mag, in Ihrem Vierbeiner rührt nun seit seiner Abreise ständig die Erinnerung an die Annehmlichkeiten seines sicheren Heimes. Deshalb sollte man heute auf keinen Fall einen Stall- oder Ortswechsel durchführen oder gar Fohlen von ihren Müttern trennen! Bauern erzählen davon, daß Kühe an diesen Tagen nach einem Stallwechsel weniger Milch geben und viel schreien.
Es ist wirklich kein idealer Turniertag. Überempfindlich und ängstlich reagiert Ihr Pferd auf jedes Ereignis in fremder Umgebung. Junge Pferde beginnen zu kleben und rufen lauthals nach ihrer schutzbietenden Herde.
Wenn Ihr Pferd Ihnen voll vertraut und es Sie zu seiner Bezugsperson erkoren hat, kann dieses unterschwellige Heimweh leichter überwunden werden. Sorgen Sie dafür, daß Ihr Schützling am Turnier besonders gut betreut wird. Nur so wird es die Turnieratmosphäre als gegeben annehmen und seinen - auch dem Krebsnaturell angehörenden - Ehrgeiz ausleben können. Der Krebsimpuls kann zu ausgesprochen mutigen Leistungen anspornen, jedoch nur, wenn das Grundvertrauen gegeben ist.

Kondition und Regeneration

Ruhetag

Wenn Sie, wie die meisten Pferdebesitzer, Ihrem Pferd ab und zu einen Ruhetag gönnen, so sind heute am Krebsmondtag die Voraussetzungen dazu günstig. Losgelöst von den manchmal so groben Alltagsstrukturen möchte Ihr Pferd die Wandelbarkeit der Gefühle und Bilder seiner Umgebung annehmen können und dabei der Sehnsucht nach Geborgenheit nachspüren dürfen. Das gilt ganz besonders für Mutterstuten und ihre Fohlen - nach dem Motto: »Beschützen und beschützt werden!«
Psychisches und Physisches will heute gut verdaut werden. Mit anderen Worten, unangenehme Tageserlebnisse können einen Rückschritt in der Entwicklung bedeuten. Unregelmäßigkeiten und Störungen der Freßgewohnheiten können nachteilige Wirkungen hervorrufen. Der Krebsmondimpuls betont das mütterlich versorgende Prinzip auch auf der körperlichen Ebene. Das dem Tierkreiszeichen Krebs zugeordnete Organ ist der Magen, der in den Morgenstunden zwischen 7:00 und 9:00 Uhr am aktivsten arbeitet. Er sorgt mit für die Umwandlung der Nahrung, bei der Produktion des Speisesaftes und sorgt somit für weiteres Zellwachstum. Auch der Lymphkreislauf untersteht dem starken Einfluß des Mondes.

Für den aktiven Sportler ist es wichtig zu wissen, daß in diesen Tagen die Zellaktivität im Brustkorbbereich, den unteren Lungenabschnitten und im Magen mit seinen Drüsenfunktionen erhöht ist. Ebenso ist der Sekundäreinfluß aller steinbockspezifischen Zuordnungen zu beachten. Jede Überbeanspruchung in diesem Bereich hemmt den natürlichen Lebensfluß. Jede regenerierende Maßnahme wird diesen stärken! Ist Ihr Pferd erholungsbedürftig, so buchen Sie am besten innerhalb der Zeitdauer vom 22. Juni bis 22. Juli einen Koppelurlaub. Dieser Zeitabschnitt kann die ideale Ruhezeit fürs Gemüt sein. Ihr Pferd wird es Ihnen danken.

Das Besondere um Krebsneumond

ca. zwischen 22. Juni und 23. Juli

Es ist die Zeit des Frühsommers, wenn wir den längsten Tag und die kürzeste Nacht erleben. Das geschieht genau dann, wenn die Sonne bei 0° Krebs ihre Laufbahn fortsetzt, und die Tage beginnen, wieder kürzer zu werden.

Das Wetter an diesen Neumondtagen zeigt sich meist launisch, wechselhaft und überwiegend feucht. Die Luft scheint ebenso still zu stehen wie unser Gemüt, das in kindlicher Erwartung nach Liebe und Zuwendung der Dinge harrt, die da noch kommen werden.

Bedürfnisse erkennen

Wieder einmal ist es Zeit, einen Samen für die Zukunft zu legen, dessen Frucht zur Zeit des Krebsvollmondes, meist im Januar zur Reife gelangt. Beim Tierkreiszeichen Krebs hat das Thema Familie, Kinder versorgen und versorgt werden höchste Priorität. Pferde, auch als unsere Familienmitglieder betrachtet, werden von uns abgehalten, ihr Eigenleben zu führen. Abhängig von unserem Wohlwollen, stehen sie uns mit kindlicher Erwartungshaltung ausgeliefert gegenüber. Machen wir uns bewußt, welche Macht wir diesem »Kind-Pferd« stetig entgegenstellen, ohne seine wahren Bedürfnisse wirklich zu kennen und ohne sein so reiches, edles Innenleben zu beachten. Viele Pferde leiden unter diesem Druck und verstecken ihre Sehnsucht nach Zuwendung (ihrem Besitzer gleich) hinter vielen Masken.

Das Besondere um Krebsvollmond

ca. zwischen 21. Dezember und 20. Januar

Nun strahlt die Sonne im gegenüberliegenden Tierkreiszeichen dem Mond im Krebs die Qualitäten des Steinbocks zu. Die Sonnen- und Mondpartikelchen senden uns nun vermehrte Lichtkraft, welche uns Stütze auf unserem Weg der Erkenntnis sein soll.

Emotionaler Entwicklungssprung

Der Tatendrang generell an Vollmond bestätigt diese latente Kraft, die uns immer wieder neu begegnet. Heute an Krebsvollmond sollten wir uns fragen, ob unser Pferd einen emotionalen Entwicklungssprung hin zu mehr Reife und einem gestärkten Pferde-Ich geschafft hat. Wenn ja, dann haben wir besonders an Krebsmondtagen instinktiv richtig gehandelt.

Vorschlag:
Wenn wir nun zweimal im Monat, nämlich immer an Neu- und Vollmondtagen uns und unser Pferd einer Bestandsaufnahme unterziehen und somit abwechselnd Saat und Ernte betrachten, so könnten wir uns am Fortschritt und Lernerfolg einer Pferd/Mensch-Beziehung noch mehr erfreuen. Heute an Vollmond im Krebs könnten wir mit ein wenig Phantasie und Einfühlungsvermögen unserem Vierbeiner die Note für »Betragen« im Zeugnis seiner Lebensschule eintragen.

♋

Wissenswertes bei Mond in ♋ Krebs

Der Mond in Krebs und seine Partikelströme sind gefärbt und verbunden mit

Herrscherplanet:	Mond ☾
Element:	Wasser
Pol:	weiblich, yin
Urbausteine:	kalt und feucht
Gegenpol:	Steinbock ♑
Mineral:	Bernstein, Mondstein
Metall:	Silber
Farbe:	Silber
Ernährungs-qualität empfiehlt:	Kohlenhydrate, Heu und Gras

☽ zunehmende Krebsmondtage: von Dezember/Januar bis Juni/Juli
☾ abnehmende Krebsmondtage: von Juni/Juli bis Dezember/Januar
● Krebsneumond: Juni oder Juli
○ Krebsvollmond: Dezember oder Januar
☉ Die Sonne befindet sich von ca. 21.6. bis ca. 23.7. im Tierkreiszeichen ♋

Pferdepflege

Bauchpartie und besonders das Gesäuge säubern.

Therapiemöglichkeiten

Wassertreten (Schwemme, Bachbett), Lymphdrainagen, Eigenblutbehandlungen, Koppelgang – oder zum Grasen führen.

Sonstiges

Ideal zum Waschen von Stalldecken und Bandagen.

Wichtig zu wissen

Auf keinen Fall Fohlen von Mutter trennen oder einen Stallwechsel durchführen.

Zucht und Aufzucht

Für ein harmonisches, ruhiges Umfeld für Mutterstute und Fohlen sorgen.

Ein erfolgreicher Deckvorgang an Krebsmond verspricht uns heute ein Stutfohlen. Entscheidend ist der Moment der Befruchtung.

Krebsspezifische Impulse sorgen für eine erhöhte Zellaktivität in folgenden Bereichen:

Organe:	Magen, Milz (in jungen Jahren blutbildend), Gesäuge, Schleimhaut, Eierstöcke, Gebärmutter und Hoden (♏), Gehirnmasse (♈)
Knochen:	Brustbein, Schaufelknorpel, 5.-17. oder 18. Rippe
Muskulatur:	Zwerchfell, Brust- und Zwischenrippenmuskeln
Körperfunktion:	Sekretion von Verdauungssäften und Peristaltik

Eingriffe und Operationen

An den von Krebs angesprochenen Bereichen sind Eingriffe und Operationen heute zu vermeiden. Jedoch wohltuende und regenerierende Maßnahmen sind zu empfehlen.

Der ☾ abnehmende Mond begünstigt generell Operationen und ausleitende Maßnahmen, z. B. bei Entzündungen und Entschlackung.
Der ☽ zunehmende Mond begünstigt aufbauende, pflegende Maßnahmen zur Heilung und Regeneration.

♌ Konstitutionstyp Löwe

Betonung der Grundqualitäten der grob- und feinstofflichen Urbausteine im Konstitutionstyp.

heiß + trocken
kalt + trocken
kalt + feucht
warm + feucht
warm + trocken

Exterieur

Der Körperbau ist in der Regel mittelgroß und muskulös mit ausgeprägter Halsbetonung und häufig üppigem Schweif- und Mähnenwuchs und eher kurzem Rücken. Die starke Hinterhand und die gute Hankenbiegung erleichtern Lektionen für die Hohe Schule. Sein Kopf ist markant und seine Haltung stolz.

Interieur

Der Mond in Löwe verstärkt die Wesenszüge des demonstrativ lebhaften Naturells. Die nachhaltig ausdauernde Energie des Löwetypus ist zentriert, impulsgebend und gespannt nach außen gerichtet.
Seine große Instinktsicherheit, besonders in Machtkämpfen, baut sein dominantes »Pferde-Ich« auf. Die Bewegungen sind meist ausdrucksvoll bis spektakulär. Sein natürliches Gleichgewichtsgefühl, seine Elastizität und sein Feuer versprechen außergewöhnliche Leistungsbereitschaft.

Die in den folgenden Kapiteln beschriebenen Tagesgrundstimmungen und Qualitäten betreffen jedes Pferd, unabhängig seiner pferdespezifischen Eigenheiten im Konstitutionstyp; jedoch können diese Stärken und Schwächen unterschiedlich intensiv hervortreten.

Mond in Löwe

Auf der Bühne des Pferdelebens

Stimmungsbild

Heute können Sie am Verhalten Ihres Vierbeiners erkennen, wie »löwebetont« er die Würde seiner Rasse zu repräsentieren weiß. Doch zuallererst sollten Sie Ihren Freund aus seiner Löwenfaulheit etwas herausholen, ihm schmeicheln und ihn dann für seinen Auftritt zurechtmachen.
Noch sehr verträumt und selbstversponnen läßt er dann die Bürstenstriche des täglichen Putzzeremoniells an sich herabgleiten. Währenddessen hält er Ausschau nach seinen Bewunderern. Eigentlich möchte er heute am liebsten alleine sein, es sei denn, er wird zur zentralen Figur des Geschehens auserkoren. Dann ist es schnell vorbei mit der Bequemlichkeit, und beherzt begibt er sich mit seiner ganzen Ausdruckskraft auf die Bühne des Pferdelebens.
Für das junge Pferd geht es in der Herde wiederum um Integration, um das Dominieren und das Dominiert-Werden. An diesen Tagen erfährt es nicht selten Übermut, Schmerz und Frustration, aber auch Stolz und Überlegenheit. Diese Bewußtseinsprozesse lassen mehr Eigenkreativität entwickeln und Selbstausdruck finden. Selbstbewußt grenzt sich das reife, löwebetonte, mit Führungsqualitäten ausgestattete Pferd von der übrigen Herde ab, um großmütig Abstand zu den Seinen zu halten, aber auch um im Falle drohender Gefahr instinktiv die richtigen Signale setzen zu können.
So erleben Sie heute als Zuschauer die unterschiedlichsten Eigenheiten unserer Vierbeiner, und Sie können dabei bestens die verschiedenen Ebenen ihres individuellen Ausdrucks beobachten.

Zum Tagesprogramm

Alle Impulse, so auch der Löwemondimpuls werden nicht von jedem Pferd gleichermaßen empfunden und reflektiert. Heute werden vor allem Pferde-Konstitutionstypen angesprochen, welche dem vitalen, eher muskulösen Mischtyp entsprechen und auch jene, die in ihrem Verhalten die eine oder andere Hengstmanier noch nicht gänzlich vergessen haben.

Dominanz klären

Die Wirkung der Löweenergie zeigt sich je nach Konstitutionstypus des Pferdes unterschiedlich und verlangt in der Regel nach Leidenschaftlichkeit und Durchsetzung (Autorität). Sein Spaß am Ungewissen, seine Experimentierfreude spornen an, mehr Eigenständigkeit zu beweisen. Mutiger als sonst ist Ihr Vierbeiner heute bereit, auch mal über seinen eigenen Schatten zu springen. Nutzen Sie deshalb diese seltenen, jedoch zyklisch wiederkehrenden Aufforderungen zur Darstellung, und stimmen Sie Ihr Tagesprogramm auf diese Qualitäten ab. Während eines Ausrittes, am Turnier, in der Gruppe oder allein unterwegs, pumpt sich das temperamentvolle Pferd gerne auf. Es dramati-

siert so manche Situation, um auf sich aufmerksam zu machen und um Lob und Zuwendung zu erlangen. Hintergründig hat es jedoch Angst, zu versagen und will sich nicht verloren fühlen.
Diese Kraftdemonstrationen können für weniger erfahrene Reiter sehr respekteinflößend und aufregend sein. Ein geübter Pferdekenner hingegen weiß sehr wohl, diese Kraft zu zentrieren und freut sich über diese Lebendigkeit und Bereitschaft zu besonderem Tatendrang.

Dem kreativen Potential Ausdruck verleihen

Zur Zeit der Krebsmondtage wurde jede Wahrnehmung durch Gefühl und im Spiegel unseres Gegenübers erkannt, erprobt und gelebt. Mit der Energie des Löwemondes steigert sich nun diese Bewußtwerdung zur Emotion und damit hin zu mehr Ausstrahlung und mehr Wesenheitsbezug. Diesem kreativen Potential möchten heute Pferd und Reiter mehr Ausdruck verleihen.
Ein Überschuß an Lebenskraft erweckt den Drang, die emotionalen Projektionen zu übertreiben. Beherzt gilt es jetzt im besonderen, die Mitte wiederzufinden und Ihrem Vierbeiner zu helfen, diese Bewegungskraft zentrieren zu lernen. Speziell in diesen Phasen ist es nicht einfach, Ihrem Pferd den Ernst der gestellten Aufgaben näher zu bringen, ohne es in seiner verspielten Dominanz zu verletzen. Oft reagiert es empfindlich auf Korrektur und Tadel, doch in der Regel überwiegen Ehrgeiz, Geltungsdrang und das »Wieder-gut-machen-wollen« als Zeichen der Anerkennung. Leistungsbereitschaft soll vor allem bei jungen Pferden richtig erkannt und vom jeweiligen Ausbilder so abgestimmt werden, daß die heutigen Anforderungen mit einem sicher verdienten Lob erwidert werden können.

Pferdekauf

Sollten Sie beabsichtigen, ein neues Pferd zu erwerben, so eignen sich die Löwemondtage hervorragend, da in der Regel an diesen Tagen die Wesenszüge, die Stärken und Schwächen deutlicher als sonst zum Ausdruck kommen.

Kräfte zentrieren

Seit den Widderimpulsen vor ca. 10 Tagen war das Wesen Pferd mit seinen instinktiven Wachstumsschritten auf noch sehr körperlicher Ebene verbunden. Mit dem Fühlen in Krebs und nun mit dem wiederum feurigen Element des Löwen, beginnt es sein Tierbewußtsein mehr und mehr wahrzunehmen.
Deshalb sollten wir an diesen Tagen unserem Pferd ein wenig Spielraum lassen, damit auch wir seine Talente und positiven Eigenheiten näher kennenlernen. Das Spektrum der heutigen Tagesarbeit ist breit gefächert und läßt jeder Begabung den nötigen Freiraum, den sie braucht, um sich entfalten zu können.

Lösungsphase

Vorbedingung ist wie immer die Lösungsphase, in der Sie bereits erkennen sollten, was heute von Bedeutung ist. Ein Aspekt der Tages-

☾ ♌ Mond in Löwe

Tage sind ideal für

- Reiten in neuer Umgebung
- Einzel-/Gruppenreiten
- Präsentation (Pferdekauf)
- Schulung im Dominanzverhalten
- Parcoursspringen
- Dressuraufgaben
- Gymnastizierende Übungen
- Longieren
- Bodenarbeit, Handarbeit
- Konditionstraining (Ausdauer)

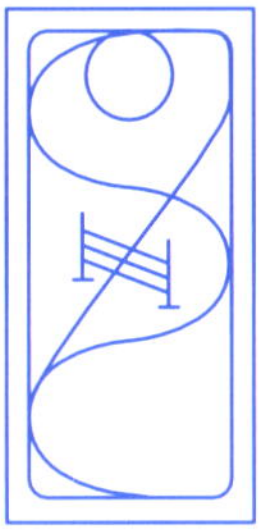

Im Viereck

Hauptaufgabe ist Geraderichten und Versammlung

- Tempowechsel
- Zirkel und Wendungen reiten
- Vorhand auf die Hinterhand einstellen
- Übergänge
- Halbe und ganze Paraden
- Außengalopp

Tagesverfassung

energetisch: stabil
physisch: impulsgebend
psychisch: gespannt nach außen gerichtet

⊕ kraftvoll, mutig, intuitiv, klug, vital, wohlwollend, vielseitig

⊖ tyrannisch, überzogen, oberflächlich, fahrig, unmotiviert, überheblich, grob

Tagesmotivation

Sich Anerkennung sichern

Tagesparole

Die Anlagen des Pferdes fördern

Psychologisches

Mit den Aufgaben wachsen

aufgabe heißt, die vorhandene Bewegungskraft zu zentrieren und - wenn nötig - zu verstärken. Die Konzentrationsfähigkeit Ihres Pferdes und der heute natürlich angebotene Bewegungsdrang unterstützen die Versammlungshilfen. Die echte Durchlässigkeit beginnt jedoch mit der Kommunikation auf einer feineren intuitiven Ebene. Das heißt, daß wiederum die Gedankenbilder des Reiters die Aktionen des Pferdes begleiten sollten. Die Hilfen greifen dann besser und selbstverständlicher als sonst. So sind Sie auch auf innerer Ebene mit Ihrem Pferd verbunden, und es steht dann anderen äußeren Einflüssen weitgehend uninteressiert gegenüber. Voraussetzung dafür ist, daß es Sie als Ranghöheren akzeptiert hat. Jetzt können Sie mit richtiger dosierter Hilfengebung mehr Kadenz in die Bewegung und mehr Glanz in die gewünschten Aufgaben bringen.

Springreiter profitieren heute besonders von den löwespezifischen Impulsqualitäten. Das verstärkte Signalisieren seiner Wesenszüge und Mut zum »Alleingang« werden es auszeichnen. Hinzu kommt noch ein ausgeprägtes Gleichgewichtsgefühl und ein gutes Reaktionsvermögen, das ein rhythmisches Durchreiten eines Parcours leichter macht. Ein Festigen und Verfeinern der Springtechnik, ein Vertrautmachen mit neuen Hindernissen und Rittigkeitsarbeit mit Tempowechseln werden von den Tagesimpulsen unterstützt.

Parcoursreiten

♌

Denken Sie daran, daß auch Ihr Pferd Beachtung für seine Leistung erhalten möchte. Nur so kann es souverän mit den Aufgaben wachsen und - wenn es sein muß - berechtigte Kritik annehmen lernen.

Korrekturhilfen

Rückenprobleme

Ein löwespezifisches Problem auf körperlicher Ebene betrifft u. a. die Rückenmuskulatur. Verkrampfungen und Energieblockaden in diesem Bereich bereiten dem Pferd Schmerzen, die besonders bei Löwemond verstärkt auftreten können. Wir verschaffen unserem Pferd Erleichterung, indem wir es in der Lösungsphase tief einstellen, mit leichtem Sitz und wenig Druck das gemeinsame Gleichgewicht halten und die Losgelassenheit fördern. Sollte sich Ihr Pferd davon nicht überzeugen lassen, so kann die Arbeit an der Longe Wunder wirken. Das Longieren über Stangen oder Cavaletti verbessert nicht nur das Gleichgewichtsgefühl, sondern fördert auch ein natürliches Mitschwingen des Rückens.

Einfühlungsprobleme des Reiters

Rückenprobleme entstehen leider häufig bei Einfühlungsproblemen des Reiters in das Pferd. Nicht selten drängt er dem Pferd seinen eigenen Rhythmus auf und verliert damit jeglichen Zugang zur individuellen Gangart des Pferdes und dessen Rhythmusempfinden. Speziell bei Remonten, die noch nicht geradegerichtet oder im Gleichgewicht zu gehen gelernt haben, ist es wichtig, sie in ihrem eigenen Rhythmus und Tempo lernen zu lassen. Hier soll der Mensch innerlich etwas zurücktreten, in dem er sich selbst sensibilisiert, auch in sich hineinhorcht und die sogenannte Rhythmusmelodie seines Pferdes erkennen lernt.

Turnier

Wenn jugendlicher Überschwang gezielt eingegrenzt wurde und erzieherische Hilfen greifen konnten, so ist an Löwemond der richtige Zeitpunkt gekommen, Ihr Pferd auf der Bühne des gesellschaftlichen Pferdelebens vorzustellen. Dieses Rollenspiel kann nicht nur für das junge, sondern auch für das reife, routinierte Turnierpferd ein »Muß« bedeuten. Mit dieser Verantwortung zu wachsen bringt nach absolvierten Auftritten immer wieder tiefe Befriedigung, vor allem dann, wenn Ihre Freude auch bei Ihrem Mitkämpfer, dem Pferd, ankommt. Das stärkt das emotionale Herz Ihres Pferdes.

Egal in welcher Disziplin Sie heute Leistung von Ihrem Vierbeiner erwarten - er wird dabei sein. Und wenn die Voraussetzungen stimmen, auch mit dem »Herz eines Löwen«.

»Mit dem Herz eines Löwen«

Wenn Pferd und Reiter heute jedoch die Latte Ihrer Erwartungshaltungen zu hoch gesteckt haben, kann verletzter Stolz Sie beide energielos und launisch stimmen. Ihr Pferd sollte mit Ihrer Hilfe lernen, speziell auf der immer wieder neu gestalteten Bühne der Turnierschauplätze, sich nicht irritieren zu lassen. Das Pferd sollte immer wieder in Wachheit und Vertrauen zu seiner Mitte zurückfinden. Hierbei ist es auf Fairneß und Erfahrung seines Partners und Betreuers angewiesen.

Der Löwebetonte muß lernen, seine Stärken und Schwächen gleichermaßen zu bejahen. Bei all dem Charisma, das Ihr Pferd auszustrahlen vermag, hegen Sie keine zu stolzen Erwartungen auf seine Kosten. Nicht immer ist uns bewußt, nach welchem Drehbuch wir unsere Pferd-/Reiterkarriere aufbauen. Es bedarf der Erfüllung unterschiedlichster Kriterien, um im Pferdesport ganz nach vorne zu gelangen. Motto:

Vertrauen zu seiner Mitte

»Laß Dein Herz vorausgehen
und Dein Pferd wird Dir folgen!«

Konditon und Regeneration

Siehe Korrekturhilfen

Heute gilt es, für alle Aktivitäten ein gutes Mittelmaß zu finden. Ausgewogene und ausgedehnte Geländeritte stärken das positive Gesamtempfinden und steigern Ausdauer und Widerstandskraft. Heute wirken gymnastizierende Übungen, speziell für die strapazierte Rückenmuskulatur besonders gut. Nach einem ereignisreichen Turniertag, langen Fahrten oder sonstigen Anstrengungen, sollten Sie sich Zeit nehmen, so daß Ihr Pferd sich noch einmal frei die Beine vertreten kann, um sich dabei abwärts zu strecken und sich vielleicht auch noch genüßlich und ausgiebig wälzen zu können. Das ist für einen müden und verkrampften Rücken die totale Entspannung. Anschließend zieht sich Ihr Sportler gern in sein Boxendomizil zurück, um seine ganze Aufmerksamkeit einem herrlich duftenden »Apfelgeschnetzelten« zu widmen. Löwemondtage sind nämlich Fruchttage!

Die Kraft des Mondes in Löwe unterstützt auf körperlicher Ebene die Herztätigkeit. In seinem physiologischen Rhythmus versorgt es alle Organe und Zellen mit dem aufbereiteten Blut. Auch die Zellverbände der Rückenmuskulatur, der Wirbelsäule und auch des Rückenmarks befinden sich in erhöhter Schwingung.

Das gesunde Herzkreislaufsystem arbeitet durch den Herzrhythmus auf Hochtouren und reichert den gesamten Körper auf dem Wege der Durchblutung mit Energie an. Das fördert nicht nur auf der physischen Ebene die Nähr- und Sauerstoffaufnahme, sondern verleiht auch auf der psychischen Ebene Stärkebewußtsein und mehr Wesenheitsenergie.

Herzprobleme

Pferd und Reiter mit Herzproblemen sollten an Löwemondtagen jede Überanstrengung vermeiden. Der Reiter sollte wissen, daß kreislaufaktivierende und durchblutungsfördernde Maßnahmen/Medikamente ab der Zeit des zunehmenden Löwemondes (Februar bis August) vom Körper besonders gut aufgenommen werden. Zuviel Streß und Lieblosigkeiten im Umgang mit Ihrem Pferd können sein emotionales sowie physisches Herz belasten und Durchblutungs- und Herzrhythmusstörungen verursachen, die sich unter Umständen in den schwächsten Organen oder Körperregionen negativ auswirken. Auch beim Tier wird ein körperliches Krankheitssymptom gleichermaßen im Energiekörper aufgezeigt. Der geistige Kreislauf wird an der geschwächten Stelle gehemmt oder unterbrochen.

♌

Check-up

Für den Leistungssportler ist es wichtig zu wissen, wie stabil die Verfassung seines Kameraden ist. Immer mehr Tierärzte stellen fest, daß Pferde häufiger als vermutet bei Belastung u. a. an Herzrhythmusstörungen leiden. Als gewissenhafter Pferdehalter sollten Sie beizeiten einen Gesundheits-Check-up veranlassen.

Herzprobleme sind auch bei Pferden Anzeichen psychischer und emotionaler Belastung. Wie beim Menschen werden diese im fortgeschrittenen Stadium oft mit fast panikartigen Angstzuständen einhergehen. Als Pferdehalter sollten wir uns folgende Fragen stellen:

- Wie sehr halte ich mein Pferd vom natürlichen Lebensrhythmus ab?
- Zwinge ich ihm auch während der täglichen Arbeit nur meinen Rhythmus auf?
- Erlaube ich ihm nicht, seine Emotionen zu zeigen und diese in Freiheit auszuleben?
- Höre ich im Umgang mit meinem Pferd auf mein/sein Herz?
- Gibt es zwischen uns eine Kommunikationsebene von Herz zu Herz?
- Ist meine Hilfengebung für mein Pferd klar und verständlich, oder bringe ich mein Pferd durch unklare Hilfengebung in inneren Konflikt, Unentschlossenheit und Zerrissenheit?

Bei gewissenhafter Prüfung wird Ihnen sicherlich der eine oder andere verbesserungswürdige Punkt im Umgang mit Ihrem Pferd einfallen. Wenn Sie sich ehrlichen Herzens vornehmen, nacheinander in den einzelnen Punkten Ihre Einstellung und in der Folge Ihr Verhalten Ihrem Pferd gegenüber zu ändern, dann werden Sie sehr schnell bemerken, wie nicht nur das Wesen Ihres Freundes auflebt, sondern wie sich auch sein körperliches Wohlbefinden steigert. Im Zusammenhang mit einer medizinischen Behandlung können Krankheiten auf diese Weise verhindert bzw. sehr viel schneller und effektiver ausgeheilt werden.

Wohlbefinden

Das Besondere um Löweneumond

ca. zwischen 23. Juli und 23. August

Es ist Hochsommer, wenn der Mond das Sonnendomizil in Löwe betritt, um am Neumondtag seine von uns abgewandte Seite maximaler Bestrahlung auszusetzen.
Die betont männlichen Energien, unterstützt durch das Feuerelement der Sonne in Löwe, dominieren, während die weiblichen Energien des Mondes sich uns zu entziehen scheinen. Dieses Ungleichgewicht entlockt dann unserem müde und unruhig gewordenen Inneren so manche disharmonische Stimmung, der nur wir selbst einen Namen geben können.
Keine Kalendertage im Jahr eignen sich besser als die Neumondtage, sich von diesen - nennen wir sie Emotionen - leichter zu verabschieden. Wir können nicht immer spielerisch und selbstbewußt durchs Leben schreiten. Auch wir müssen uns manchmal eingestehen können, daß unsere Widerstandskraft einen Tiefpunkt erreichen kann. Im übertragenen Sinn gilt dies natürlich auch für unsere Vierbeiner.
Die Tage um den »leeren Mond« in Löwe sind ausnahmsweise keine besonders guten Drehtage für uns Regisseure, schon gar nicht, um Neues vorzustellen. Auf Turnieren fühlt sich Ihr Pferd nicht zu Höchstleistungen aufgerufen oder begnügt sich, manchmal unkonzentriert nur mit »halber Kraft voraus«. Doch sobald sich der Mond wieder am nächtlichen Himmel zeigt, spüren wir wieder den Pulsschlag des Lebens, dann steht Trainingskursen und Leistungsprüfungen nichts mehr im Wege.

♌

Disharmonie

Das Besondere um Löwevollmond

ca. zwischen 20. Januar und 19. Februar

Wenn im Hochwinter der Mond das Tierkreiszeichen Löwe betritt, befindet sich die Sonne im gegenüberliegenden Zeichen, dem Wassermann. Nicht selten künden diese Tage und Nächte von einem bevorstehenden Wetterumschwung, der durchaus stürmisch ausfallen kann. Föhn und Sturmböen wühlen die Gemüter von Pferd und Rei-

Vitalität

ter wie ein Wetterleuchten auf und erhöhen Spannkraft und Energiepotential. Die überschüssigen Kräfte möchten sich entladen. Das kann den Reiter zu selbstüberschätzenden Aktionen verleiten, die ihn durchaus aus dem Sattel heben können, da sich das Pferd an diesen Tagen durch spontane Buckelei und Bocksprünge gerne Luft macht und somit Vitalität demonstriert.

Das kreative Potential will entdeckt werden

Die Zeit des Aufbaus, der für das nächste Halbjahr zunehmenden Löwetage beginnt. Das kreative Potential will entdeckt und in ein stabiles Gemütsgleichgewicht umgewandelt werden.

Wissenswertes bei Mond in ♌ Löwe

Der Mond in Löwe und seine Partikelströme sind gefärbt und verbunden mit

Herrscherplanet:	Sonne ☉
Element:	Feuer
Pol:	männlich, yang
Urbausteine:	warm und trocken
Gegenpol:	Wassermann ♒
Mineral:	Rubin, Olivin
Metall:	Gold
Farbe:	Goldgelb, Orange
Ernährungsqualität empfiehlt:	Frucht und Eiweiß

☽ zunehmende Löwemondtage: von Januar/Februar bis Juli/August
☾ abnehmende Löwemondtage: von Juli/August bis Januar/Februar
● Löweneumond: Juli oder August
○ Löwevollmond: Januar oder Februar
☉ Die Sonne befindet sich von ca. 23. 7. bis ca. 23. 8. im Tierkreiszeichen ♌

Pferdepflege

Kräftige Bürstenmassagen.

Therapiemöglichkeiten

Eigenblutbehandlung (Sauerstoffhygiene), Rückenmassagen, Solarium, Wassertreten, Wechselstrahl, kreislaufanregende Maßnahmen.

Wichtig zu wissen

Koppelsaison niemals an Löwenmondtagen starten, bei abnehmendem Mond ☾ vorzugsweise bei Waagemond oder Fischemond Fell scheren.

Zucht und Aufzucht

Fohlen braucht Spiel, Anerkennung und Geselligkeit.

Ein erfolgreicher Deckvorgang an Löwemond verspricht uns heute ein Hengstfohlen. Entscheidend ist der Moment der Befruchtung.

Löwespezifische Impulse sorgen für eine erhöhte Zellaktivität in folgenden Bereichen:

Organe:	Herz
Knochen:	6.-17. oder 18. Brustwirbel
Muskulatur:	Herzmuskulatur, lange Rückenmuskulatur
Körperfunktion:	Herzschlag

Eingriffe und Operationen

An den von Löwe angesprochenen Bereichen sind Eingriffe und Operationen heute zu vermeiden. Jedoch wohltuende und regenerierende Maßnahmen sind zu empfehlen.

Der ☾ abnehmende Mond begünstigt generell Operationen und ausleitende Maßnahmen, z. B. bei Entzündungen und Entschlackung.
Der ☽ zunehmende Mond begünstigt aufbauende, pflegende Maßnahmen zur Heilung und Regeneration.

♍ Konstitutionstyp Jungfrau

Betonung der Grundqualitäten der grob- und feinstofflichen Urbausteine im Konstitutionstyp.
heiß + trocken
kalt + trocken
kalt + feucht
warm + feucht
warm + trocken

Exterieur

Der Körperbau ist in der Regel lang und schmal und vermittelt den Gesamteindruck eines hageren sehnigen Pferdes mit großer Ausdauerfähigkeit, jedoch ist auch der wohlgebaute Mischtyp mit einzubeziehen. Die Fellstruktur ist eher fein, die Haut meist dünn, dementsprechend der Schweif und Mähnenwuchs. Die Vorderbeine stehen gewöhnlich eng mit geradem Oberarm zu einer schrägen Schulter. Die Hufe sind im allgemeinen klein und sehr regelmäßig.

Interieur

Der Mond in Jungfrau verstärkt die Wesenszüge des kritsch-vorsichtigen Naturells, das stets bestrebt und mit kühler Reserve die ihm gestellten Aufgaben meistert. Manchmal fehlt allerdings die notwendige Flexibilität und Instinktsicherheit. Mit viel Vorbereitung werden diese oftmals extrem gehorsamen Wesenszüge in solide ausdauernde Aktivität umgesetzt.

Die in den folgenden Kapiteln beschriebenen Tagesgrundstimmungen und Qualitäten betreffen jedes Pferd, unabhängig seiner pferdespezifischen Eigenheiten im Konstitutionstyp; jedoch können diese Stärken und Schwächen unterschiedlich intensiv hervortreten.

Mond in Jungfrau

Alles hat seine Ordnung

Stimmungsbild

Alles zu seiner Zeit!
Ein geregeltes, überschaubares Pferdeleben ist etwas Wunderbares! Es ist schön zu wissen, daß es morgens, nachdem das Spatzenkonzert begonnen hat, noch eine Weile dauern wird, bis sich die Stalltüre öffnet, der lustige Hundegeselle durch den Hof fegt und dann gleich danach das holprige Rollen des Futterwagens zu hören sein wird. So nimmt der Alltag am Hof seinen Lauf: Fressen, Misten, Strohgestöber, Heublumen knabbern und hoffentlich vieles mehr.
Mit der Energie des Jungfraumondes fühlt sich Ihr Pferd aufgerufen, diesen seinen Alltag etwas genauer zu erforschen. Nichts entgeht seinem kühl distanzierten Blick, seiner neugierigen Nase und seinen wachsamen Ohren. Es beginnt den Tag nach dem Motto: »Vertrauen ist gut, Kontrolle ist besser.«

Zum Tagesprogramm

♍

Der vergangene Löwemond hat uns mit unseren Leidenschaften, unseren Schwächen und Stärken konfrontiert. Wir haben vielleicht so manchen Vitalitätsschub erlebt, der sogar Schmerzen bereitete. Heute wollen wir diesen stürmischen Energien entschieden eine Absage erteilen, indem wir alles bis ins kleinste Detail mit wachsamer Distanz betrachten und das Planen lernen. Es beginnen nun die Qualitäten des Jungfraumondes zu wirken. Diese bringen wieder Ordnung und Vernunft in das vom Löweimpuls noch aufgewühlte Gemüt.

Überschaubare Anforderungen

Alles, was Ihr Pferd heute einordnen kann, schätzt es besonders. Ob dies nun der gewohnte Stallrhythmus samt Fütterung und Pflege ist, nachdem es seine innere Uhr gestellt hat, oder die erneute Begegnung mit seinem vertrauten Partner, dem Menschen. Es möchte wissen, »wie es dran ist«, was ihm heute widerfahren wird und, was es zu tun oder zu lassen hat.
Durch das wiederholte Hineinempfinden in die verschiedensten Lebensformen erlernen Pferde zu unterscheiden. Sie erforschen und erlernen vieles vor allem dann, wenn der Mensch ebenfalls durch sein begleitendes Mitempfinden bereit ist, eine direkte Bildkommunikation zu unterstützen.

Gedankenbilder

Erinnern wir uns daran, daß Pferde und alle Lebensformen ihrem Entwicklungsstand entsprechend mit der Natur verbunden sind und alles in Klang, Farbe, Form und Duft wahrnehmen. Sogar ein einziger Ton vermittelt dem Tier den dazugehörigen Duft. So nimmt es die Ausstrahlung des Menschen und seine Empfindungen wahr, auch dann noch, wenn er sich meilenweit entfernt gedanklich mit ihm verbindet. Sensibilisieren Sie sich und Ihren Freund und beginnen Sie heute erneut, jede Situation mit Gedankenbildern zu begleiten.

Machen Sie folgenden Versuch: Sagen Sie Ihrem Pferd in Gedanken und Empfindungen, z. B. während Sie auf der Fahrt in den Stall sind, daß Sie nun bald mit dem Wagen im Hof vorfahren werden, und es nach dem Aussteigen wie gewohnt beim Namen rufen werden. Die Freude, die sein Wiehern in Ihnen auslöst, geben Sie dann ebenfalls mit in das Empfindungsbild. Nach diesem Experiment werden Sie an den Reaktionen Ihres Pferdes erkennen können, daß es Sie bereits erwartet hat. Es spricht dann noch deutlicher auf die von Ihnen erneut ausgesandten Gedankenbilder und Worte an, die den weiteren Verlauf des Tages ankündigen sollten. So werden Sie stets in positiver Kommunikation mit Ihrem Vierbeiner verbunden sein.

Ihr Pferd möchte sich ganz auf Sie, seinen Partner, verlassen können

Feinabstimmung

♍

Das ist für Ihr Pferd heute ein zentrales und wichtiges Bedürfnis. Es ist anhänglich und in der Regel ganz konzentriert auf seine Aufgaben ausgerichtet. Es paßt sich gut an, es sei denn, es wird mit Überraschungen und unüberschaubaren Situationen konfrontiert. Rückblickend auf den Löwemondtag zeigt sich Ihr Pferd ängstlicher, jedoch bereit, eine unliebsame Begebenheit zu analysieren, um dann entsprechend vernünftig zu reagieren. Verlangen Sie jedoch nicht zuviel! Bleiben Sie heute mit Ihrem Pferd in vertrauter Umgebung und nützen Sie die unübertroffen gut geeigneten Jungfrauimpulse für die Feinabstimmung im Viereck.

Feinabstimmung im Viereck

Die Verfeinerung der Lektionen wird in vielen Übungsstunden angestrebt. Es ist unser ständiges Ausbildungsziel, die Hilfengebungen zu minimalisieren und unsere Fähigkeiten besser zu koordinieren. Die Grundfertigkeiten eines Reiters werden von seiner Rhythmusorientierungsfähigkeit sowie der Gleichgewichts-, Differenzierungs- und Reaktionsfähigkeit bestimmt. Das Sich-Einfügen des Menschen in die Gesetze der Natur - nicht nur auf körperlicher, sondern auch auf seelisch-geistiger Ebene - bringt nach stetigem Bemühen um Reife und Erkenntnis den gewünschten Erfolg.

Restemotionen kontrollieren

Die Energie des Jungfraumondes wirkt hier in vielerlei Hinsicht unterstützend. Ein Hauptanliegen dieses Impulses ist es, die Restemotionen des Löwen auf jungfräulicher Verstandesebene zu kontrollieren. Ausgesprochen klug, arbeitsam und instinktsicher wird Ihr Pferd dem Detail heute besondere Aufmerksamkeit schenken. Es ist von sich aus motiviert und zur Mitarbeit bereit.

☾ ♍ Mond in Jungfrau

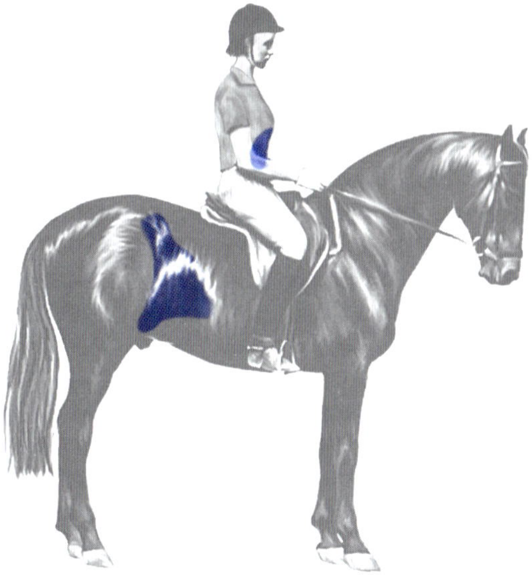

Tage sind ideal für

- Reiten in gewohnter Umgebung
- Einzelreiten oder in der Gruppe
- Unterricht (Schwerpunkt Dressur)
- Neue Lektionen festigen
- Bodenarbeit (Handarbeit)
- Ausreiten und Entspannen
- Freispringen

♍

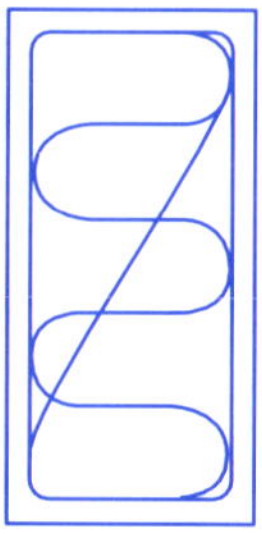

Im Viereck

Hauptaufgabe ist Losgelassenheit und Takt

- Taktreinheit in den Grundgangarten
- Bodenrickarbeit
- Schenkelweichen
- Wechsel Galopp – Trab
- Halbe Paraden
- Von Grob- zur Feinkoordination finden

Tagesverfassung

energetisch: angepaßt beweglich
physisch: impulsaufnehmend
psychisch: gespannt nach innen gerichtet

⊕ zuverlässig, fleißig, geschmeidig, vernünftig, methodisch

⊖ mißtrauisch, ängstlich, nervös

Tagesmotivation

Überschaubare Anforderungen

Tagesparole

Trotz Detailarbeit den Gesamtelan beibehalten

Psychologisches

Ängste und Spannungen durch Vertrauen mit viel Lob überwinden

Methodisches Lernen

Eine schrittweise Umsetzung von Theorie in die Praxis, also ein methodisches Vorgehen auch mit Hilfe eines Lehrers, ist an diesen speziellen Arbeitstagen ein großer Gewinn. Lehrer und Schüler sollten sich an methodische Lernprinzipien halten und ähnlich einem Puzzlebild die Übungen sowie dessen Teile gezielt aneinanderreihen.
Egal, auf welchem Ausbildungsstand sich Ihr Pferd befindet:
Wenn Sie die Notwendigkeit sehen, Ausschnitte von Einzelaufgaben zu verfeinern, dann ist heute der richtige Tag dafür!
So können Sie Lektionen, welche Sie während der Zwillingemondtage nur im Ansatz erlernt haben, jetzt vertiefen und fortsetzen. Auch das Bemühen wie z. B. um ein korrektes Halten aus den verschiedenen Gangarten könnte heute Teil Ihrer Aufgabenstellung sein.

Methodisches Lernen

Das gleiche gilt für das Trainieren von Parcours-Ausschnitten bzw. das Üben von technisch anspruchsvolleren Hindernissen wie z. B. für Vielseitigkeitspferde die berühmte »Ecke« oder das Schrägspringen von Hindernissen. Trainingssprünge über höhere Hindernisse sollten tunlichst vermieden werden, da als Sekundärwirkung alle den Beinen zugeordneten Zeichen zueinander in einem Spannungsfeld stehen (Fische, Zwillinge, Schütze). Überanstrengungen in diesem Körperbereich fördern heute Abnützungserscheinungen jeder Art um ein Vielfaches.

♍

Vorsicht

Man darf systematisches planvolles Üben nicht mit Drill verwechseln. Auch viele kleine Aufgabenstellungen sind konditionell anstrengend für Ihr Pferd. Deshalb sollten Sie immer wieder Lösungsphasen für Körper und Psyche mit einplanen.

Betrifft grundlegende Jungfrauprinzipien

Damit keine Mißverständnisse aufkommen, möchte ich zu dem umfassenden Themenkreis des Jungfrauprinzipes noch einmal grundlegendes erklären:

1. Die bereits abklingenden Emotionen des Löwemondes sollten kontrolliert und zugeordnet werden. Wichtig dabei ist das Erkennen, daß durch eine gezielte Kontrolle Bewußtsein und Konzentration zunehmen und Reibung abnimmt. Es kann aufbauend von **Technik und Methodik** die Rede sein, die uns hilft, unsere Energien gezielter, ja ökonomischer einzusetzen.

2. Für jeden Spitzensportler heißt dies: **maximale Leistung bei geringstem Energieaufwand.** Das wiederum bedeutet Feinstkoordination von Körper, Seele und Geist - ausgerichtet auf sein Ziel. Er muß also gelernt haben, seine Vitalität und auch seine Emotionen zu meistern und sogar umzupolen - z. B. Unruhe in Ruhe.

Der dritte Punkt der Jungfrauprinzipien gewinnt ganz wesentlich an Bedeutung: Technik muß grundsätzlich erlernt werden, möglichst von einem Meister dieser Technik, einem Könner und Lehrer, der in der Lage ist, sein Wissen zu vermitteln. Um die »Geheimnisse« eines wirkungsvollen Ablaufs zu entdecken, muß der Lehrling sein eigenes Verhalten objektiv beurteilen und analysieren lassen, um selbst seine Schwächen zu sehen und seine Stärken umzusetzen. Dazu ist schonungslose Offenheit auf beiden Seiten erforderlich. Der Lehrer muß ohne Emotionen und Vorurteile kritisieren können. Der Lernende nimmt diese Kritik ehrlich gegenüber sich selbst an, wie das junge, unverbrauchte, noch nicht von Menschenhand geprägte Pferd, das in seinen Instinkten und Empfindungen noch ganz in Verbindung mit der All-Kommunikation, dem Leben (Natur) steht. Wir sollten uns darüber klar werden, wie wir diesem Lebewesen physisch wie psychisch begegnen, und mit ihm in dem Maße wachsen lernen, wie es auf uns zugeht. Standhaft, mit innerer Ruhe, sollten wir auf den rechten Zeitpunkt warten lernen und intuitiv wissen, daß der eigentliche Sinn jeglicher Ausbildung das Erreichen der inneren und äußeren Harmonie zwischen Reiter und Pferd bleiben soll, und zwar ohne jede Verknüpfung mit dem nach außen gerichteten Erfolg.

3.

♍

Korrekturhilfen

Wohl immer dann, wenn die Koordination auf körperlicher und geistiger Ebene zu wünschen übrig läßt, schleichen sich Fehler ein. Dann fällt es uns schwer, richtig hinzuschauen und einige Schritte rückwärts zu gehen, um etwas mehr Abstand zum Problem zu gewinnen. Vielleicht sollten wir an dieser Stelle etwas Geduld üben und warten lernen.
Warten auf den richtigen Zeitpunkt? Damit Feinarbeit funktioniert, müssen alte Spannungen aufgehoben werden und Reiter und Pferd frei sein von alten Blockaden. Hier lohnt es sich, auf eine einfache Aufgabenstellung zurückzugreifen, um damit an alte, bereits gefestigte Grundprinzipien zu erinnern.
Bei Detailübungen sollten Sie darauf achten, daß Sie nicht durch ein zu häufiges monotones Üben Widersätzlichkeit bei Ihrem Pferd hervorrufen. Mit der Arbeit am Detail darf man nie übertreiben, und weder die Orientierung am Ganzen zu verlieren noch den Gesamtelan zu unterbrechen. Überschätzen Sie die konditionellen Fähigkeiten Ihres Sportskameraden nicht, und gönnen Sie sich beide zwischendurch regelmäßige Erholungsphasen.

Orientierung am Ganzen

Turnier

Nun, Sie wissen selbst, daß Sie sich und Ihrem Sportsfreund unnötige Hektik und Nervosität ersparen können, wenn Sie den Turniertag rechtzeitig planen. Vor allem an diesen erdigen Jungfraumondtagen kommt jede Aufregung einer inneren Aufreibung gleich und fühlt sich

Gelassenheit und Ruhe

an wie Sand im Getriebe. Improvisieren Sie deshalb nur, wenn Sie Gelassenheit und Ruhe in sich spüren. Das besonders ängstlich und weniger erfahrene Pferd reagiert heute sehr empfindlich und mit nervösem Eifer, der jedoch plötzlich ins Stocken (Verweigern) geraten kann. Oft passiert dies dann, wenn äußere Bildeindrücke von der inneren Bildverbundenheit mit dem Reiter ablenken. Diese Blockaden wieder auf natürliche Weise trotz Turnieratmosphäre auszugleichen und ungeschehen zu machen, ist heute schwieriger als an manch anderen Tagen. Wenn Pferd und Reiter bei Prüfungen die Stärken der Tagesschwingung in sich vereinen möchten, sollten sie frei sein von alten anhaftenden, unangenehmen Erlebnissen, z. B. Angst vor Stürzen, vor kompliziert erscheinenden Hindernissen wie Wassergräben etc. und natürlich auch von der Beeindruckbarkeit vor Richterhäuschen und unvorhergesehenen Begebenheiten rund um den Turnierplatz.
Spring-und Dressurreiter sollten deshalb zur Gewöhnung an das Turnierumfeld ein längeres Abreiten einplanen und neben aller Detaildisziplin mehr auf den freien Bewegungsfluß achten. Denn erst dann, wenn Bewegung sich losgelassen und fließend entfalten kann, ist Ihr Pferd den Anforderungen auch technisch gewachsen. Geschickt und ohne große Anstrengung will es dann mit seinem Partner, dem Menschen, sein Können unter Beweis stellen.

♍

Kondition und Regeneration

Mit dem Tierkreiszeichen Jungfrau und seinen Mondimpulsen erreichen uns nicht nur ordnende, sondern auch heilende Partikelströme, die dem ganzen Organismus zugute kommen. Ruhe und Entspannung sind Voraussetzung dafür, daß wir diese regenerierenden Kräfte in uns aufnehmen können.
Verschieben Sie anstrengende Tagesritte oder Klettertouren für die Kondition, und verzichten Sie darauf, am Turnier noch eine weitere Prüfung zu nennen.
Die Gefahr, sich zu verausgaben und damit die Grenzen der Leistungsfähigkeit zu überschreiten, ist groß. Jedes Zuviel kann heute physisch wie psychisch mehr Schaden anrichten als bei allen übrigen Mondtagen der jeweiligen Zeichen. Deshalb schonen Sie sich und Ihr Pferd, indem Sie von zusätzlichen Fleißaufgaben absehen und stattdessen den Beinen (Sekundäreinfluß Fische, Zwillinge und Schütze) eine regenerierende Sonderbehandlung zukommen lassen. Eine Einreibung der Beine mit Arnika oder Franzbranntwein kann heute Wunder wirken. Auch die wärmenden Stallbandagen tun ihr Übriges.
Abnutzungserscheinungen und körperliche Schwachstellen zeigen sich gern unmittelbar an oder nach den Jungfrautagen. An diesen Tagen überraschen uns nicht selten Koliken. Oft infolge von Überanstrengung und nervöser Konflikte. Das beruht auf dem Jungfrauprinzip, das für die glatte Muskulatur des Schlundes bis hin zum Darmausgang und somit für die Perestaltik zuständig ist.

Gelassenheit und Ruhe

Deshalb auf keinen Fall an diesen Tagen Wurmkuren durchführen! Diese schwächen nicht nur den gesamten Körper, sie strapazieren vor allem den Verdauungsapparat aufs Äußerste und können heute unserem Vierbeiner mehr Schmerzen als an anderen Tagen verursachen. Alternativ kommen außer den Fischemondtagen alle anderen Zeichen in Frage. An Skorpionmondtagen wird besonders gut entschlackt. Achten Sie jedoch auf die abnehmende Periode.

Wurmkur

Das Besondere um Jungfrauneumond

ca. zwischen 23. August und 23. September

Der Spätsommer ist bald vorbei und die Tage der herbstlichen Tag- und Nachtgleiche, wenn die Sonne bei 0° [1]) das Tierkreiszeichen Waage betritt, stehen bevor. Erdig kühl ist es geworden, und die dunkle Stille dieser Septembernacht stimmt Mensch und Tier etwas unruhig. Die Erntezeit hat begonnen, und die Früchte zeigen das Ergebnis guter und weniger guter Wachstumsbedingungen.
Mehr Sonnen- als Mondpartikelchen senden nun vereint die vom Tierkreiszeichen Jungfrau ausgehenden Informationen.
Das kann einen etwas labilen Gesamtzustand hervorrufen. Es ist wieder einmal Zeit, innezuhalten und den Aktivitäten im Äußeren weniger Aufmerksamkeit zu schenken, als den inneren Vorgängen. Dieser Mond ist wie die Brücke zwischen Abschluß und Neubeginn. Der Tag ist ideal, um Pläne und Situationsanalysen in Ruhe zu überdenken.

♍

Überdenken Sie Ihre Pläne

- Haben Sie den Mut zu einer Bestandsaufnahme in »jungfräulichem Stil«? Dann lassen Sie in Ihrem Inneren (mit dem Bild der Erntezeit) die Frage entstehen, ob Ihre Pferd/Mensch-Beziehung einen neuen Reifegrad erlangt hat. Wenn ja, so hat sich trotz gleichbleibender Leistungsanforderung der physische und psychische Kräftehaushalt weiterhin stabilisiert, obwohl wir dazu neigten, uns mit der Energie des Jungfraumondes zu verausgaben.
- Hat das ängstliche Pferdenaturell durch die Anlehnung an den Menschen und seine Seelenwärme noch mehr Grundvertrauen gefunden?
- Hat es sich mit Ihrer Hilfe in der rechten Weise Ihnen, seinem Ranghöheren, untergeordnet?
- Hat es Gehorsam und ruhige Achtsamkeit gelernt, welche mit weniger innerer Reibung und Aufregung verbunden war?

[1]) Der Tierkreis (360°) teilt sich in 12 Tierkreiszeichen, welche die Sonne in einem Jahr durchläuft. Steht die Sonne am Beginn eines Zeichens, so sagt man, daß sie den 0° Punkt erreicht hat.

Müssen Sie die gestellten Fragen leider mit einem »Nein« beantworten, weil sich bei gleichbleibenden Leistungsanforderungen nervöse Unrast, übertriebene Achtsamkeit und Mißtrauen verstärkt haben sowie der Gesamtzustand Ihres Pferdes noch immer voll von Lebensängsten ist, dann sollten Sie mit Hilfe eines kompetenten Pferdefreundes einen neuen Weg der Anpassung finden.
Das Tier hinterfragt jede Situation auf seine Weise instinktiv, seinem Tierbewußtsein und seinem Entwicklungsstand entsprechend. Da kann die Enge der Fremdbestimmung auf verschiedenste Art und Weise belasten. Sicherlich gibt es sehr schwierige Pferde, welche extreme Reaktionen zeigen. Allerdings reagieren sie erst dann übertrieben, wenn sie sich unverstanden und von unserer Sprache und unseren unsachverständigen Signalen und Handlungsweisen, die sie nicht einordnen können, bedroht fühlen. Es ist der Mensch, der diesen Konflikt entstehen läßt, und es ist der Mensch, der sich weigert, dazuzulernen. Tun Sie den ersten Schritt, hin zu einer neuen Verständigung - heute am Neumondtag in Jungfrau. Sie sollten die nun aufkeimenden Kräfte des Neubeginns nutzen, um alte verkrampfte und widernatürliche Lebensprogramme bewußt abzubauen.

Verständigungsprobleme

Der nun wieder für das nächste Halbjahr abnehmende Jungfraumond wird Ihnen in diesem Sinne den weiteren Ausbildungsweg erleichtern, denn Ihr Pferd wird bereit sein, Neues an- und aufzunehmen.

Das Besondere um Jungfrauvollmond

ca. zwischen 19. Februar und 20. März

Am Ende der Winterzeit steht der Mond in Jungfrau der Sonne im Tierkreiszeichen Fische genau gegenüber.

Heilung

Im nächsten Halbjahr wird der Jungfraumond mit seinen ihm innewohnenden regenerierenden Kräften dem gesamten Organismus und der Psyche Heilung versprechen. Vorausgesetzt, Sie stellen sich auf die weniger risikofreudig und ökonomisch ausgerichteten Jungfrau-Impulse ein, indem Sie Ihr Tagesprogramm entsprechend gestalten. Nun, zur Zeit der Aufenthaltsdauer der Sonne im gegenüberliegenden Tierkreiszeichen Fische (vom 19. Februar bis 20. März) ermahnt diese, den manchmal zu erdig gehandhabten Fähigkeiten nun in die Sichtbarkeit des Jungfrau-Mondprinzips eine ganzheitliche geistige Ausrichtung zu geben. Haben Sie in weiser Vorausschau gelernt, eventuellen Schwierigkeiten aus dem Weg zu gehen, um damit die Ausbildung Ihres Vierbeiners effektiver zu gestalten, so drängen die erlernten Fähigkeiten nun in die Sichtbarkeit. Ihre unterstützenden geistigen Bild/Ton-Begleitungen zeitigen Erfolg, der dazu aufruft, mit Fleiß und Disziplin das Erreichte zu festigen.

Wissenswertes bei Mond in ♍ Jungfrau

Der Mond in Jungfrau und seine Partikelströme sind gefärbt und verbunden mit

Herrscherplanet:	Merkur ☿
Element:	Erde
Pol:	weiblich, yin
Urbausteine:	kalt und trocken
Gegenpol:	Fische ♓
Mineral:	Topas, Tigerauge
Metall:	Messing
Farbe:	Himmelblau
Ernährungs-qualität empfiehlt:	Mineralstoffe, Wurzelgemüse

☽ zunehmende Jungfraumondtage: von Februar/März bis August/September
☾ abnehmende Jungfraumondtage: von August/September bis Februar/März
● Jungfrauneumond: August oder September
○ Jungfrauvollmond: Februar oder März
☉ Die Sonne befindet sich von ca. 23. 8. bis 23. 9. im Tierkreiszeichen ♍

Pferdepflege

Hufpflege, Mähne verziehen.

Therapiemöglichkeiten

Tellington Touch, viel Kommunikation, Wassertreten (Schwemme und Bach), Beine mit Wasserstrahl abspritzen - trockenrubbeln, ausgedehnte Ausritte.

Sonstiges

Gut für alle Arbeiten im Stall und Außenanlagenbereich.

Wichtig zu wissen

Wurmkuren tunlichst vermeiden!
Bei ☾ abnehmenden Mond Fell scheren.

Zucht und Aufzucht

Lernaufgaben stellen und Kommunikation mit dem Fohlen üben.

Ein erfolgreicher Deckvorgang an Jungfraumond verspricht uns heute ein Stutfohlen. Entscheidend ist der Moment der Befruchtung.

Jungfrauspezifische Impulse sorgen für eine erhöhte Zellaktivität in folgenden Bereichen:

Organe:	Dünndarm, Zwerchfell, Bauchspeicheldrüsen (exkretorische Anteile), Dickdarm bis Mastdarm (♏)
Knochen:	kurze Rippen und Rippenbogen
Muskulatur:	Bauchmuskulatur, Zwerchfellmuskulatur (♋)
Körperfunktion:	Aufnahme der verdauten Nahrung im Dünndarm

Eingriffe und Operationen

An den von Jungfrau angesprochenen Bereichen sind Eingriffe und Operationen heute zu vermeiden. Jedoch wohltuende und regenerierende Maßnahmen sind zu empfehlen.

Der ☾ abnehmende Mond begünstigt generell Operationen und ausleitende Maßnahmen, z. B. bei Entzündungen und Entschlackung.
Der ☽ zunehmende Mond begünstigt aufbauende, pflegende Maßnahmen zur Heilung und Regeneration:

♎ Konstitutionstyp Waage

Betonung der Grundqualitäten der grob- und feinstofflichen Urbausteine im Konstitutionstyp.

	heiß + trocken
	kalt + trocken
	kalt + feucht
⚛	warm + feucht
	warm + trocken

Exterieur

Der Körperbau ist in der Regel auffallend harmonisch und ausgewogen. Er kann von schmal und schmächtig bis athletisch oder leicht gedrungen sein. Meist ist es ein besonders schicker Mischtypus mit überzeugendem Bewegungsablauf.

Interieur

Der Mond in der Waage verstärkt die Wesenszüge des gesellig lässigen Naturells, das mit seiner entspannt nach außen gerichteten Haltung Leichtigkeit im Ausdruck zeigt, jedoch empfindlich auf alltägliche Probleme und Aufgabenstellungen reagiert. Die leicht introvertierte Prägung täuscht und wird häufig durch eine impulsive Regung aufgelöst, die dann spontan auftretende Energie ohne große Ausdauer hervoruft. Der Waagetyp braucht Ausgewogenheit und ist nicht zum Kämpfer geboren.

Die in den folgenden Kapiteln beschriebenen Tagesgrundstimmungen und Qualitäten betreffen jedes Pferd, unabhängig seiner pferdespezifischen Eigenheiten im Konstitutionstyp; jedoch können diese Stärken und Schwächen unterschiedlich intensiv hervortreten.

Mond in Waage

Ausgesöhnt

Stimmungsbild

Ausgesöhnt mit den schon fast vergessenen Willensäußerungen im Löwen und den übertriebenen Achtsamkeiten in der Jungfrau, möchte sich Ihr Pferd heute auf ein harmonisches Zusammengehörigkeitsgefühl einstellen dürfen. Das Gegenüber gewinnt an Bedeutung, das »Du« interessiert.

Formen der Wahrnehmung

Für die Welt der Tiere verschmelzen Bewußtseinsempfindungen in Bildern, Farben, Düften und Tönen und bilden auf diese Weise Formen der Wahrnehmung. Diese heute so farbenfroh erlebte Innenwelt hebt das Interesse an den Gefühlen und Lebensäußerungen der Nächsten. Die Sehnsucht nach Gesamtharmonie läßt das Pferd auf die Suche nach der rechten Ergänzung gehen und läßt es Frieden schließen mit allen lichten Lebensformen. Auch der Außenseiter draußen auf der Weide reiht sich ein, schließt sich der Gruppe an und möchte teilhaben am großen Ganzen.

Zum Tagesprogramm

Neue Erkenntnisse und Einsichten verdanken wir in der Regel den Impulsen des Luftelements, das uns heute zu neuen Perspektiven einer Pferd/Mensch-Beziehung beflügeln kann. Denn das Thema Partnerschaft drängt sich in den Vordergrund.

Pas de deux

Das läßt gleich ahnen, daß wir uns in Gesellschaft wohler fühlen werden. Ein harmonisch abgestimmter Ausritt, bei dem die Geländestrecke ein Nebeneinanderreiten erlaubt oder ein musikalischer »Pas de deux« wären ansprechende Bewegungsbilder, während der Mond das Tierkreiszeichen Waage durchwandert. Stehen Sie Ihrem Partner Pferd allein gegenüber, so gibt es auch hier Anregungen, um den Waageimpuls sinnvoll zu nutzen.

Legen Sie heute bei der Arbeit mit Ihrem Kameraden unbedingt gesteigerten Wert auf ein harmonisches Umfeld und sanfte Umgangsformen. Im übertragenen Sinne kann ich dazu raten, die Formen des Umgangs in der Beziehung zu Ihrem Vierbeiner neu zu erproben und zu kultivieren. Also pflegen Sie im Umgang mit Ihrem Pferd das Hinhören, das Hinschauen, das Wissen und Erfahrenwollen, das Nachdenken und Erkennenwollen.

Gute Umgangsformen

In der Box, am Putzplatz, an der Hand oder an der Longe, im Viereck, im Parcours oder draußen im Gelände: Lassen Sie - wenn möglich - Ihr Pferd den ersten Schritt tun hin zum »Du«, im Sinne einer neu entdeckten Bereitschaft zur Kontaktaufnahme und Annäherung innerhalb Ihrer Partnerschaft.

Die Gruppe überzeugt

Angeregt durch den Energieaustausch mit den Waage-Mondprinzipien öffnen nicht nur unsere Pferde, sondern auch wir Menschen uns gerne den gesellschaftlichen Aspekten des Lebens. Somit orientiert sich Ihr Pferd hellwach, aufgeschlossen und besonders situationsangepaßt dem vorherrschenden Gruppenbewußtsein.

Aktives Mitmachen

Jede Regung, jede Reizmeldung wird mit dem jeweiligen Gruppengeist abgestimmt, verarbeitet und beantwortet. Das bekommen Pferdesportler besonders an Waagemondtagen zu spüren, z. B. dann, wenn ein sehr schreckhaftes oder ein übermütiges unausgelastetes Pferd seine in seiner unmittelbaren Umgebung befindlichen Artgenossen zum aktiven Mitmachen animiert. Dabei fühlt es sich bestätigt und die anderen zeigen sehr deutlich an, daß sie der Gruppe, ihrem sozialen Gefüge bedingungslos angehören, indem sie ebenfalls ihrer Bewegungsfreude freien Lauf lassen wollen. Das kann bei so manchem Reiter zum Verlust seines heute ohnehin schwankenden Gleichgewichtsgefühls führen. Und schon ist es passiert! Ausgerechnet heute, wo er doch besonders bemüht war, seinen Zuschauern nicht nur ein harmonisches, sondern auch ein stilvolles Gesamtbild zu präsentieren. In der Regel verhält sich Ihr Pferd jedoch an Waagemondtagen sehr ausgeglichen und verbindlich. Es fügt sich ohne größere Gegenwehr und akzeptiert die angepaßte Dominanz des Menschen.

Sinnvolle Konfrontation

Angestaute und versteckte Emotionen entladen sich erst einige Tage später, dann, wenn der Mond das Tierkreiszeichen Skorpion durchwandert. Zu bedenken ist, daß das luftige Prinzip des Waagemondimpulses gepaart mit unseren Harmoniebedürfnissen von der Handlungsbereitschaft gerne ablenkt. Es verleitet uns dazu, den so wertvollen Impulsen einer sinnvollen Konfrontation aus dem Weg zu gehen oder zu schnell aufzugeben. Zweifel machen sich breit und übertragen sich augenblicklich auf das Verhalten unseres Pferdes. Hier werden Aktionen nur auf die Gedankenebene verschoben, d.h. man tut zu wenig und denkt zuviel.

Von diesen waagetypischen Impulsen kann uns die Gruppe wunderbar ablenken. Pferd und Reiter sind eingeladen, von der Energie der Gruppe zu profitieren, indem vor allem der Reiter sein empfindungsmäßiges »Wenn und Aber«, sein »andererseits« und sein »sowohl als auch« beiseite stellt und die Schuld eines Mißlingens nicht alleine seinem Pferd zuschreibt. Deshalb ist der Tag besonders günstig, um in der Gruppe Spontaneität, Spielregeln und deren Ausdrucksformen zu erlernen.

Heute fällt es uns jedenfalls leichter, diese wachsende Nähe mit einem höheren Maß inneren Gleichgewichts und Sinn für Gerechtigkeit zu stabilisieren.

☾ ♎ Mond in Waage

Tage sind ideal für

- Reiten in gewohnter oder neuer Umgebung
- Paar- oder Gruppenreiten (Unterricht)
- Ausreiten
- Musikreiten
- Bodenarbeit
- Freilaufen lassen
- Longieren
- Dominanzverhalten klären

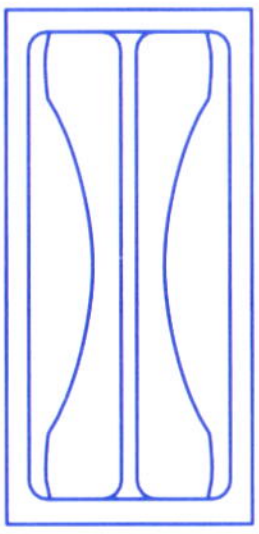

Im Viereck

Hauptaufgabe ist Takt und Anlehnung

- Taktreinheit in den Grundgangarten
- Tempowechsel
- Zügelhilfen
- Im Trab zum Treiben kommen
- Gymnastizierende Übungen
- Bodenrickarbeit

Tagesverfassung

energetisch: aufbauend
physisch: impulsgebend
psychisch: entspannt
nach außen gerichtet

⊕ kontaktfreudig, ausgeglichen, kompromißfreudig, friedliebend, feinfühlig

⊖ unbeständig, wankelmütig, oberflächlich, inaktiv

Tagesmotivation

Hormonische Grundstimmung

Tagesparole

Dominanzverhalten klären und gute Manieren lernen

Psychologisches

Gleichwertigkeit in der Partnerschaft

Die Gleichwertigkeit innerhalb unserer Pferd/Mensch-Beziehung soll angestrebt werden

Streben nach Harmonie

Die sich täglich wiederholenden Handlungen im Umgang mit unserem Pferd, unsere Gesten, die Art und Weise wie wir mit unserer Stimme und unseren Empfindungen auf das Tier einwirken, gleichen einem sich ständig wiederholenden Ritual. Auch jeder Schritt und Tritt hat seine Bedeutung. Die Lektionen, ihre Reihenfolge und deren Aufbau sollten stets eine Annäherung sein, eine Aufforderung und Suche nach der Ganzwerdung - ein Streben nach Harmonie und Ausdruck. Und es tut gut zu wissen, daß dies ein gemeinsamer Weg sein kann. Abhängig von unserer inneren Wachheit und unserem Können sollten wir mit der Zeit den wahren Kompromiß finden.

Hilfsmittel

Es ist wichtig, die eigenen Einseitigkeiten zu erkennen und diese nicht zu Lasten des Pferdes mit kunstvollen, raffinierten Tricks zu kaschieren. Tage wie diese verleiten gerne zu Kunstgriffen unfairer Art, nur um rascher ans Ziel, an ein objektives Gelingen zu kommen. Letztendlich jedoch nur, um seinen Mitreitern zu zeigen, daß man auch fähig ist, sich anzupassen und dem reiterlichen »Schönheitsideal« z. B. durch den Einsatz von Schlaufzügeln zu entsprechen. Wer den Gebrauch verschiedenster Hilfsmittel nicht auch aus der subjektiven Sicht und dem Empfinden des Pferdes nachvollziehen kann oder will, der wird besonders heute am Waagemondtag gerne ausgetrickst.

Symmetrische Gleichgewichtsübungen helfen, die innere Balance zu finden

Gleichgewichtssinn

Damit heute Pferd und Reiter von den waagedynamisierten Impulsen richtig Gebrauch machen können, möchte ich einleitend deutlich machen, wie sehr das äußere Gleichgewichtsgefühl von innerer Harmonie und Ausgewogenheit abhängig ist.

Im Tierkreiszeichen Waage und im gegenüberliegenden Zeichen Widder ist das äußere Balancegefühl am wenigsten ausgeprägt. Dafür verstärkt das Waageprinzip alle innerkörperlichen und psychischen Formen wahrer Ausgeglichenheit und Gerechtigkeit. Vermeiden Sie heute allzu aufregende Anforderungen und Versammlungsakte. Begnügen Sie sich mit leichten, abwechslungsreichen, gymnastizierenden Übungen. Erhalten Sie dem Pferd seinen inneren und äußeren Schwung, indem Sie vermehrten Wert auf die Entwicklung einer natürlich anmutenden Kopfhaltung (Sekundäreinfluß Widder) legen, die es ihm erst ermöglicht, sich im Gleichgewicht zu halten. Leider können wir immer wieder beobachten, wie Pferde in eine widernatürliche Form gepreßt werden, nur um dem Schönheitsideal einer »deutschen Reitweise« gerecht zu werden. Starre Ausbinder, Schlaufzügel, scharfe Gebisse etc. und nicht zuletzt die unruhige harte Hand eines sich nicht im Gleichgewicht befindenden Reiters, können dem Pferd seine natürliche Bewegungsfreude nehmen.

Pferde und Mensch in einer ausgewogenen Gemeinschaft. Innere Harmonie führt zu äußerem Gleichgewicht und damit mehr Losgelassenheit.

Jeder Zwang führt das Pferd in die Defensive und lehrt es, sich besonders heute durch Tricks diesen Torturen zu entziehen. Eine gelöste Selbsthaltung des Pferdes erzielen wir häufig an der Longe. Als idealer Hilfszügel bietet sich das Chambon an, welches sich für das Training von Hals- und Rückenmuskulatur besonders eignet. Vermeiden Sie wenn möglich das Einhaken der Longe in den Trensenring und bedienen Sie sich stattdessen eines Kappzaumes.

Bodenarbeit

Unabhängig vom Ausbildungsstand ist die Bodenarbeit immer wieder eine ideale Basis, um den guten Umgang miteinander zu kultivieren und vermehrt auf den Einsatz der menschlichen Stimme zu achten.

Üben Sie heute auf engeren und weiteren Zirkelrunden das Verlängern der Tritte. Wirken Sie immer wieder beruhigend, ohne laute Worte, jedoch mit klaren Forderungen auf Ihr Pferd ein.

Diese sanfte Methode, um mehr Losgelassenheit und Taktsicherheit zu erreichen, ist sicherlich eine zeitaufwendige, jedoch sehr lohnende Schulungsart. Wer im Anschluß noch Abwechslung sucht und in das Gelände reiten möchte, sollte auch während des Ausrittes darauf Wert legen, sein Pferd mit betont sanften Hilfen und leichter Anlehnung an die Hand, dafür jedoch mit mehr Einsatz der Stimme, zu motivieren.

Um den Waageimpulsen beim Reiten in der Bahn entgegenzukommen, empfiehlt sich ebenfalls ein Reduzieren der gröberen Hilfen. Stattdessen sollten Sie Ihr Hauptaugenmerk auf fließende, ineinandergehende Richtungswechsel lenken, um einen dynamischen Gleichgewichtszustand zu erhalten. Häufige Richtungsänderungen wie Kehrtvolten, Zirkelwechsel, großzügig gerittene Schlangenlinien und ein zwischendurch bewußtes Geraderichten, lassen Ihr Pferd immer schwungvoller und rhythmischer treten. Passend zum Tagesprogramm, also ideal zum Balancetraining, ist das Durchreiten von Schritt- und Trabstangen geeignet. Planen Sie jedoch keine zu schwierigen Balanceakte! Hier sollten sich die Springreiter angesprochen fühlen. Begnügen Sie sich heute mit einfacher gymnastizierender Cavaletti-Arbeit oder überschaubaren Sprungkombinationen. Das heute so ausgeprägte räumliche Vorstellungsvermögen verhilft Ihrem Pferd zu besserem Taxieren. Sicherheit kann letztlich nur der Reiter dem Pferd vermitteln, indem er es so wenig wie möglich in seinem individuellen Rhythmus und Gleichgewichtsempfinden stört.

Keine zu schwierigen Aufgaben

Korrekturhilfen

An einem Tag wie diesem, geprägt von kontaktwilliger Zweisamkeit und Sinn für Gemeinschaft, kann nur von Korrekturhilfen und Spielregeln die Rede sein, die es Mensch und Pferd erst ermöglichen, einander näher zu kommen.

Gute Manieren

In der Regel sind gute Manieren Voraussetzung für jede weitere Korrektur. Ist ein Pferd vom Fohlenalter an auf einer soliden Vertrauensbasis ausgebildet und erzogen worden, so wird es in der weiteren Ausbildung kaum Verständigungsschwierigkeiten oder zwanghaftes Ver-

halten geben, denn es hat die Bedeutung der Hilfen gelernt. Auseinandersetzungen sind manchmal notwendig, damit wieder Frieden hergestellt werden kann.
Heute, wenn der Mond das Tierkreiszeichen Waage durchwandert, besteht eine erhöhte Kooperations- und Kompromißbereitschaft. Das Gerechtigkeitsempfinden ist in Waage sehr deutlich ausgeprägt. Die Chance, heute mit besten Ergebnissen an »guten Manieren« zu arbeiten, ist groß.

Die Gleichwertigkeit in der Partnerschaft

In der Pferd/Mensch-Beziehung treffen scheinbar nur Gegensätze aufeinander. Und doch lassen sich im Laufe der Zeit viele Berührungspunkte finden, die uns in unserer Beziehung bestärken und ein ausgewogenes Gesamtbild entstehen lassen, es sei denn, die Beziehung ist einseitig. Wir brauchen einander, um uns spüren zu können und um voneinander zu lernen. Dabei ertappen wir uns gelegentlich bei einer allzu vermenschlichten oder gekünstelten Vorstellung. Macht nichts. Solange wir von unseren Übertreibungen wissen und unsere »Lieblinge« nicht darunter zu leiden haben, sind diese Verhaltensvergleiche und Betrachtungen auch interessante psychologische Spiegelbilder - sofern wir ehrlich zu uns selbst sind. Die äußere Form unseres Verhaltens entspricht im übertragenen Sinne auch unserem inneren Wesen. Entspricht es auch dem Wesen unseres Pferdes? Das ist die Frage.

Psychologische Spiegelbilder

Heute fällt es uns jedoch leichter, diese wachsende Nähe mit einem höheren Maß inneren Gleichgewichtes und Sinn für Gerechtigkeit zu stabilisieren.
Jedes Pferd reagiert unterschiedlich und ist nur bis zu einem bestimmten Punkt offen für die Vorstellungen seines Gegenübers.
Anders verhält es sich jedoch, wenn der Lehrer Mensch eine gewisse Gleichwertigkeit innerhalb der Pferd/Mensch-Beziehung anstrebt. Wenn er dem Geschöpf Pferd eine innere Kommunikation anbietet, die sich absichtslos und freiwillig mitteilt, ohne groß auf Resonanz zu warten. Dieses **»Nichts wollen«** kann uns hin zum Lebewesen Pferd alle Türen und Tore öffnen. Das Pferd erkennt seinen »großen Bruder«, den Menschen, dem es sich in diesem Zustand bedingungslos anvertrauen wird. So wie es z. B. einem Klaus Ferdinand Hempfling gelingt, einen Hengst von den Stuten abzulenken, um ihm und der Absichtslosigkeit einer innigen Verbindung intuitiv zu folgen.

Die »innere« absichtslose Kommunikation

Turnier

Das Waageprinzip mit seinem Luftelement verlangt nach Geselligkeit und Abwechslung. Bunt ist die innere Bilderwelt und groß sind die Erwartungen an sein Gegenüber. Das gilt auch für alle Turnierreiter, denn heute wollen sie sich besonders gut präsentieren.

Dieser Turniertag ist ideal, um bestehendes Können zu verfeinern und zu sichern. Die Pferd/Mensch-Beziehung wird erneut auf die Probe gestellt. Wenn am Abreiteplatz noch jede Lektion oder jeder Probesprung problemlos zu meistern war, so beginnt mit dem »Alleingang« hin zum Parcours, zum Dressurviereck oder zur Startbox in das Gelände die eigentliche Prüfung des Tages. Das Grundvertrauen zur Bezugsperson soll gegeben sein, denn erst jetzt kann sich eine Unsicherheit breit machen, die vor allem den weniger Mutigen zu schaffen macht. Sie brauchen nun dringend den vermehrten deutlichen Impuls des Reiters, der ihnen Anlehnung und das Gefühl vermittelt, nicht auf sich alleine gestellt zu sein. Jeder sollte sein Pferd gut genug kennen und wissen, welche Art von Unterstützung es nun am notwendigsten braucht.

Keine Zweifel aufkommen lassen

Ähnlich wie an Zwillingemondtagen sollten wir mit unseren Gefühlsregungen unserem Vierbeiner gegenüber etwas zurückstecken. Zeigen Sie eine klare Handlungsbereitschaft und unterstützen Sie diese in Wort-Bild-Impulsen. Lassen Sie keine Zweifel aufkommen, die nicht nur Ihr Pferd, sondern auch Sie selbst zu einem voreiligen Aufgeben bewegen könnten. Bei Materialprüfungen, Stilspringen und Dressurprüfungen jeder Art sollten Sie in natürlicher Anmut und Leichtigkeit Ihrer Partnerschaft Ausdruck verleihen. Ob Ihnen dies heute gelingen wird, hängt sehr von Ihrer Ausgeglichenheit, Ihrem Einfühlungsvermögen und Ihrer Fairneß ab.

Was zu bedenken ist:

- Sind die genannten Prüfungen der Leistungsbereitschaft Ihres Pferdes und Ihrem Können angepaßt?
- Heute sollten wir vor allem mit nervösen Pferden besonders behutsam und schonend umgehen.
  Ihr rastloser Eifer kann innere Rebellion signalisieren, die speziell an Waagemondtagen sich zu nachhaltigen Spannungen aufbauen kann.

Kondition und Regeneration

Harmonie und Ausgleich

Die vorangegangenen Jungfraumondtage waren geprägt von williger Arbeitsleistung und Ausdauer. Die nun folgenden Waagetage hingegen lassen uns nach Harmonie und Ausgleich suchen. Obwohl geistige Aktivität uneingeschränkt vorherrscht, so setzt sich doch auch eine gewisse Bequemlichkeit durch, die uns einlädt, zur Abwechslung einmal etwas durch das »**Nichtstun**« zu erreichen.
Waagemondtage sind jedoch keine Stehtage oder Ruhetage!
Ein Koppelgang oder erholsame Spazierfreude querfeldein vermitteln Ihnen und Ihrem Pferd eine Idee von Freiheit und Harmonie. Nicht nur dem aufgemischten Gemüt, sondern auch dem körperlichen Energiehaushalt kommen die ausgleichenden Prinzipien zugute.

Von ganz allein lösen sich nun Spannungen, die einer ausgewogenen Partnerschaft hinderlich waren. Den Dank für diese »Mußestunden« erhalten Sie einige Tage später, wenn der Mond das Tierkreiszeichen Skorpion durchwandert und Ihr Pferd willige Bereitschaft zur Wandlung zeigt. Mit dem Waagemondprinzip werden nicht nur die psychischen Momente situationsangepaßt und augenblicklich aufgenommen, sondern auch im innerkörperlichen Bereich werden diese Reizmeldungen an die Schalt- und Kombinationszentren und somit an die nervösen Organe (Hypothalamus, Hypophyse, den Gleichgewichtssinn etc.) weitergeleitet und ausgeglichen. Kinesiologische [1]) Behandlungen wirken heute Wunder, da die genannten Schaltzentren auf Ausgleich und ein inneres Gleichgewicht programmiert sind.

Mußestunden

Dem Tierkreiszeichen Waage werden die paarweise angeordneten Organe, die Nieren zugeschrieben. Sehr komplex sind deren Funktionen und wieder finden wir die psychologische Entsprechung dieser Organe im Partnerschaftsbereich, in der Begegnung, im Kontakt zueinander. Nieren sind Filterorgane, welche neben der Harnabsonderung auch die wertvollen Lebenssäfte zurückbehalten und diese feinstens gefiltert dem Blut zuführen, um u.a. die exakte Säure-Basen-Balance zu gewährleisten. Der Stoffwechselhaushalt ist dem Regelsystem dieses Komplexes unterworfen. Ein Energiestau in diesem Bereich kann, »wenn es dem Pferd an die Nieren geht«, Nierenentzündungen, Koliken, Rückenschmerzen, Rheuma, Entzündungen der Schleimhäute und unreines Blut zur Folge haben.

♎

Das Besondere um Waageneumond

ca. zwischen 23. September und 23. Oktober

Es ist Herbstbeginn. Meist haben wir zu dieser Zeit eine ausgeglichene Wetterlage ohne extreme Temperaturschwankungen.

Der Mond schiebt sich vor die Waagesonne und versteckt sich als »leerer Mond am Firmament«. Die Zeit um Neumond hat nach außen hin den geringsten Magnetismus. Nach innen hin entfaltet sich aber die Energie in höchstem Maße. Das kann Pferd und Reiter einmal mutlos und dann wieder übereifrig stimmen. Erwarten Sie heute nicht zuviel, und meiden Sie Situationen, welche besondere Anforderungen an das Gleichgewicht stellen - z. B. ein Springtraining bei schlechten Bodenverhältnissen. Verzichten Sie auf zuviel Aktivität. Stattdessen bemühen Sie sich um ein harmonisches Miteinander. Wiederholen Sie heute einige Grundübungen in Sachen »gutes Benehmen». Verabschieden Sie sich von Unarten, die das tägliche Miteinander belasten können, und Sie werden staunen, wie gut das heute funktioniert.

Harmonisches Miteinander

[1]) Mit Hilfe der Kinesiologie kann man Energieblockaden im Körper auffinden, diese auflösen, und dadurch das Energieniveau erhöhen.

Das Besondere um Waagevollmond

(Zwischen 21. März und 20. April)

Vierzehn bis fünfzehn Tage nach dem letzten Neumond im Tierkreiszeichen Fische steht der volle Mond in Waage.
Die widderspezifischen Partikelströme der Sonne vermischen sich mit denen des Waagemondes. Die sich nun verbindenden Impulsqualitäten tragen die Informationen zweier scheinbar gegensätzlicher Temperamentanlagen. Bildlich dargestellt trifft der unerschrockene Einzelkämpfer Widder auf die gesellige, immerzu harmoniebedürftige Waage. Dort, wo es dem stürmischen Widder an Diplomatie und Feinfühligkeit fehlt, lenkt die Waage ein. Umgekehrt impft der Widder der kultivierten und unverbindlichen Waage Konfliktbereitschaft und mehr Entschlossenheit ein. Das Feuerelement des Widders wird wiederum geschürt durch das Luftelement der Waage. Das Ergebnis: Zur Zeit des Vollmondes herrschen Ehrlichkeit und Direktheit. Auch wenn eine Überreaktion stattfindet, die eigentlich nicht so gemeint war, wird so das genaue Hinschauen bewirkt.

Wissenswertes bei Mond in ♎ Waage

Der Mond in Waage und seine Partikelströme sind gefärbt und verbunden mit

Herrscherplanet:	Venus ♀
Element:	Luft △
Pol:	männlich, yang
Urbausteine:	warm und feucht
Gegenpol:	Widder
Mineral:	Opal
Metall:	Kupfer
Farbe:	Rosé
Ernährungsqualität empfiehlt:	Fette, Blütenessenzen

☽ zunehmende Waagemondtage: von März/April bis September/Oktober

☾ abnehmende Waagemondtage: von September/Oktober bis März/April

● Waageneumond: September oder Oktober

○ Waagevollmond: März oder April

⊙ Die Sonne befindet sich von ca. 23. 9. bis ca. 23. 10. im Tierkreiszeichen ♎

Pferdepflege

Gründlich bürsten und striegeln, Schweifverlesen.

Therapiemöglichkeiten

Akupunktur, kinesiologische Behandlungen, Aura Soma, Massagen nach Tellington Jones.

Wichtig zu wissen

Idealer Koppel-Saisonbeginn, Insektenstichen vorbeugen und behandeln.

Zucht und Aufzucht

Ideal, um dem Fohlen gute Manieren zu lernen.

Ein erfolgreicher Deckvorgang an Waagemond verspricht uns heute ein Hengstfohlen. Entscheidend ist der Moment der Befruchtung.

Waagespezifische Impulse sorgen für eine erhöhte Zellaktivität in folgenden Bereichen:

Organe:	Nieren, Harnleiter, Bauchspeicheldrüse (innersekretorisch), Venen
Knochen:	Lendenwirbel
Muskulatur:	Muskeln im Lendenbereich
Körperfunktion:	Harnbildungs- und Harnausscheidungsprozesse, Erhaltung des Elektrolytgleichgewichts (Säure-/Basengleich gewicht)

Eingriffe und Operationen

An den von Waage angesprochenen Bereichen sind Eingriffe und Operationen heute zu vermeiden. Jedoch wohltuende und regenerierende Maßnahmen sind zu empfehlen.

Der ☾ abnehmende Mond begünstigt generell Operationen und ausleitende Maßnahmen, z. B. bei Entzündungen und Entschlackung. Der ☽ zunehmende Mond begünstigt aufbauende, pflegende Maßnahmen zur Heilung und Regeneration.

♏ Konstitutionstyp Skorpion

Betonung der Grundqualitäten der grob- und feinstofflichen Urbausteine im Konstitutionstyp.

	heiß + trocken
	kalt + trocken
⚛	kalt + feucht
	warm + feucht
	warm + trocken

Exterieur

Der Körperbau ist in der Regel kräftig und rumpfbetont mit guter Gurttiefe und einer im Verhältnis zu den eher feinen Gliedmaßen langen Rückenpartie. Bestimmte Knochen und Muskelpartien können hervortreten. Der Kopf wirkt markant und trocken, sein Ausdruck signalisiert mutige Wachheit.

Interieur

Der Mond in Skorpion verstärkt die Wesenszüge des zähen Kämpfers, der viel elastische Energie zielgerichtet einbringt, weil er gespannt nach innen gerichtet ist. Damit ist er die Ausnahme unter den »Wasserzeichen« und zeigt bei Anforderungen keine phlegmatischen Tendenzen. Dieser Pferdetyp besitzt trotz vorsichtiger Wesensart ein starkes Charisma und Instinktsicherheit, die bei nicht artgerechter Behandlung zu tiefer psychischer Verletzlichkeit, zu Vertrauensbruch und in der Folge zu gefährlichen Überreaktionen führen kann.

Die in den folgenden Kapiteln beschriebenen Tagesgrundstimmungen und Qualitäten betreffen jedes Pferd, unabhängig seiner pferdespezifischen Eigenheiten im Konstitutionstyp; jedoch können diese Stärken und Schwächen unterschiedlich intensiv hervortreten.

Mond in Skorpion

»Loslassen« heißt das Zauberwort

Als der Mond das Tierkreiszeichen Waage durchwanderte, war die Vorstellungswelt, das bildhafte Erleben, nur ein Einstieg, verglichen mit der nun beginnenden imaginären Art des Bildererlebens und Fühlens durch die Unterstützung der Skorpionenergien. Nicht nur wegen der Flut verschiedenster Reizmeldungen und Erinnerungen, z. B. an alte Ängste und Vorstellungen, sondern hauptsächlich wegen der Unstimmigkeiten in der Tier/Mensch-Beziehung sind unsere lieben Pferde - oft gegen ihr Naturell lebend - einem extremen Spannungsfeld ausgesetzt.

Alte Ängste

Besonders an Skorpiontagen drängen aus tiefsten Tiefen Stimulanzien instinktiver Natur empor, die Ihr Pferd wie unter einem inneren Erfüllungszwang nach Methoden der Abwehr- und Spannungslösung suchen lassen.

Da können z. B. die neu aufgestellten Sonnenschirme beim Reiterstüberl gleich zum Phantombild werden. Und schon beginnt Ihr »Kobold« Pferd sich aufzupumpen, um mit einem demonstrativen Abblasen der Atemluft seiner Empörung Ausdruck zu verleihen. Seine Tritte werden federnder, ja elastischer. Der Gang gewinnt an Kadenz und der wache, routinierte Reiter spürt, daß nun im Inneren seines Pferdes ein hartnäckiges Ringen mit dessen Phantombild begonnen hat. Dieser Zustand dauert nur kurz. Solche Phasen sind normal, sogar notwendig. Es sind ideale Momente der Wandlung, Momente der Macht und Ohnmacht. Momente, um alte Muster fallen zu lassen. Zeit zum Wandel, Zeit zum Loslassen.

Momente der Wandlung

♏

Zum Tagesprogramm

Unter Berücksichtigung der konditionellen Fähigkeiten und der geistigen Ausgeglichenheit darf der routinierte Pferdefachmann sich und seinem Kameraden heute einiges zumuten, es sei denn, auch er wird vom leidenschaftlichen Skorpionehrgeiz gepackt und verliert vor lauter emotionaler Hingabe jeden vernünftigen Wertmaßstab. Deshalb gehen Sie heute mit Hilfe einiger Bewußtseinsstützen wie z. B. mit Geduld, Gelassenheit und Toleranz ein geordnetes Tageskonzept an, das Ihnen und Ihrem Pferd trotzdem noch genügend Raum für Spontanität läßt. Ein unerfülltes Pferd, welches das freie Spiel seiner Kräfte anhaltend unterdrücken muß, wird heute froh und dankbar sein, wenn es sich auf der Koppel, in der Halle, beim Freilaufen oder zumindest an der Longe etwas austoben darf. Anschließend können die weniger risikofreudigen Reiter einer entspannteren Trainingsstunde entgegensehen.

Spontanität

Suchen Sie nun die Abwechslung. Lassen Sie Ihre Ängste los. Entledigen Sie sich der alten Vorstellungen und »Prinzipienreitereien«. Fühlen

Sie hinein in die Stärken und Schwächen Ihres Partners, so wie auch Ihr Pferd heute Ihre Stimmungen mit einer erhöhten Skorpionsensibilität wahrnimmt. Nichts bleibt ihm verborgen. Manchmal kann in dieser tief empfundenen »Verfassungsprüfung« eine unerbittliche Konsequenz liegen. Wer nach Leistung verlangt, ohne das Dominanz- und Vertrauensverhältnis zu hinterfragen, wird enttäuscht werden. Mit den vorstellungsgebundenen dynamischen Aspekten der Skorpionenergie verbinden wir Leidenschaftlichkeit, zielstrebigen Fleiß, eifrige, elastische Beweglichkeit, aber auch empfindlichen Eigensinn mit all seinen Schattierungen. Sicherlich sind diese Werte von Pferd zu Pferd verschieden. Diese Energien wirken auch unterschwellig und bleiben je nach Veranlagung und Tagesvorhaben vom Beobachter unentdeckt. Mit Beharrlichkeit und ohne Vorurteile können Sie sich diesem Skorpionthema öffnen. Bestimmen Sie die Ebene des Wandels mit, indem Sie sich dem tief verborgenen Wunsch, dem magischen Zauber nach Wandlung anschließen.

Stimmungswandlungen

Machen Sie sich ein Bild

Machen Sie sich ein Bild von dem immer wiederkehrenden Zeremoniell rund um Ihr Pferd. Die Begrüßung, das Putzen und Aufsatteln, die übliche Tagesarbeit bis hin zur Entlassung Ihres Pferdes zurück in seinen Stall oder auf die Weide.

Lesen Sie erst weiter, wenn Sie die folgende Bilderserie vor Ihrem inneren Auge ablaufen sehen. Lassen Sie uns nun mit diesem vielleicht ungewöhnlichen Einstieg zum heutigen Tagesthema fortfahren:

Mit dieser Bilderserie vor Ihrem geistigen Auge stellen Sie sich vor, daß sich diese Bilder, die aus vielen bunten Mosaiksteinchen zusammengesetzt sind, nun aufzulösen beginnen. Steinchen für Steinchen fällt zu Boden. Was zurück bleibt, ist der leere Rahmen. Sie lassen Ihrer Phantasie jetzt freien Lauf und erschaffen mit geschlossenen Augen mit den gefallenen Mosaiksteinchen einen neuen veränderten Tagesablauf, außerhalb der Routine.

Außerhalb der Routine

Abwechslung suchen und an Vertrautes erinnern

Veränderungen heute provozieren im positiven Sinn. Die Skorpionimpulse verlangen nach intensiver Beschäftigung außerhalb des gewohnten Ablaufs. Jedoch sollte die Tagesarbeit immer wieder an Vertrautes erinnern. Damit unterstützen wir das Selbstvertrauen und schaffen Energiereserven zu mehr Toleranz.

Sollten Sie sich zur Abwechslung z. B. dazu entschieden haben, mit Ihrem Pferd heute nur zum Grasen zu gehen, so tun Sie dies mit voller Hingabe. Wenn Sie sich mit Ihrem Pferd dabei stark verbunden fühlen, so ist das sicherlich auch eine Ebene der Stimulanzien, die der Regeneration von Körper und Psyche zugute kommt und eine besondere Wirkung zeigen wird.

☾ ♏ Mond in Skorpion

Tage sind ideal für

- Reiten in gewohnter und neuer Umgebung
- Einzelreiten
- Konditionstraining
- Ausreiten, Vielseitigkeitstraining
- Freilaufen (Freispringen)
- Longieren
- Entspannung, Therapie

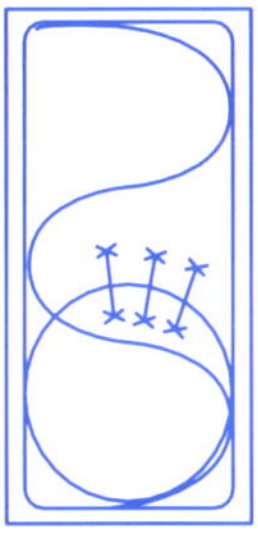

Im Viereck

Hauptaufgabe ist Anlehnung und Schwung

- Ausgedehnte Lösungsphase (z. B. Longieren, Freilaufen lassen)
- Tempowechsel
- Übergänge
- Travers, Renvers, Traversalen
- Feinkoordination vertrauter Lektionen

Tagesverfassung

energetisch: stabil
physisch: impulsaufnehmend
psychisch: gespannt nach innen gerichtet

⊕ energisch, wach, risikofreudig, zielgerichtet

⊖ eifersüchtig, lebhaft, mißtrauisch, rücksichtslos, verschlagen

Tagesmotivation

Einfühlsame emotionale Präsenz

Tagesparole

Momente der Wandlung erreichen und damit Hingabe zur Aufgabe erzielen

Psychologisches

Dominanz und Vertrauensverhältnis hinterfragen

Wenn Ihnen der sportlich aktive Einsatz mehr entspricht, so könnte sich Ihr Tagesprogramm folgendermaßen abspielen: Z. B. satteln Sie heute Ihr Pferd anstatt am Putzplatz in der Box oder umgekehrt. Verstellen Sie Ihre Bügellänge oder verzichten Sie zur Gänze auf diese gewohnte Stütze. Anstelle des Dressurvierecks suchen Sie eine Wiese mit leichtem Gefälle und beginnen die Lektionen dort ganz intensiv und Ihrer inneren Kommunikationsfähigkeit vertrauend mit viel Gefühl. Vergessen Sie nicht, auch Ihrem Pferd diese Gedankenbilder zu vermitteln.

Emotionale Präsenz

Die veränderten »Rahmenbedingungen« können Ihren Sportsfreund anregen und auf ganz natürliche Art und Weise steigert sich nicht nur seine körperliche, sondern auch geistige Beweglichkeit. In dieser neuen Situation wollen wir das Vertrauensverhältnis neu erproben, die Reaktionen auf neue Umstände testen und dabei seine Körpersignale richtig verstehen lernen.

Körpersignale

Der versierte Reiter nützt diesen Zustand natürlicher Erregung, um Takt und mehr Kadenz in die Bewegung seines Pferdes zu bringen. Gleichzeitig wirkt er beruhigend ein und erarbeitet Schritt für Schritt die gewohnten Lektionen. Die vor dem Reiten abgelaufene Bilderserie wird jetzt in die Tat umgesetzt. Das heißt, sie läuft immer wieder von neuem ab, z. B. Bilder von elastisch anmutenden Seitengängen und federnden Trabaktionen, die trotz des auf- und absteigenden Geländebodens das Rhythmusverhalten nicht weiter beeinflussen. Treffen wir auf Widerstände, so liegt es an unserer Toleranz und unserem psycholgischen Einfühlungsvermögen, den Energiestau und eventuelle Spannungen zu lösen und diese geschickt in neue, veränderte Bahnen zu lenken.

Kadenz

Haben Sie in den vergangenen Tagen Ordnung und Feinkoordination (Jungfrauprinzip), gute Manieren und Balancegefühl (Waageprinzip) geschult, so werden nun auf einer wesentlich subtileren Ebene diese Fähigkeiten und Prinzipien weiter ausgebaut und vertieft.

Auch die Intensität der Beziehung wird aktiviert, gewandelt und erneuert. Sehr deutlich kann uns unser Pferd heute Ablehnung und Abwehr zeigen, wenn es mit unseren Arbeitsmethoden oder so mancher zur Routine gewordenen diplomatischen Manipulation nicht einverstanden ist. Die Skorpionenergie kennt keinen Kompromiß, nur das Extrem. So dürfen wir nicht überrascht sein, wenn uns heute die Rechnung für einige Sünden präsentiert wird. Andererseits spornt kein Zeichen wie dieses uns so sehr zu Höchstleistungen an, die uns letztlich über uns selbst hinauswachsen lassen.

Höchstleistungen

Auch wenn Sie dem Beispiel mit der »Arbeit auf der fallenden Wiese« nicht folgen wollen oder können, so steht in erster Linie die Bereitschaft, von alten eingefahrenen Mustern loszulassen. Begleiten Sie Ihr Vorhaben mit Bildinformationen und emotionaler Präsenz, und visualisieren Sie die angestrebten Bewegungsabläufe in den verschiedenen Gangarten. Mit Gleichmut, innerer Ruhe und Konsequenz sollten Sie zu neuen, instinktnahen, wandelbaren Situationen überleiten. Schenken Sie Ihrem Pferd dabei Vertrauen und das Gefühl von Eigenständigkeit, und die Spannungen werden sich lösen. Stimmen Sie sich ein in die Bewegungen eines im natürlichen Gleichgewicht gehenden Pferdes und erhalten Sie einen schwingenden, unverkrampften Rücken, von den Halswirbeln (Sekundär Stier) bis zu den Schweifwirbeln (Skorpion), durch ein störungsfreies harmonisches Mitgehen Ihrer Bewegungen, ob beim Vorwärtsreiten oder in versammelter Weise, beim Dressurreiten oder Springreiten.

Harmonisches Mitgehen

Korrekturhilfen

Wenn der Mond sich im Zeichen Skorpion befindet, verschafft er uns leichteren Zugang zu den Strukturen der Psyche. Jedes Pferd hat andere Grundmuster in sich und zeigt seinen Lebensprogrammen entsprechend die unterschiedlichsten Reaktionen im Verhalten zu dem Menschen.

Fehlverhalten

Wer bei sogenanntem Fehlverhalten ehrlich bereit ist, auch seine Schattenseiten mit einzubeziehen und diese bis an die Wurzeln der Ursache zu erforschen, wird seinem Freund, dem Pferd, bald Abbitte leisten müssen, spätestens dann, wenn er eingesehen hat, daß die stete Fehlerquelle allein vom Menschen ausgeht. Eine Wiedergutmachung auf Dauer gelingt nur demjenigen Pferdefreund, der das Dominanz- und Vertrauensverhältnis über die Körpersprache zu vermitteln weiß. Nur so findet er einen Zugang zu instinktiven Verhaltensmustern und ist in der Lage, im Resonanzboden der Pferdepsyche neue Ideenbilder zu schaffen, die zu Umkehr, ja zur Wandlung bewegen.

Wir sollten unbedingt vermehrten Wert auf die Körpersprache legen und lernen, diese auch mit Gedankenkraft zu begleiten. Das erfordert höchste Konzentration, eine fast meditative Einstimmung auf die Gefühlsebene unseres Gegenübers.

Körpersprache ist Ritualsprache

Körpersprache ist Ritualsprache - eine auf ein Minimum reduzierte Geste transportiert eine bestimmte Information. In einem Fremdwörterlexikon war zu lesen, daß das Wort Ritual am passendsten mit »Übersprungshandlung« zu übersetzen sei. Die Skorpionimpulse verhelfen uns dabei zu mehr Beobachtungsgabe und regen unseren Forschergeist an, der sich auch dank des Wasserelements mit den subtilsten Ebenen fast magisch verbinden kann.

Identifikation

Wer in der Lage ist, mit seinem Pferd in dieser Weise Gefühle und Vorstellungen zu wandeln, festigt nicht nur den Charakter und die Fähigkeit, Aufgabenstellungen augenblicklich und ohne Verzögerung weiterzuleiten, sondern er begibt sich in die Lage der totalen Identifikation mit seinem Partner und umgekehrt. Beginnt der Mensch das mystisch spirituelle Konzept der geistigen Vereinigung auch im Umgang mit dem Natur- und dem Tierreich zu leben, so tun sich Grenzen auf, und Wandlung kann geschehen. Das ist dann wahre Therapie.

Turnier

Spätestens dann, wenn die Mähne eingezopft wird oder die Transportgamaschen hervorgeholt werden, weiß das Turnierpferd, daß Leistungsprüfungen bevorstehen. An Skorpionmondtagen wirken diese Stimmungsbilder sehr herausfordernd. Für so manches Pferd entstehen Widersprüche und ein Verdrängen unterschwelliger Gefühle. Lampenfieber kommt auf.

Zur Anregung der Abwehrkräfte setzt gleich eine Art von Selbstreinigungsinstinkt ein, der durch eine erhöhte Aktivität im Mastdarm die Ausscheidung (das Äpfeln) fördert, was je nach Aufregungsgrad bis zum Durchfall führen kann. (Denken Sie an den Schweifschoner!).

Vertrauen

Anstatt Ihre eigene Nervosität auf Ihren Sportsfreund zu übertragen, sollten Sie ihm gerade in diesen Momenten nahe sein, ihn in Form von Gedankenbildern in Ruhe auf die neue Situation vorbereiten, ihm Sicherheit und Vertrauen vermitteln. Angst besiegen wir nur mit Vertrauen!

Am Turnierplatz angekommen, wird sich Ihr »Musketier« stark machen für seine »Hoheit«, den Reiter. Ihr Pferd wird zusehends an Höhe gewinnen und im Gebäude kürzer werden. Seine Spannkraft steigert sich, aber die Muskulatur verkrampft sich. An Skorpiontagen bedeutet das oft ein längeres Abreiten und Lösen. Mit einem sehr rhythmischen Einwirken erreicht dann der gute Reiter nach einiger Zeit eine entspannte Versammlung. Heute verlangt besonders das Springpferd nach mehr Selbständigkeit und wehrt sich deshalb gegen zuviel Kontrolle. Der Reiter sollte in erster Linie die Konzentration seines Pferdes auf das Wesentliche lenken und jederzeit besonders emotional präsent sein, falls ein Hindernis zum Phantombild oder einfach aus Prinzip abgelehnt wird. Dem Kämpfernaturell unter den Zwei- und Vierbeinern ist heute etwas Beherrschung und Sinn für Einteilung anzuraten, damit nicht der »Kamikaze« mit ihnen durchgeht. Auch unsere nervenstarken Nachwuchspferde möchten heute zeigen, was sie können.

Abreiten und Lösen

Das komplizierte, ängstliche Naturell eines noch nicht in sich gefestigten Pferdes oder Reiters hingegen, kann sich heute total überfordert fühlen und die möglicherweise subjektiv bedrohlichen Stimmungsbilder eines Turnierschauplatzes nie vergessen. Es wird aus der Reihe tanzen. Trotzdem ...toi, toi, toi!

Kondition und Regeneration

Wie schon einleitend zum Tagesprogramm erwähnt, können Sie Ihrem Pferd heute einiges zutrauen. Keinem Tierkreiszeichen wird soviel Zähigkeit, Ausdauer und Regenerationskraft zugesprochen wie dem Skorpion. Die skorpionspezifischen Energien aktivieren u.a. die Entschlackungsprozesse nicht nur in körperlicher, sondern auch in geistiger Hinsicht, deshalb sind an Skorpion- und Stiermondtagen ungestörte Schlaf- und Ruhephasen so wichtig.

Das Skorpionprinzip funktioniert, indem Sie sich von allem »Unverwertbaren« trennen und damit den Selbstheilungskräften mehr Raum zur Regeneration geben. Wer an diesen Tagen therapeutisch mit seinem Pferd arbeiten möchte, sei es um der menschlichen oder der Pferdepsyche wegen, wird von tiefem Einfühlungsvermögen und der Wandlungsbereitschaft überrascht sein. Nur zu ähnlich sind unsere beiden psychischen Strukturen angelegt. Wer dies erkennen möchte, hat heute die Chance, im Zusammensein mit dem Pferd einen intensiven Regenerationsprozeß einzuleiten, der unsere Wachheit gegenüber allem Leben stärken wird.

Einfühlungsvermögen

Dem Skorpion entsprechen biologisch Mastdarmende, Blase und Harnröhre sowie deren Schließmuskeln. Der Sekundäreinfluß kommt aus dem Bereich des Tierkreiszeichens Stier und betrifft die Hals-/Nackenregion. Da das Wasserzeichen auch den chemischen Prozeß der Schleimhäute und deren Drüsen mitbestimmt, sind vor allem Katarrhe an diesen Tagen erfolgreich zu behandeln.

Das Besondere um Skorpionneumond

ca. zwischen 23. Oktober bis 23. November

Meist kalt und feucht sind die Tage Ende Oktober bis Anfang November, dann, wenn der Skorpionneumond einen Teil des Natur- und Tierreiches für die bevorstehende kalte Jahreszeit vorbereitet.

Die Tage um den Neumond selbst können uns abwechselnd innere Unruhe und dann wieder größte Müdigkeit bescheren. Eine besondere Regenerationszeit nimmt ihren Anfang. Ein Sichverabschieden von Untugenden und spannungsgeladenen Angstzuständen wird von den Skorpionenergien stark unterstützt. Da können nun alle weiteren »abnehmenden Skorpionmondtage« für das nächste Halbjahr optimal zu Therapiezwecken, in welcher Form auch immer, genutzt werden. Wir haben die Chance, die imaginäre Bilderwelt der Skorpionenergien erfolgreich mitzugestalten.

Abschied von Untugenden

♏

Das Besondere um Skorpionvollmond

ca. zwischen 21. April bis 21. Mai

Im April oder im Wonnemonat Mai ereignet sich der Skorpionvollmond, nämlich im Hochfrühling, wenn die Sonne im Tierkreiszeichen Stier steht und genießerische Sinnesfreuden in uns erwecken möchte. Diese werden dem polar-entgegensetzten Mond in Skorpion zugespiegelt, damit wir auf »Skorpionweise« einerseits diese Reize kontrollieren, andererseits zu leitbildhaften Ideen umformen können.

»Leidenschaft ist eine Kraft, die Leiden schafft«. Begierden entstehen. Und dieser Urinstinkt treibt nicht nur uns, sondern auch die Tierwelt in so manche Verstrickung. Nicht selten ist schon Tage vor dem Voll-

Urinstinkt

mond der Kampfgeist auch gegen uns selbst gerichtet. Innere Unruhe drängt danach, sich auf Körperebene zu entladen.

Viele Stuten gebären zu dieser Zeit oder beginnen mit einer stärkeren Rosse als normal. Hengste benehmen sich tollkühner bis dramatisch im Spiel der wahren Instinkte, im Stirb- und Werdeprozeß der Natur.

Aufbauzeit

Mit diesem Vollmond stehen nun die zukünftigen Skorpionmondtage in der jeweils zunehmenden Phase. Das besagt, daß Sie die Skorpiontage ab heute für ein halbes Jahr zur Aufbauzeit nutzen sollten, anstatt sich bis ins Extreme zu verausgaben.

Wissenswertes bei Mond in ♏ Skorpion

Der Mond in Skorpion und seine Partikelströme sind gefärbt und verbunden mit

Herrscherplanet:	Pluto ♇
Element:	Wasser
Pol:	weiblich, yin
Urbausteine:	kalt und feucht
Gegenpol:	Stier ♉
Mineral:	Granat, Topas
Metall:	Stahl, Eisen
Farbe:	rotbraun
Ernährungsqualität empfiehlt:	Kohlenhydrate, Heu und Frischgras

☽ zunehmende Skorpionmondtage: von April/Mai bis Oktober/November
☾ abnehmende Skorpionmondtage: von Oktober/November bis April/Mai
● Skorpionneumond: April oder Mai
○ Skorpionvollmond: Oktober oder November
☉ Die Sonne befindet sich von ca. 23. 10. bis ca. 23. 11. im Tierkreiszeichen ♏

Pferdepflege

Pflege der Ausscheidungsorgane.

Therapiemöglichkeiten

Eigenblutbehandlungen, Entschlackungstherapien, Neuraltherapie, Wassertreten, Wechselstrahl, ausgedehnte Ausritte, Klettern.

Wichtig zu wissen

Auf keinen Fall Hengste kastrieren lassen.

Zucht und Aufzucht

Beim Belegen oder bei der Geburt besteht erhöhte Infektionsgefahr im Genitalbereich.

> Ein erfolgreicher Deckvorgang an Skorpionmond verspricht uns heute ein Stutfohlen. Entscheidend ist der Moment der Befruchtung.

Skorpionspezifische Impulse sorgen für eine erhöhte Zellaktivität in folgenden Bereichen

Organe:	Mastdarm (♏), Prostata, Harnröhre, After, Genitalorgane
Knochen:	Beckenknochen, Schambein, Sitzbein, Schweifwirbel
Muskulatur:	Blasen- und Afterschließmuskel, Muskeln im Genitalbereich, z. B. Cremaster (Heber des Hodens)
Körperfunktion:	Ausscheidung von Kot und Urin, Geschlechtsfunktion

Eingriffe und Operationen

An den von Skorpion angesprochenen Bereichen sind Eingriffe und Operationen heute zu vermeiden. Jedoch wohltuende und regenerierende Maßnahmen sind zu empfehlen.

Der ☾ abnehmende Mond begünstigt generell Operationen und ausleitende Maßnahmen, z. B. bei Entzündungen und Entschlackung.
Der ☽ zunehmende Mond begünstigt aufbauende, pflegende Maßnahmen zur Heilung und Regeneration.

♐ Konstitutionstyp Schütze

Betonung der Grundqualitäten der grob- und feinstofflichen Urbausteine im Konstitutionstyp.

heiß + trocken
kalt + trocken
kalt + feucht
warm + feucht
warm + trocken

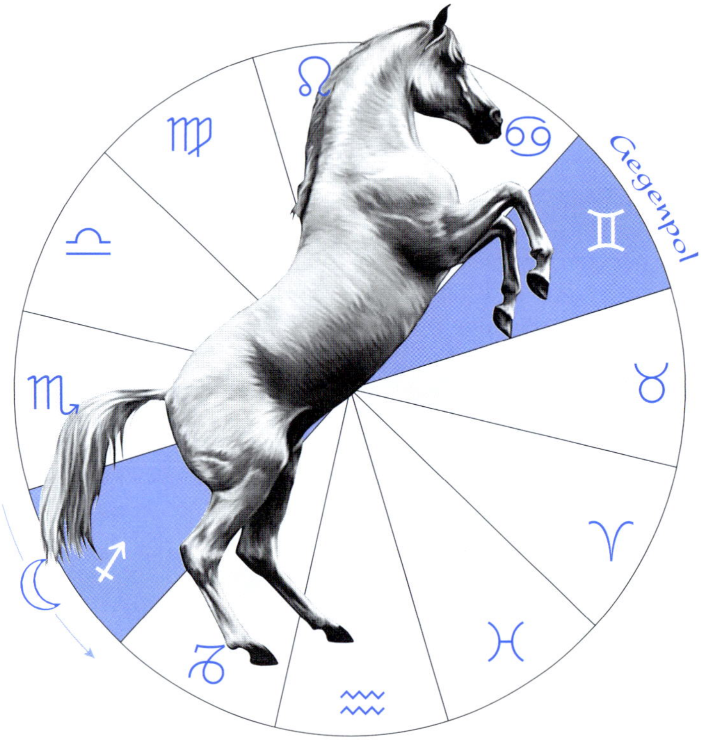

Exterieur

Der Körperbau hat in der Regel einen vorherrschend athletischen Zug, doch kann auch ein etwas kompaktes Gebäude von stattlicher Haltung (dem Löwekonstitutionstyp ähnlich) durchschlagen. Wohlgeformte Gliedmaßen und eine kräftige Hinterhand sind kennzeichnend für seine große Sprungkraft. Gut koordinierte elastische Vitalität bringt beste Voraussetzungen zu vielseitiger Leistungsbereitschaft.

Interieur

Der Mond in Schütze verstärkt die Wesenszüge des ausgesprochen sportlichen Naturells mit viel Bewegungsfreude. Es bleibt impulsgebend und gespannt nach außen gerichtet. Es zählt zu den »Alphatypen«, das sind die Führungsnaturen, die über eine große Erfahrungsweite verfügen und sich daraus impulsiv und angepaßt richtig leiten lassen. Das souveräne Temperament setzt gelöste, nicht immer nachhaltige Energie frei, die sich zusätzlich mit hoher Elastizität auszeichnet.

Die in den folgenden Kapiteln beschriebenen Tagesgrundstimmungen und Qualitäten betreffen jedes Pferd, unabhängig seiner pferdespezifischen Eigenheiten im Konstitutionstyp; jedoch können diese Stärken und Schwächen unterschiedlich intensiv hervortreten.

Mond in Schütze

Senden und Empfangen

Stimmungsbild

Heute, im Licht der Schützeimpulse, triumphiert jedes Pferd, wenn es frei und losgelassen seiner unbegrenzten Bewegungsfreude Ausdruck verleihen darf. Denn kein Tierkreiszeichen spiegelt die Eigenschaften und Besonderheiten dieser Gattung besser und direkter wider, als der Schütze. Man könnte glauben, daß dieses Sternbild die geistigen Heimaterinnerungen unserer Pferde gespeichert hält, um sie an Schützemondtagen wieder wachzurufen. Seiner Entwicklungsebene entsprechend ist das Pferd Träger der vier Elementarkräfte und steht somit in ständiger Verbindung mit der Allkommunikation, dem Leben. Sein Wesen empfindet nicht nur die Vielfältigkeit der Schöpfung, sondern es hält regen Austausch auch über die Grenzen seines sozialen Gefüges hinaus. Angeregt durch die Schützeimpulse können heute so manchem feurig-luftigen Pferd die Pegasusflügel wachsen, die es im wahrsten Sinne des Wortes ein wenig abheben lassen.

Zum Tagesprogramm

Sehnsucht nach Klarheit und Weite

Die Mondkräfte - zusammen mit den Informationen aus den letzten zwei Tierkreiszeichen Waage und Skorpion - haben uns den Resonanzboden schützegerecht aufbereitet. Die bunte, ausgleichsuchende Bilderwelt in Waage und die vom Wasserelement beherrschte Erlebnistiefe von Skorpion haben in Ihrem Pferd die Sehnsucht nach Klarheit und Weite wachgerufen. Um heute seinem Naturell, seiner Unabhängigkeitsliebe näherzukommen, sollten Sie seinen Aktionsradius mit dem ihm vertrauten »Schützepfeil« in maximale Reichweite schicken. Nur dann können Sie heute seinem Anspruch auf Freiheit gerecht werden. Dazu gehören Akzeptanz und Toleranz. Entscheiden Sie sich ganz bewußt für eine bejahende, fröhliche Grundstimmung. Sehen Sie sich nicht um, um festzustellen, was alles falsch und verbesserungsfähig wäre.

Akzeptanz und Toleranz

Seien Sie einfach positiv! Sehen Sie nur das Gute, vor allem im Umgang mit Ihrem Pferd. Denn nur gemeinsam können Sie an Ihrer Aufgabe wachsen.

Gestern haben wir uns damit befaßt, die körperliche und geistige Flexibilität zu erproben. Wir haben gemeinsam alte Muster entlassen, um Toleranz zu fördern und um damit mehr Selbstbewußtsein zu gewinnen. Hier wollen wir heute anknüpfen und unseren Sportsfreund, der die Schützeenergien schon in sich spürt, zuerst einmal für die Zeitdauer der Aufwärmphase in eine besondere Rolle schlüpfen lassen, nämlich in die Rolle des Lehrers. Dazu benötigen wir psychologisches Einfühlungsvermögen und Weitblick. Es stellt sich auch die Frage, ob Sie gelernt haben, auf kreative Weise ein wacher, lernbereiter Schüler zu sein.

Rolle des Lehrers

Lassen Sie Ihr Pferd Pferd sein

Heute sollten Sie das »Klassenzimmer« Reithalle verlassen und Ihrem Pferd eine Idee von Weite und Freiheitsgefühl vermitteln. Lassen Sie dieses den Bilderduft seiner Umgebung aufnehmen, das Vogelgezwitscher hören, das Rascheln der Blätter sowie Wind und Wetter wahrnehmen. Wenn Sie nicht die Möglichkeit haben, direkt vom Stall aus durch Wald und Wiesen auszureiten, so scheuen Sie nicht die Mühe des Verladens oder ein paar freundliche Worte an Ihren Stallkollegen, den Sie um eine Mitfahrgelegenheit für einen geselligen Spazierritt in die freie Natur bitten. Wenn wir den heutigen Tagesimpulsen aus dem Tierkreiszeichen Schütze gerecht werden wollen, dann braucht Ihr Pferd heute neben viel Bewegungsraum eine klare Zielrichtung und das Gefühl einer großzügigen Behandlung. Es möchte den Weg des Vertrauens gehen und dabei die ihm anerzogenen Grenzen nicht verlassen. Das in Waage entwickelte Gerechtigkeitsempfinden findet in Schütze seinen Höhepunkt. Junge Pferde sind heute besonders leicht zu motivieren und können Ihnen so manches »Highlight« für die Zukunft zeigen. Verzichten Sie heute auf ein zu starres Programm, denn ein Hang zur Unkonzentriertheit birgt ein zu starkes Auf und Ab in der Leistungsbereitschaft Ihres Pferdes.

Klare Zielrichtung

Diese Schützeenergien erwecken nicht nur den Freigeist, sondern sie beleben auch den Drang, bisher Erkanntes mit mehr Gefühlstiefe zu erleben. Schulungshilfen mit lockerem Handlungsmuster vermittelt, versprechen Erfolg. Ähnlich wie bei den Mondenergien im Tierkreiszeichen Zwillinge, besteht heute erhöhte Lernbereitschaft.

Erhöhte Lernbereitschaft

Aufgaben, die einen gewissen Reifegrad voraussetzen, sollten immer im Beisein einer Lehrerautorität, ob Mensch oder Pferd, vermittelt werden. Pferde lernen, ihr ängstliches Naturell durch Nachahmen zu überwinden. Deshalb wirkt das ruhige Vorbild eines abgeklärten Routiniers Wunder. Junge Pferde zeigen in deren Gegenwart willige Lernbereitschaft, vor allem beim Springen. Ein grabensicheres Pferd z. B., das die Führer-Vorzeigrolle übernommen hat, nimmt jedem zaudernden Jungen die Scheu. Gerade die Reiter, die sich für besonders fähig halten, mögen mit der heutigen Tagesempfehlung einer bewußten Übergabe der Lehrfunktion an das Pferd überfordert sein. Sie sollten das Glück schätzen, von einem rittigen und erfahrenen Pferd lernen zu können. Wollen Sie nun diesem die Lehrerrolle überlassen, so versuchen Sie, diesen Rollenwechsel ganz intuitiv entstehen zu lassen, so als ob Sie zum ersten Mal auf Ihrem Pferd sitzen würden, um es auszuprobieren und ganz unvoreingenommen herauszufinden, wo seine Stärken und Schwächen liegen.

Rollenwechsel

Erst dann, wenn die zunehmende Bereitschaft einer besser kontrollierten Versammlung spürbar ist, dürfen Sie diese Tatsache als Lob, als »Prüfung bestanden« annehmen und wieder an die Lehrerstelle treten. Bedenken Sie, daß an Schützemondtagen unsere Hüft- und Oberschenkelregion besonders angesprochen wird, und damit die Haltung der Schulter-/Armpartien (dem Zwillingeprinzip zugehörig) als Ge-

☾ ♐ Mond in Schütze

Tage sind ideal für

- Reiten in neuer Umgebung
- Einzel-, Paar- oder Gruppenreiten
- Vertrautmachen mit neuen Hindernissen und Lektionen
- Unterricht
- Dressur, Springen (Parcours), Gelände (Vielseitigkeit)
- Ausreiten
- Dominanzverhalten klären
- Freispringen
- Bodenarbeit

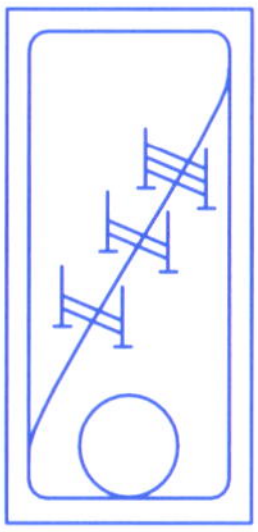

Im Viereck

Hauptaufgabe ist Schwung und Geraderichten

- Entspannende gymnastizierende Übungen
- Tempowechsel
- Vorhand auf die Hinterhand einstellen
- Zirkel und Volten reiten
- Schenkelweichen, Schulterherein
- Außengalopp, fliegender Galoppwechsel

Tagesverfassung

energetisch: stabil
physisch: impulsgebend
psychisch: gespannt
nach außen gerichtet

⊕ bewegungsfreudig, inspiriert, routiniert, zielgerichtet,

⊖ rastlos, überheblich, übertrieben

Tagesmotivation

Eine Idee von Freiheit

Tagesparole

Klare Schulungshilfen geben, jedoch ohne Druck und Zwang

Psychologisches

Anspruch auf innere Freiheit gerecht werden

genspieler eine wesentliche Koordinationsachse bilden. Deshalb sollten Sie genau dort ihre Aufmerksamkeit hinlenken (gilt für Pferd und Reiter). Als Einstieg in die Schützeenergie ist Ihnen vielleicht folgende Vorstellung eine Stütze: Wenn Sie gleich nach dem Aufsitzen und während der ersten Lösungsphase im Schritt immer wieder bewußt ein- und ausatmen, werden Sie feststellen, daß sich Ihr Körperschwerpunkt bei geschmeidiger Anpassung an die Bewegungen Ihres Pferdes dem Schwerpunkt des Pferdes immer mehr nähert. Im Pendeltakt sollten Sie das Auf- und Abfußen der rechten und linken Hinterhand auch mit geschlossenen Augen erkennen. Erspüren Sie dann den dem Pferd eigenen Handlungsrhythmus und versuchen Sie dort, wo es Bereitschaft zu Anlehnung zeigt, auf sanfte Weise mit kontrollierenden Hilfen einzuwirken.

Körperschwerpunkt

Das menschliche Becken mit seinem Sitz und seinen Schambeinästen erfüllt in jeder Situation die Funktion des Stabilisators. Nur aus »zurückgenommenen Schulterblättern« vermögen die Oberarme (♊ Zwillinge) und Oberschenkel (♐ Schütze) gelöst abwärts zu hängen, um einer sensiblen Reiterhand das Gespür für das Gegenfedern des Pferdemauls zu geben. Wer das Abstoßen des Pferdes von der gefühlvollen Hand des Reiters einmal körperlich gespürt hat, wird dieses wunderbare Einfühlen in den Bewegungsrhythmus immer wieder herbeizuführen versuchen. Jede Unterbrechung dieses Abfederns wird dem feinfühligen Reiter eine Störung anzeigen.

Einfühlen in den Bewegungsrhythmus

Stören Sie niemals die natürliche Vorwärtsbewegung und blockieren Sie nicht das, was das Pferd Ihnen im Ansatz zeigen möchte. Geben Sie lediglich die Richtung vor. Das gilt im besonderen für die Springreiter. Führen Sie Ihr Pferd auch im Gelände durch ein gezieltes Richtungweisen (Fokussieren) an ein Hindernis heran, und entlassen Sie es ab diesem Moment in die Selbständigkeit. Nur die visuelle Unterstützung des Reiters bleibt bestehen, ähnlich wie beim Bogenschützen, der, nachdem er das Ziel bestimmt hat, es nicht mehr aus den Augen verlieren darf.

Die Sprungkraft wird heute von den schützedynamisierten Impulsen auch auf Körperebene gezielt gefördert. Nicht nur die beim Pferd so stark ausgeprägte Hinterhand, sondern die quergestreifte Muskulatur, die dem Hebelprinzip der Gliedmaßen folgt, verspricht eine erhöhte Spannkraft. Reiter, die den Motor des Pferdes, die Hinterhand, an Schützetagen überfordern, schaden nicht nur jener Körperregion, sondern sie provozieren Spannungen auf der psychischen Ebene, die eine freie Kommunikation und letztendlich die freiwillige Mitarbeit und das Vertauensverhältnis erhöhten Anforderungen erheblich beeinträchtigen können.

Senden und Empfangen

Wer das Resonanzgesetz von Senden und Empfangen im rechten Dominanzverhältnis erkennen gelernt hat, kann jedes Verhalten jederzeit richtig einordnen und kann Antworten geben, noch bevor Fragen gestellt werden, so wie es draußen in freier Natur die Leitstute oder der Leithengst im Interesse der Gruppe praktizieren.

Korrekturhilfen

Nur eine kumpelhafte, kameradschaftliche Einstellung zu Ihrem Pferd läßt Sie im Falle einer unangenehmen Konfrontation, aus welchem Grund auch immer, wieder an Boden gewinnen. Meist ist es der »Stallübermut«, der den ohnehin hitzigen Pferden heute zu schaffen macht. Ihre Aufmerksamkeit ist stark nach außen gerichtet. Die vielen Eindrücke lassen es unkonzentriert, ja manchmal sogar rücksichtslos und unvernünftig reagieren. Eine gewisse Unruhe lenkt immer wieder vom Handlungsplan, vom Konzept des Reiters ab und sucht spekulativ nach Abwehr.

Die Schützetage verlangen nach Autorität, gepaart mit Toleranz und Weitblick. Nur so werden Sie befriedigende Korrekturhilfen weitergeben können. Zudem braucht es Lob und Zuneigung.

Autorität gepaart mit Toleranz

Es gibt Tage, an denen auch der Fortgeschrittene sehr schnell spürt, daß er mit seinem Können an Grenzen stößt. Es wird ihm bewußt, daß die Kommunikation zwischen Pferd und Reiter keine Einbahnstraße ist. An diesem Punkt der Erkenntnis angelangt, bekommt der Kontakt mit dem Wesen Pferd oft eine psychologische Komponente. Der beherzte Reiter weiß noch gar nicht, daß dies häufig der wertvollste Moment im Zusammenwachsen mit seinem Freund ist. Er muß die Regeln der Pferde neu studieren und darf dabei die Orientierung und den Weitblick nicht verlieren. Er muß an sich selbst arbeiten.

Die psychologische Komponente

Turnier

Heute ist der Tag des Pferdesports! Wenn Sie nun all die geschäftigen Turniervorbereitungen wie geplant abgeschlossen haben, und auf ein zufriedenstellendes Aufbautraining zurückblicken können, so wird wohl trotz nervösen Magenkribbelns nichts mehr schiefgehen können. Nur Mut!

Ihr energiegeladener Sportsfreund ist erfüllt von Bewegungsfreude und wartet nur darauf, seine Leistung zu zeigen. Egal, in welcher Disziplin oder Leistungsgruppe Sie heute starten werden, er wird sein Bestes geben. Die Schützeenergien kündigen eine vielversprechende Phase an. Sie dürfen nur nicht in den Fehler verfallen, zu viel auf einmal zu wollen. Überspannen Sie nicht den Bogen! Vermeiden Sie Einengungen jeder Art! Ein hektisches Herumkommandieren oder ein zu rasch erzwungener Aufgabenwechsel am Abreiteplatz würde Ihr Pferd rastlos und unkonzentriert stimmen. Die vielen äußeren Einflüsse machen es Ihnen beiden nicht gerade leicht, bei der Sache zu bleiben. Deshalb ist eine harmonisch vermittelte Einstimmung durch innere Kommunikation und Zielgerichtetheit oberstes Gebot, um eine inspirierte Beweglichkeit im Ausdruck herbeizuführen.

Überspannen Sie nicht den Bogen!

Mit den Schützeimpulsen wird eine kontrollierte Versammlung leichter entstehen, als an anderen Tagen. Das mag den Dressurprofi unter Ihnen beflügeln, der es versteht, mit feinsten Nuancen einer gezügel-

Kontrollierte Versammlung

ten Vitalität mehr Kadenz und Ausstrahlung zu verleihen. Aber auch der Springprofi, der in den wenigen Augenblicken des Parcoursrittes die Momente höchster Konzentration mit geregeltem Rhythmus der Spannung und Losgelassenheit richtig zu lenken versteht, profitiert.
Seien Sie nicht enttäuscht, wenn der eine oder andere Konzentrationsfehler heute den Sieg kostet. Es kann immer nur einen Gewinner geben. Sie zählen zu jenen Sportlern, die die Freude und den Sinn darin sehen, einfach dabeigewesen zu sein.

Kondition und Regeneration

Mit den Schützemondimpulsen nimmt der Energiestrom spürbar zu. Der richtige Zeitpunkt also, um im Training fortzufahren.
Eine gezielte Aufbauarbeit der Beuge- und Streckmuskeln bietet sich heute besonders gut an, da die von Schütze dynamisierten Mondimpulse die Umsetzung chemischer Kräfte in mechanische Arbeit fördern. Die dabei entstehenden Wärmeeinheiten wollen durch noch mehr Bewegung umgesetzt werden. Sie dürfen also den Leistungsdruck stetig steigern. Planen Sie jedoch unbedingt Verschnaufpausen ein. Für springfreudige Pferde und Reiter sind dies ideale Tage in der Ausbildungsarbeit.

Verschnaufpausen einplanen

Wägen Sie zu ehrgeizige Vorhaben gut ab. Passiert durch eine Unachtsamkeit eine Verletzung, z. B. eine Hufprellung, so sollte diese umgehend behandelt werden.
Nach einer intensiven Beanspruchung sollte ein ebenso intensives Pflegeprogramm einsetzen. Nach dem Abspritzen der Beine tut eine Massage der von Schütze betonten Regionen (Hüft- und Schultermuskulatur) besonders wohl und beugt auch ein wenig dem Muskelkater vor. Die Beine werden mit Stallbandagen versehen und das Pferd wird eingedeckt. Zudem tun die starken Regenerationskräfte von Schütze ihr übriges dazu. Mit einer vitaminreichen Kost, vor allem Äpfel und Bananen, holt sich der Körper verlorene Stoffe wieder in seinen Energiehaushalt zurück. Nun können Sie sich guten Gewissens von Ihrem Sportsfreund mit Gedanken des Lobs und der Zuwendung verabschieden.

Pflegeprogramm

Das Besondere um Schützeneumond

ca. zwischen 23. November und 20. Dezember

Ein Blick in den Mondkalender wird uns verraten, wann genau zwischen dem 23. November und 20. Dezember der Mond von der Erde aus gesehen sich vor die Schützesonne stellen wird. Mit dieser Konstellation wird er uns wieder einmal, nur für kurze Zeit, seine Energien ein wenig vorenthalten.
Das kann uns etwas desorientiert und unruhig stimmen. Spätestens bei der Begegnung mit Ihrem Pferd sollten Sie jedoch diesen Gefühlen

keinen Raum mehr geben. Es genügt ein aufmerksames Hinschauen auf die innere Situation und wenigstens der Anflug eines Entschlusses, sich selbst und damit auch Ihr Pferd nicht auf diese Weise herabzustimmen und zu konfrontieren. Sie brauchen nicht immer eine Perspektive zu haben. Verzichten Sie heute auf Ihr Kontrollbedürfnis und fordernde Absichten, Ihrem Pferd gegenüber, und Sie werden erkennen, wie leicht Sie sich von den gewohnten Verhaltensmustern verabschieden können.

Gerade der Schützeneumond verspricht Pferdeliebhabern heute einen besonderen Tag, wenn wir es verstehen, unserem Kameraden wertfrei und ohne Erwartungshaltung gegenüberzutreten. Ist doch das Tierkreiszeichen Schütze, in dem sich jetzt Sonne und Mond befinden, das dem Pferd zugedachte Zeichen, auf dessen Partikelströme es seinem Naturell entsprechend besonders sensibilisiert und aufnahmefähig für feinste Schwingungen reagiert.

Neuorientierung

Es ist für Sie beide eine ideale Zeit zur Neuorientierung - eine Zeit innerer Einkehr und Planung. In den Tagen um diesen »leeren Mond« sollten Sie Ihrem Pferd viel Freiraum gönnen, es jedoch nicht sich selbst überlassen. Verbringen Sie mit Ihrem Pferd diese Spätherbsttage in ruhiger Übereinstimmung. Gehen Sie beide hinaus in die bereits so still gewordene Natur und geben Sie sich Ihren Tagträumen hin. Entspannen Sie sich, indem Sie sich bewußt tragen lassen. Fühlen Sie sich getragen von Ihrem Begleiter, dem Pferd. Nicht umsonst heißt es: »Alles Glück der Erde liegt auf dem Rücken der Pferde«.

Das Besondere um Schützevollmond

ca. zwischen 22. Mai und 21. Juni

In einer Nacht im Spätfrühling versenden die Partikelströme von Mond und Sonne an das Leben auf der Erde die Informationen der sich gegenüberliegenden Tierkreiszeichen Schütze (Mond) und Zwillinge (Sonne).

Der volle Schützemond signalisiert speziell für alle Pferde eine Zeit höchster energetischer Ausschüttung, da sich im Resonanzboden ihrer Psyche die typischen Entsprechungen ihrer Wesensmerkmale vermehrt angesprochen fühlen. Auch der wahre Pferdefreund kann sich heute sehr motiviert auf die Begegnung mit seinem Vierbeiner einstellen.

Nur eine vorurteilslose Haltung läßt Sie heute mit den vital gezeigten Lebensäußerungen Ihres Pferdes richtig umgehen.

Der Absender findet seinen Empfänger

Nach dem Prinzip von »Senden und Empfangen«, das wir auch das Gesetz der Resonanz nennen können, wird auf feinsten Ebenen ein Austausch der Energien herbeigeführt. Jede Empfindung, jeder Gedanke sowie im äußeren Geschehen jede Tat, erzeugen eine Schwingung, deren Matrix von Vibrationen auf seine Frequenz programmiert ist. Der Absender findet seinen Empfänger, sowohl augenblicklich als

auch unabhängig von Raum und Zeit. Dieses unsichtbare Prinzip der Entsprechung findet nur Einlaß in eine der jeweiligen Frequenz angepaßten Lebensform: Gleiches zieht Gleiches an.
Da wir Menschen als »Krönung der Schöpfung« alle Essenzen des Mineral-, Natur- und Tierreiches in uns tragen, liegt es an uns, den Resonanzboden unserer Psyche so aufzubereiten und zu sensibilisieren, daß wir jederzeit in bewußte Resonanz mit den verschiedensten Lebensformen treten können.
In jedem von uns hat seit der ersten Begegnung mit dem Lebewesen Pferd eine Seite zu schwingen begonnen, die uns auf wunderbare Weise mit den Melodien dieses Lebewesens in Resonanz gebracht hat. Wenn wir heute bei Schützevollmond dieser Melodie der Pferde lauschen, werden wir unsere und die überaus dynamischen Energien der Pferde besser verstehen lernen.

Die Begegnung mit dem Archetypen

Ein Sonderkapitel zum Tierkreiszeichen Schütze

An dieser Stelle möchte ich Ihnen die Einzigartigkeit unserer Pferde einmal aus dem Blickwinkel des Astrologen beschreiben, der von den Schützeprinzipien spricht und dabei im übertragenen Sinn von der Natur des Pferdes erzählt, ohne vielleicht jemals mit diesem Lebewesen in Berühung gekommen zu sein.
Astrologie und Horoskopieren ist das Messen von Zeit und Rhythmus sowie die Kunst des analogen [1]) Reduzierens von Themenkreisen bis hin zu Symbolen, die wir als »Archetypen« [2]) bezeichnen. Die damit verbundenen Begriffe dehnen sich wiederum aus, um sich mit artverwandten oder sogar gegensätzlichen zu verbinden. Denn das Leben ist verwoben mit dem Urstoff, der Quelle, der alles verbindenden Kraft, aus der wir schöpfen.
Denken wir dabei an die Bilder unserer Träume, so finden wir in der modernen Psychologie ähnliche, wenn nicht identische Interprätationsansätze.
So steht in der Mythologie das Pferd für vieles. Wir denken an ungezügelte Vitalität und instinktive Energie, an eine wilde, aber nicht unzähmbare Libido. Die raschen luftigen Bewegungen dieser Tiere lassen uns an freie ekstatische Sexualität denken, aber auch an die Gefahren der Raserei und des Wahnsinns. In gezügelter Form denken wir an kultivierte Instinkte, an eine Kraft, die durch Disziplin und Bewußtsein kanalisiert ist, an Harmonie zwischen dem Menschen und seinem animalischen Erbe [3]).

[1]) ähnlich, entsprechend, gleichartig

[2]) Urbild, Urform, älteste erreichbare Gestalt

[3]) Chiron - Melanie Reinhart S. 18

Keine Tiergattung in der Vielfalt der irdischen Schöpfung zeigt kontrollierte Spannung auf so edle und ausdrucksstarke Art und Weise wie das Pferd und gestattet in seiner Großzügigkeit auch dem Menschen, daran teilzuhaben.
Trotz reger Kontakt- und Kommunikationsfreude bleibt das Pferd vom Menschen emotional unabhängig. Es grenzt sich ab. Wahrscheinlich deshalb, weil wir die Philsophie unserer Pferde nach dem Prinzip von »Senden und Empfangen« noch nicht tief genug erfaßt haben, geschweige denn, die von der Schöpfung ihm übertragene Botschaft an uns Menschen.

♐

Botschaft des Pferdes

Betrachten wir das Schützesymbol, den Centauren, halb Pferd, halb Mensch, der mit Pfeil und Bogen geistige Expansion ankündigt, so finden wir in seinem Ausdruck die dynamische Zielgerichtetheit und sein Sendungsbewußtsein wieder. Die kraftvoll geerdete Hinterhand, dem Schützen zugehörig, trägt ihn in sicherer Balance. Seine gespannte Rücken- und Schultermuskulatur, dem Sekundärzeichen Zwillinge zugeordnet, verbindet den Bogenarm in die Zukunft mit dem Zugarm in die Vergangenheit weisend. Die Zielrichtung ist auf eine maximale Reichweite ausgelegt.

So mancher Bogenschütze behauptet, wenn er zielt und trifft, daß ihn ein Schauer der Vergangenheit streift, der ihn beispielsweise mit Robin Hood oder anderen Helden aus vergangenen Zeiten verbindet.

So waren in der Historie Mensch und Pferd, Pfeil und Bogen Werkzeuge des Krieges und der Verteidigung. In Zukunft sollten sie Botschafter des Lichtes und des Friedens sein. Pferd, Pfeil und Bogen sollten auch in meditativem Sinne als therapeutische Hilfestellung zum Erlernen von Konzentration und Körperbeherrschung dienen.

Interessant zu beobachten ist, daß das Pferd seit jeher und noch heute ein staatsmännisches Geschenk mit besonderer diplomatischer Wirkung ist. Mit dem Pferd begegnen Kulturen einander. Nicht selten wird das Pferd, so wie im »Waageland Österreich« [4]) der Lipizzaner, zum Repräsentanten, ja sogar zum Botschafter erhoben. Diese Pferde erzählen von der Geschichte des Landes, von der K. und K. Monarchie Österreich-Ungarn und vermitteln noch heute so manchem geladenen Gast das Gefühl: »Der Kongreß tanzt« - ein besonderes Erlebnis österreichischen Charmes, der noch heute gilt.

Lipizzaner

Im »Schützeland Spanien« ist es der bekannte Andalusier, der den Stolz der Spanier demonstriert, das Arena-Erlebnis glorifiziert und den Beherrschungsanspruch des Landadels durch sein erhaben kontrolliertes Erscheinungsbild unterstreicht.

Andalusier

Und natürlich der Araber! Geboren im »Schützeland Arabien« ist er seit jeher in seiner edelsten Vollendung wertvoller als ein Juwel und bleibt für immer ein sagenumwobenes Geschenk aus 1001 Nacht.

Araber

So finden wir in den verschiedensten Pferderassen, in ihrem Erscheinungsbild und Temperament Entsprechungen zum Herkunftsland und seiner Geschichte wieder.

Daraus resultiert, daß auch die Reit- und Umgangsweise mit dem jeweiligen Land in Verbindung gebracht werden kann. Diese kollektive Vereinigung von Pferde- und Reitkultur funktioniert nicht allein nach dem Gesetz von »Senden und Empfangen«, sondern es entspringt letzten Endes auch der Sehnsucht des Menschen nach Identifikation und Austausch mit diesem Lebewesen.

[4]) lt. Länder-Horoskop

Wissenswertes bei Mond in ♐ Schütze

Der Mond in Schütze und seine Partikelströme sind gefärbt und verbunden mit

Herrscherplanet:	Jupiter ♃
Element:	Feuer
Pol:	männlich, yang
Urbausteine:	warm und trocken
Gegenpol:	Zwillinge ♊
Mineral:	Lapislazuli, Türkis
Metall:	Zinn
Farbe:	Königsblau
Ernährungsqualität empfiehlt:	Frucht und Eiweiß

☽ zunehmende Schützemondtage: von Mai/Juni bis November/Dezember

☾ abnehmende Schützemondtage: von November/Dezember bis Mai/Juni

● Schützeneumond: November oder Dezember

○ Schützevollmond: Mai oder Juni

☉ Die Sonne befindet sich von ca. 23. 11. bis ca. 20. 12. im Tierkreiszeichen ♐

Pferdepflege

Mähne und Schweif waschen, Schweifhaar schneiden.

Therapiemöglichkeiten

Kräftige Massagen, Koppelgang, Beine mit Wasserstrahl abspritzen und trockenreiben, ausgedehnte Ausritte.

Wichtig zu wissen

Heute ist der Tag des Pferdes!
Günstig bei ☾ abnehmenden Mond Fell scheeren.

Zucht und Aufzucht

Viel Bewegungsfreiheit für Mutterstute und Fohlen.

Ein erfolgreicher Deckvorgang an Schützemond verspricht uns heute ein Hengstfohlen. Entscheidend ist der Moment der Befruchtung.

Schützespezifische Impulse sorgen für eine erhöhte Zellaktivität in folgenden Bereichen:

Organe:	Leber (glatte Muskulatur)
Knochen:	Beckenknochen, Hüftgelenk, Darm- und Kreuzbein, Oberschenkelknochen
Muskulatur:	Hüft- und Kruppenmuskulatur, Oberschenkelmuskulatur
Körperfunktion:	Synthese und Entgiftung in der Leber

Eingriffe und Operationen

An den von Schütze angesprochenen Bereichen sind Eingriffe und Operationen heute zu vermeiden. Jedoch wohltuende und regenerierende Maßnahmen sind zu empfehlen.

Der ☾ abnehmende Mond begünstigt generell Operationen und ausleitende Maßnahmen, z. B. bei Entzündungen und Entschlackung. Der ☽ zunehmende Mond begünstigt aufbauende, pflegende Maßnahmen zur Heilung und Regeneration.

Konstitutionstyp Steinbock

Betonung der Grundqualitäten der grob- und feinstofflichen Urbausteine im Konstitutionstyp.

	heiß + trocken
	kalt + trocken
	kalt + feucht
	warm + feucht
	warm + trocken

Exterieur

Der Körperbau ist in der Regel geprägt von einem eher starken Knochenbau, der ihn zum Gewichtsträger auszeichnet. Meist findet man wenig Widerrist bei oft kurzem Hals, der jedoch starke Aufrichtung zeigen kann. Eine steile Schulter bringt viel Knieaktion. Dieser oft entweder gedrungene oder knochig-sehnige Körperbau überzeugt trotz mangelnder Elastizität mit außerordentlicher Leistungsbereitschaft und Ausdauer.

Interieur

Der Mond in Steinbock verstärkt die Wesenszüge des stets leistungsbereiten Naturells, das mit impulsaufnehmender und gespannt nach innen gerichteter Aufmerksamkeit und Haltung allen Anforderungen gerecht werden möchte. Die Qualität dieser Eigenschaft beinhaltet Konzentration, Fleiß und zähe Ausdauer, die seine oft unelastisch und schwerfällig wirkenden Bewegungen korrekt auf den Punkt bringen läßt. Herausforderungen mobilisieren enorme Energiereserven. Er wirkt meist kühl, melancholisch, mit einem Hauch von duldsamer Leidensfähigkeit.

Die in den folgenden Kapiteln beschriebenen Tagesgrundstimmungen und Qualitäten betreffen jedes Pferd, unabhängig seiner pferdespezifischen Eigenheiten im Konstitutionstyp; jedoch können diese Stärken und Schwächen unterschiedlich intensiv hervortreten.

Mond in Steinbock

Der Weg ist das Ziel (Lao Tse)

Stimmungsbild

Mit dem Eintritt des Mondes in das Tierkreiszeichen Steinbock beginnt ein neues Kapitel im Buch des Pferdealltags. Die Impulsqualitäten rufen nicht nur zur Tat, sondern ermuntern vielmehr zum ehrgeizigen Gipfelstreben.

Der Wanderpfad ist für so manches Pferd steinig und schmal, für ein anderes wiederum wie eine gemähte Wiese. Nicht jeder ist zum Gipfelstürmer geboren. Mit der Domestizierung des Pferdes übernahm der Mensch die Funktion des Berg- und Wanderführers. Gemeinsam erleben sie seither Höhen und Tiefen und suchen nach dem rechten Weg. Von Abenteuern begleitet, gehen sie die verschiedensten Wegstrecken mit unterschiedlichen Zielrichtungen. Es gibt auch Wegkreuzungen, an denen der Führer wechselt, und nicht selten mit ihm das Reisegepäck und die Zielvorstellungen.

Innere Reife

In freier Natur ist es die Leitstute, die durch Abstand und manchmal auch Entbehrungen im Instinktverbund mit der Gruppe eine funktionierende Ordnung schafft. Nicht körperliche Überlegenheit durch Kampfes- oder Muskelkraft und waches Reaktionsvermögen zeichnen das Leittier aus, sondern die innere Reife, die es erlangt und bewiesen hat, um in der Vielfalt sozialer und natürlicher Erscheinungsformen ernst, beispielhaft und sicher der Herde den Weg zu weisen.

Mit dem Mondlauf durch das Tierkreiszeichen Steinbock werden diese Qualitäten inneren Wachstums und der Reife je nach Veranlagung hervorgehoben oder unterdrückt.

Der Wegbegleiter Mensch trägt seinem Bewußtseinsstand entsprechend die Verantwortung, denn er hat sich entschlossen, seinem Gefährten den Weg zu weisen, wohin auch immer dieser führen mag.

Zum Tagesprogramm

Wer während der letzten drei Wochen den Tagesqualitäten bewußt begegnen konnte, wird seit den Schützemondtagen mit Freuden erkannt haben, daß sein Pferd einen neuen Entwicklungsschub hin zu mehr Durchlässigkeit und Selbstvertrauen erfahren hat. Wenn wir erfolgreich mit unserem Vierbeiner weiterarbeiten wollen, so gilt es, die Steinbockqualitäten richtig einzuschätzen.

Ausdauer und Disziplin

Je nach Reifegrad des Pferdes - und damit ist die willige Bereitschaft zur körperlichen wie psychischen Beanspruchbarkeit gemeint - dürfen Sie heute das Tagesprogramm auf vermehrte Ausdauer und Disziplin hin ausrichten. Doch fühlen Sie sich keinesfalls aufgefordert, mit erhobenem Zeigefinger schulmeisterlich tätig zu werden.

Hinterfragen Sie nach einer wohldurchdachten Bestandsaufnahme, an welchen Widerständen Ihre Partnerschaft immer wieder ins Wanken gerät. Welche Pflichten haben Sie gemeinsam zu erfüllen, um Ihrem

Rittigkeit

Aufgabenziel einer sensiblen Rittigkeit näherzukommen. Welche konsequente Hilfengebung sollten Sie einsetzen, um eine kontinuierliche Steigerung der Konzentrationsfähigkeit und Aufnahmebereitschaft zu erreichen, damit in Momenten der Angst, Spannung und Widersetzlichkeit Ihre Autorität gewahrt bleibt, und trotzdem dem Pferd noch Rückhalt und Stütze geboten werden.

Vermitteln Sie ihrem Pferd heute das Gefühl, Mittelpunkt all ihres Interesses zu sein. Am besten reiten Sie heute im gewohnten Ambiente, denn es braucht Ihre volle Aufmerksamkeit. Wer sich zu den Freizeitreitern zählt, kann allein oder in einer kleinen Gruppe von Gleichgesinnten der Tagesaufgabe gerecht werden, indem er einige Rittigkeitsübungen entlang der Wegstrecke einplant. Bei einem Ausritt mit einem ungeduldigen oder nervösen Pferd sollten Sie von vornherein den Vorwärtsdrang etwas drosseln, es nur im Schritt oder Trab bewegen, um in bewußt übertriebener Langsamkeit Ruhe und Gehorsam zu vermitteln.

Klettertraining

Wenn Sie in einer hügeligen Gegend zuhause sind, so nutzen Sie die Gelegenheit, um den Steinbocktagen alle Ehre zu erweisen, indem Sie mit Ihrem Pferd zum Klettern gehen. Reiten Sie diese Bergauftouren anstatt im Trab oder Galopp im kontrollierten Schrittempo. Ihr Pferd sollte in weicher, vertrauensvoller Anlehnung an die Hand und mit entspanntem Rücken an das Gebiß treten. So kann die Hinterhand verstärkt zum Einsatz kommen, und nicht die Komplementärwirkung, die stattdessen die von Krebs angesprochenen Bauchmuskelpartien bei gestrecktem Hals und hochgezogener Kopfhaltung in eine ungewünschte, gegenteilige Spannung führt. Gleichzeitig ist dies eines der wirkungsvollsten Konditionsaufbauprogramme für Körper und Geist.

Konzentration
Beharrlichkeit

Die durch den Mond reflektierten und wieder wachgerufenen Steinbockqualitäten steigern Konzentration, Beharrlichkeit und Gründlichkeit. Heute ist Ihr Pferd bereit, mit ernsthaft geduldiger Hingabe das Erreichte zu festigen. Wenn Sie gerecht und einfühlsam bei der Sache bleiben, ist Ihr Pferd willig, Korrekturhilfen anzuerkennen und so manche festgefahrene Hemmung mit Disziplin zu überwinden. Nun trägt jede noch so kleine Errungenschaft zur Gesamtentwicklung bei und treibt uns stetig vorwärts nach dem Motto: »Ohne Fleiß kein Preis«.

Ohne Fleiß kein Preis

Eine Unterrichtsstunde an Steinbockmondtagen kommt nicht nur Ihrer unterschwelligen Arbeitsfreude zugute, sondern diese erweist sich langfristig auch als besonders gute Investition, vorausgesetzt, Ihr Ausbilder hat Verständnis für die an Steinbockmond geltenden Erziehungshilfen.

Zeigen Sie Verständnis, wenn Ihr Sportsfreund den »Wanderpfad«, den Entwicklungsweg, nicht so dynamisch wie Sie begehen will. Manchmal hat es einfach Schwierigkeiten, bestimmte Lebensprogramme in der oft so rauhen Welt der Pferdewirklichkeit zu bewältigen.

☾ ♑ Mond in Steinbock

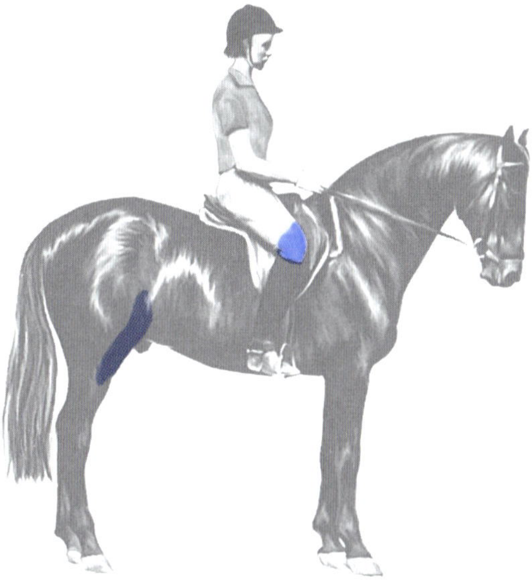

Tage sind ideal für

- Reiten in vertrauter Umgebung
- Einzel- und Paarreiten
- Ausreiten, Klettertraining
- Unterricht
- Dressurarbeit
- Longieren
- Konditionstraining, Ausdauertraining

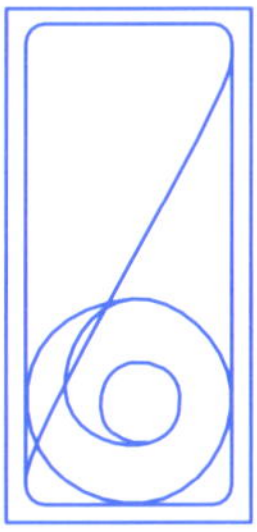

Im Viereck

Hauptaufgabe ist Geraderichten und Versammlung

- Reiten von Wendungen (Zirkel)
- Tempowechsel
- Vorhand auf die Hinterhand einstellen
- Halbe und ganze Paraden
- Außengalopp
- Handarbeit

Tagesverfassung

energetisch: aufbauend
physisch: impulsaufnehmend
psychisch: gespannt nach außen gerichtet

⊕ klar, ernst, konzentriert, geordnet, arbeitswillig, ehrgeizig

⊖ unelastisch, starr, eigensinnig, begrenzt

Tagesmotivation

Herausforderung positiv überwinden

Tagesparole

Vertrauen festigen

Psychologisches

Widerstände in der Pferd/Mensch-Partnerschaft überdenken

Nur ungern weichen die vielversprechenden Schützeenergien vergangener Tage von unseren Pferden. Nur ganz allmählich verschwimmt das Bild innerer Wahrnehmung von freiem Bewegungsspiel und weitreichender Kommunikation und gibt den realistisch erdigen Gemütsbewegungen des »Pferde-Ichs« die steinbockspezifische Erkenntnisbreite.

Überschaubare Grenzen

Überschaubare Grenzen, ob nun das Holz der Boxenwände, der Weidezaun, die Bande der Reithalle oder die Abgrenzung des Dressurvierecks, werden nicht mehr so wie während der Schützetage als Einengung und Entwicklungsbremse empfunden, sondern die verschiedensten Grenzen gewinnen in der steinbockspezifischen Erlebniswelt eine schutzbietende Abgrenzung gegenüber jeglicher Gefahr. Das gilt auch auf der psychischen Ebene mit dem Aufzeigen von Geboten und Verboten und der praktischen Anwendung von Lektionen, die Gehorsam und Genauigkeit erfordern. Überschaubare Strukturen werden zur Form, sie werden auf einer umfassenden Bewußtseinsebene des »Pferde-Ichs« erlebt und verarbeitet. Deshalb entsteht der angekündigte Entwicklungsschub für glückliche Pferde und Reiter, die kreativ und im rechten Dominanzverhältnis miteinander umzugehen wissen.

Treffen die sich aufbauenden Steinbockenergien auf eine weniger ausgewogene Pferd/Mensch-Partnerschaft, so können diese einerseits dem Pferd, andererseits dem unerfahrenen Reiter einige Probleme verursachen. Mit strebsam kühlem Willenseinsatz wird dann die Rangordnung demonstriert, die an Steinbocktagen zum zentralen Thema werden kann.

Zukunftsorientiert Vertrautes festigen

Nehmen Sie sich viel Zeit, grenzen Sie sich ab gegenüber hektischem Reitstallgetümmel. Suchen Sie, wenn möglich, einen Ort der Ruhe auf, an dem Sie zumindest in der Aufwärmphase in konzentrierter Gelassenheit die nun folgende Reitstunde vorbereiten können.

Mit dem Eintritt des Mondes in die Tierkreiszeichen Schütze und Steinbock begann auf Körperebene eine vermehrte Energiekonzentration in der Hinterhand zu wirken. Der aufmerksame Reiter wird sich dies zunutze machen und sich ebenfalls sprichwörtlich auf die Hinterbeine stellen, um seinem Ziel näher zu kommen.

Muskelaufbau

Ein gezielter Muskelaufbau fördert nicht nur die Geschmeidigkeit der Gelenke, sondern im gleichen Maß auch die Stärkung der haltgebenden Bänder. Der gesamte Stützapparat wird von dem am stärksten und ausgeprägtesten Gelenk, nämlich dem Kniegelenk mit seiner stabilisierenden Kniescheibe, getragen, z. B. beim Aufrichten des Pferdes auf die Hinterhand (Levade). Tragkraftfördernde Übungen, für die eine gewisse Grundspannung erforderlich ist, machen erst dann Sinn, wenn das Pferd gelernt hat, den damit verbundenen Impuls nicht mit der Flucht nach vorn zu übersetzen. Erst wenn es begriffen hat, eine konstante Versammlung zu akzeptieren, können wir mit den folgenden Lektionen weiterführende Aufbauarbeit leisten, ohne es in künstlich erzeugter Angstspannung zu überfordern.

Spannung, Angst, und die Flucht nach vorne

Hat Ihr Pferd einen Ausbildungsstand erreicht, bei dem man sowohl Übergänge als auch Tempowechsel in kontrollierter Anlehnung reiten kann, so sollen Sie es heute mit folgenden Lektionen konfrontieren:

- Zulegen und Abfangen des Tempos,
- aus dem Stand antreten lassen,
- enge, aus der Hinterhand gerittene Kehrtvolten bis hin zu Galopp-Pirouetten,
- Cavalettiarbeit und etwas Springgymnastik, besonders In/Out-Sprünge, die ebenfalls die Hinterhand trainieren, können das Trainingsprogramm bezeichnen.

Akzeptanz einer kontrollierten Spannung

Wenn sich je nach Veranlagung des Pferdes in der Dressur wie im Springreiten die Akzeptanz einer kontrollierten Spannung einstellt, dann hat es an Reife und Überblick dazugewonnen, die es uns ermöglichen, mit den nun bald folgenden Wassermannqualitäten, auch mit vermehrtem Rhythmusempfinden, die Kadenz zu steigern.

Korrekturhilfen

Fortschritt heißt Fortschreiten oder Nach-Vorne-Schreiten im Wechselspiel zwischen Ruhe und Aktivität. Wichtig ist, die Kräfte einzuteilen und nicht den zweiten vor dem ersten Schritt zu tun sowie ein kontinuierlicher schrittweiser Aufbau in der richtigen Reihenfolge. Der vorangegangene Tritt ist das Fundament für den darauffolgenden.
Wenn die Rittigkeit des Pferdes zu wünschen übrig läßt und der Reiter den zweiten vor dem ersten Schritt erreichen möchte, so wird er früher oder später an Grenzen stoßen. An dieser Stelle begeht er mit seinem Pferd einen sehr schmalen Grat, und er muß besonders gut im Sattel sitzen, um sein Ziel trotzdem zu erreichen.

♑

Widersetzlichkeit

Nicht jedes Pferd kommt so ohne weiteres mit dem Leistungsanspruch des Menschen zurecht. Besonders Pferde, die hoch im Blut stehen, reagieren sehr schnell mit Widersetzlichkeit oder entwickeln Verhaltensmuster, mit Hilfe derer sie sich geschickt zu entziehen wissen. Egal für welche Zwecke ein Reitpferd ausgebildet werden soll, die Kommunikationsbereitschaft ist neben der Rittigkeit oberstes Ziel einer Ausbildung.

Resignation

Das Pferd mit seinen hochentwickelten Sinnesorganen, mit denen es unsere Hilfen wahrnimmt, wird trotz gutmütiger Kommunikationsbereitschaft bei ungerechter und widernatürlicher Behandlung mit der Zeit aufmüpfig, und wird irgendwann resignieren. Aus reinem Selbstschutz heraus beginnt es, sich abzugrenzen. Es stumpft ab, wird immer unsensibler und verweigert im Endstadium jegliche Leistung. Hier sind wir wohl an einem Punkt angelangt, an dem nicht selten auch der

Reiter aufgibt und sich von seinem Weggefährten trennt. Das ist traurig. Noch viel trauriger ist es für das Pferd, das unverstanden zurückbleibt, wenn es nicht eine neue Bezugsperson findet, die es wieder zu motivieren weiß und die versteht, die alten Strukturen geduldig und geschickt zu entschärfen. Oft sind es negative Erfahrungen, die das Pferd je nach seiner psychischen Belastbarkeit und seines unglaublich guten Gedächtnisses in diesem Dasein wohl nie ganz vergessen wird. Das besonders ängstliche, mißtrauische und gehemmte Pferd braucht heute die Gemeinschaft, um etwas aus der Reserve gelockt zu werden. Üben Sie jedoch keinesfalls maßregelnde Kritik, die es auf sein ohnehin verschüchtertes, abgegrenztes Dasein zurückwirft. Es braucht viel Abwechslung und Zuspruch. An Erdtagen wie Stier, Jungfrau und Steinbock regeneriert es durch befriedigende körperliche Beanspruchung. Letzteres gilt auch für das etwas selbstbewußtere Pferd, welches das Dominanzverhältnis mit trickreicher Widersetzlichkeit für sich bucht. Untugenden resultieren nicht allein aus einer schlechten Kinderstube oder mangelnden Grundausbildung, sondern sind von der Wahrnehmungswelt der Pferde aus betrachtet nur Abwehr gegen negative Erfahrungen im Umgang mit dem Menschen. Mit ihrem Widerstand wollen sie sich gegen jeden Autoritätszwang absichern und schützen, oder sie provozieren Situationen der Konfrontation, um mehr Aufmerksamkeit auf sich zu ziehen und um mehr Zuwendung zu erreichen.

Abwechslung und Zuspruch

Weil das Pferd ohne befriedigende Kommunikation in einem abgeschirmten Stalleben ein regelrechtes Langweilerdasein führt, verschafft es sich Abwechslung, wenn es nach 23stündigem Hausarrest seinen unerlösten Bewegungstrieb und sein Manko an Unterhaltung in einer Stunde des Tages dann auf seine Art und Weise ausleben möchte.

Je früher das Pferd den Reiter und der Reiter das Pferd zu verstehen lernt, um so effektiver können sie sich entwickeln und zusammenarbeiten. Mit den wiederentdeckten Kenntnissen der Körpersprache der Pferde haben die heutigen Liebhaber der »Pferdewelt« einiges aufzuholen, um nicht zu sagen, einiges wiedergutzumachen.

Kondition und Regeneration

Leistungsbereitschaft

Sich einmal richtig ausarbeiten, Zähigkeit beweisen, Widerstände überwinden, Leistung zeigen - das wären nun Steinbockimpulse pur! Das gilt natürlich nur für kerngesunde Pferde, die tagtäglich mit Freude Leistung erbringen. Vielseitigkeitspferde zum Beispiel können in Prüfungen oder beim Konditionstraining Erstaunliches leisten. Auch dem durchschnittlich gearbeiteten Pferd können Sie heute einiges zumuten. Doch vergessen Sie keinesfalls die aufmunternden, motivierenden Gesten der Zuneigung und des Dankes.

Basisvertrauen

Wenn sich ein Pferd für uns verausgabt, ja oft sein Letztes gibt, müssen optimale Voraussetzungen besonders die des absoluten Basisver-

trauens, das im Psychischen wurzelt, gegeben sein. Vergessen Sie niemals, die Grundeigenschaften wie Interieureigenschaften und Veranlagung mit einzubeziehen.
Manche Pferde neigen oft zur muskulären Verspannung. Eine gewisse Steifheit macht sich breit und nicht selten zeigen sich Symptome von Rückenschmerzen. Wenn das der Fall ist, dann sollten Sie an Tagen wie diesen mit Ihrem Leistungsanspruch etwas zurückstecken. Entlasten Sie den gesamten Stützapparat und besonders die Hinterhand, indem Sie auf starke Gewichtshilfen verzichten, viel Leichttraben und sogar den Galopp nur im leichten Sitz absolvieren. Es ist wichtig zu wissen, daß der gesamte Knochenbau, Haut und Hornhaut, doch im besonderen das Kniegelenk mit seinen Bändern, Muskeln und Sehnen in einer erhöhten Zellschwingung stehen.

Verspannung

Von einem neuen Hufbeschlag ist heute abzuraten, die Spannung eines neu angebrachten Eisens kann zu unerwünschten Reizwirkungen führen. Ist das Pferd keine Eisen gewohnt, so können Sie ohne weiteres eine kosmetische Hufbehandlung mit etwas Raspeln und Feilen durchführen. An Steinbockmond werden die Flächen besonders glatt und fransen nicht mehr so schnell aus. Bei zunehmendem Mond zieht das Huffett besonders gut ein. Ist er in der abnehmenden Phase, so lassen sich Entzündungen und langwierige Geschwüre, sogar Arthrosen erfolgreicher behandeln. Das gilt auch für lästige Hautkrankheiten, unerwünschte Horn- und Knorpelbildungen. Die Sekundärwirkungen des Zeichens finden wir in den von Krebs dominierten Regionen.

Hufbeschlag

Hufpflege

Turnier

Das erdige Element des Tierkreiszeichens Steinbock verlangt nach einem guten Fundament. Das heißt, daß sich Ihr Sportsfreund sicher geerdet fühlen muß, um optimale Leistung erbringen zu können. Auch psychisch soll er den wechselnden Eindrücken und Anforderungen auf fremdem Gelände gewachsen sein. Wenn Ihr Pferd Reife erlangt hat, kann es heute selbst zum Repräsentanten der Steinbockenergie heranwachsen, indem es beherrscht und kühl seinem Pflichtbewußtsein mit Würde gerecht wird. Wenn dann im Springparcours trotzdem eine Stange fällt, wird es mit angelegten Ohren und unruhigem Schweifschlagen seinen ganzen Unmut zeigen. Nur schwer toleriert es Fehler und Schwächen. Nur besonders leistungsorientierte Pferde, für die das bestehende Grundvertrauen zum Reiter schon genügt, um sich integriert zu fühlen, zeigen heute erstaunliche Leistungen.
Schwierige Pferde hingegen, die schon zuhause beim Training ihre Grenzen deutlich machten, sollten in niedrigeren, für sie überschaubaren Prüfungen wieder Mut und Vertrauen schöpfen. Vor allem bei jüngeren Pferden sollten Sie Risiken, denen diese noch nicht gewachsen sind, vermeiden. Dressurreiter dürfen heute einer guten Konzentrationsfähigkeit vertrauen, die es ihnen erleichtern wird, gemeinsam die Aufgaben exakter auf den Punkt zu bringen.

Dressurreiten

Hat Ihr Kamerad den Anforderungen entsprochen, so wird für ihn der Turniertag in stolzer Selbstgefälligkeit enden und er wird mit wohltuender Zufriedenheit zuhause ankommen, sich seines frischen Strohlagers erfreuen sowie die Ruhe in seiner vertrauten Umgebung besonders zu schätzen wissen. Er wird relaxen.

Das Besondere um Steinbockneumond

ca. zwischen 21. Dezember und 20. Januar

Innere Einkehr
Neuorientierung

Ende Dezember/Anfang Januar, dann, wenn die tiefe Winterruhe begonnen hat, ereignet sich der Steinbockneumond. Die Tage vor und nach dieser »Stillen Nacht« gehören der inneren Einkehr und Neuorientierung. An dieser Stelle möchte ich Ihnen von den keltischen Rauhnächten, die ebenfalls in diese Zeitspanne fallen, erzählen. Vielleicht gefällt Ihnen der eine oder andere Brauch, der speziell zur Weihnachtszeit einer unruhigen Seele zur Neuorientierung verhilft.
Die Rauhnächte wurden von den Kelten auch als eine Art Karenzzeit gesehen, in der sich die neuen Kräfte einpendeln sollten, um sich zu einem Neubeginn zu formieren.

Der natürliche Anfang des Sonnenjahres, nach der längsten Nacht und dem kürzesten Tag, der Mondwechsel, Sternschnuppenfälle und magnetische Stürme auf der Sonne zu dieser Jahreszeit, stellen große Anforderungen an das Leben und die Gesundheit. Deshalb haben Ärzte zu dieser Zeit besonders viel zu tun. Die Tage beginnen langsam wieder heller zu werden. Mit der zunehmenden Bestrahlung der Sonne aus dem Erdtierkreiszeichen Steinbock nehmen auch die Erdstrahlen wieder an Kraft zu.

Natur-verbundenheit

Die Kelten lebten in starker Naturverbundenheit und kannten nicht nur den Lauf der Himmelslichter, sondern sie wußten auch um die naturgegebenen Zusammenhänge. So begann mit den Rauhnächten eine gesundheitsfördernde Zeit mit bestimmten gesundheitsstabilisierenden Maßnahmen. Sie schütteten sich ein neues Strohbett auf, bestreuten es mit heilbringenden Kräutern und schützten sich so an ihren Schlafplätzen vor negativer Erdstrahlung. Mit Reisigbesen aus Hasel-, Birken- und Weideruten strichen sie sich und ihrem Vieh über den Rücken, um die krankmachenden Aufladungen in ihren Energiekörpern zum Ausfließen zu bringen, ähnlich wie es noch heute beim finnischen Saunazeremoniell praktiziert wird. Auch der am Gebälk aufgehängte, früchtetragende Mistelzweig schützte vor unangenehmer

Distelzweig

Die schutzbietenden Koppelzäune weisen den Weg zurück in die Geborgenheit des vertrauten Stalles – besonders zur Zeit der „Rauhnächte" und um Steinbockneumond.

Räuchern

Erdstrahlungen

Strahlung und kündigte gleichzeitig vom aufkeimenden Leben. Es ist nachvollziehbar, daß der Ausschlag einer Wünschelrute verschwindet, sobald ein Mistelzweig aufgehängt wird. Auch das Räuchern während der Rauhnächte ist heute noch vereinzelt Brauch der Landbevölkerung. Täglich gehen sie mit der von Glut bedeckten Pfanne durch Haus und Hof. Die verschwelten Kräuter (z. B. Weihrauch) reinigen die Atmosphäre und eine friedliche Ruhe hält Einzug.
Nun haben wir Sinn und Zweck einiger Bräuche aus dem Altertum kennengelernt, u. a. , daß das Strohbett von negativen Erdstrahlen schützt - und das besonders während der Zeit des Jahreswechsels. Diese Erkenntnis sollte auch unseren Pferden zugute kommen, die mit ihren übersensibilisierten Sinnen und ihrer Affinität zum Element Erde diesen Schwingungen ausgesetzt sind. Es ist immer wieder bemerkenswert, wie sehr wir von alten Kulturen und Traditionen lernen können.

Das Besondere um Steinbockvollmond

ca. zwischen 22. Juni bis 23. Juli

Alljährlich Ende Juni/Anfang Juli, dann, wenn die Sonne bereits in das Tierkreiszeichen Krebs eingedrungen ist, steht der Steinbockvollmond in seiner vollen Pracht. Sein Licht entfaltet sich zur hellsten Vollmondnacht des Jahres.
Im Zusammenspiel der Kräfte aus Krebs und Steinbock werden die Vorsätze, die um Neujahr gefaßt wurden, in die Sichtbarkeit geholt. Unser »Kind-Pferd« hat an Erfahrungen und Reife dazugewonnen. Nun möchte es im Beisein seiner Artgenossen und seiner Bezugsperson die erlernten Aufgaben in angemessener Haltung und Würde herzeigen, und damit seinen neu erwachten Energien einen gefühlsbetonteren Ausdruck verleihen. Es möchte sich im Mittelpunkt wissen, und das ist eine Herausforderung, die durchaus Spaß macht.

Wissenswertes bei Mond in ♑ Steinbock

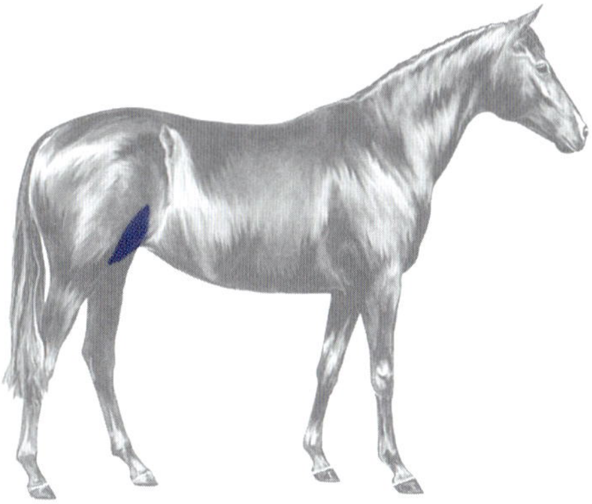

Der Mond in Steinbock und seine Partikelströme sind gefärbt und verbunden mit

Herrscherplanet:	Saturn ♄
Element:	Erde
Pol:	weiblich, yin
Urbausteine:	kalt und trocken
Gegenpol:	Krebs ♋
Mineral:	Quarz
Metall:	Blei
Farbe:	grau
Ernährungsqualität empfiehlt:	Mineralstoffe, Wurzelgemüse

☽ zunehmende Steinbockmondtage: von Juni/Juli bis Dezember/Januar
☾ abnehmende Steinbockmondtage: von Dezember/Januar bis Juni/Juli
● Steinbockneumond: Dezember oder Januar
○ Steinbockvollmond: Juni oder Juli
☉ Die Sonne befindet sich von ca. 21. 12. bis 20. 1. im Tierkreiszeichen ♑

Pferdepflege

Kosmetische Hufpflege (für Pferde ohne Eisen).

Therapiemöglichkeiten

Hautreflexzonenaktivierung (Akupunktur), Wärmeanwendungen, z. B. Solarium, Entschlackungskuren, Chiropraktik, ausgedehnte Ausritte und Klettertouren.

Wichtig zu wissen

Günstig bei ☽ zunehmenden Mond sind heilende Maßnahmen bei Hauterkrankungen.

Zucht und Aufzucht

Fohlen kurzzeitig von der Mutter trennen (Vorstufe zum Absetzen).

> Ein erfolgreicher Deckvorgang an Steinbockmond verspricht uns heute ein Stutfohlen. Entscheidend ist der Moment der Befruchtung.

Steinbockspezifische Impulse sorgen für eine erhöhte Zellaktivität in folgenden Bereichen:

Organe:	Knochen allgemein (Skelett), Haut und Hautanhangsorgane (Haare, Hufe, Kastanie), Bänder und Sehnen (Halte- und Stützapparat), Zähne und Zahnschmelz (= härteste Substanz im Körper), Haare (♈). Milz (im Alter als Abwehrorgan)
Knochen:	Kniegelenk mit Kniescheibe
Muskulatur:	Muskeln im Kniebereich
Körperfunktion:	Halte- und Stützapparat

Eingriffe und Operationen

An den von Steinbock angesprochenen Bereichen sind Eingriffe und Operationen heute zu vermeiden. Jedoch wohltuende und regenerierende Maßnahmen sind zu empfehlen.

Der ☾ abnehmende Mond begünstigt generell Operationen und ausleitende Maßnahmen, z. B. bei Entzündungen und Entschlackung.
Der ☽ zunehmende Mond begünstigt aufbauende, pflegende Maßnahmen zur Heilung und Regeneration.

Konstitutionstyp Wassermann

Betonung der Grundqualitäten der grob- und feinstofflichen Urbausteine im Konstitutionstyp.

heiß + trocken
kalt + trocken
kalt + feucht
warm + feucht
warm + trocken

Exterieur

Der Körperbau ist in der Regel entweder groß und schlaksig, wenig kraftvoll wirkend oder klein bis mittelgroß, auch mit stämmigen Grundzügen (Polopferd/Pony/Vollblut). Diesen Mischtyp kennzeichnen muskulöse Proportionen der Hinterhand mit ausgeprägten, korrekten Sprunggelenken, welche Wendigkeit und Schnelligkeit garantieren.

Interieur

Der Mond in Wassermann verstärkt die Wesenszüge des flexiblen Bewegungsnaturells mit manchmal hohen schwebenden Aktionen, die als mühelos, spannungsgeladen und schmissig beschrieben werden können. Seine Wesenszüge sind dem Zwillinge-Konstitutionstypus ähnlich, also impulsgebend und dabei entspannt nach außen gerichtet. Dieser Typ verspricht Flexibilität, die ein lockeres Handlungsmuster voraussetzt, damit eine optimale Leistungsfähigkeit erreicht werden kann.

Die in den folgenden Kapiteln beschriebenen Tagesgrundstimmungen und Qualitäten betreffen jedes Pferd, unabhängig seiner pferdespezifischen Eigenheiten im Konstitutionstyp; jedoch können diese Stärken und Schwächen unterschiedlich intensiv hervortreten.

Mond in Wassermann

Einfach »cool« bleiben

Stimmungsbild

Lacht nicht aus vielen noch so treuen Pferdeaugen auch der Schelm, der Narr und Clown, der immer wachen Herzens uns ermuntert, der überaus gesellig und neugierig seinen Instinkten folgt, so daß wir auf der Hut sein sollten, vor seinen allzu sprunghaften Reaktionen.
Mit dem Mond im Wassermann erwacht erneut der Luftikus, der am liebsten frei und ungebunden seine neu belebte Bilderwelt durch einen Luftsprung erobern möchte. Einfallsreich und zu jeder Dummheit aufgelegt, sucht er nach Kontakt und Unterhaltung.
Auf der Weide lockert sich heute das paarweise Zusammensein etwas auf. Auch das Fohlen entfernt sich weiter als sonst von der schutzbietenden Nähe seiner Mutter. Spielerisch provozieren die »jungen Rebellen« alte »Langeweiler«, um sich dann wieder friedlich einzuordnen. Stimmungsäußerungen und Gefühlsduseleien begegnen sie eher »cool«, sie begeben sich auf Wanderschaft, um Neues zu entdecken und um demonstrativ einen Beitrag zum sozialen Miteinander zu leisten.

Zum Tagesprogramm

Interesse an Abwechslung

Mit dem Mond in Wassermann kommt frischer Wind auf. Gelangweilte und unausgelastete Pferde werden erfinderisch. Ihr Ohrenspiel und der wache in die Ferne gerichtete Blick verraten das Interesse an Abwechslung. Das Nervensystem, angeregt durch die Wassermannimpulse, ruft Spannungen und geistige Fähigkeiten wach. Tastsinn und Druckempfinden scheinen übersensibilisiert. Das mag das ungeduldige Verhalten Ihres Vierbeiners am Putzplatz entschuldigen und Sie auffordern, so bald wie möglich aufzusitzen. Noch besser wäre es, Ihrem Pferd die Möglichkeit zu geben, sich vor dem Putzen und Reiten ein wenig auf der Koppel oder in der Halle beim Freilaufen oder Longieren von angestauter nervöser Spannung zu entladen. Es freut sich besonders, wenn es dem Bedürfnis, sich zu wälzen, auch außerhalb seiner Box nachkommen kann. Das dabei empfundene Unabhängigkeitsgefühl entspricht so ganz dem Tageswunschempfinden. Diesen Entspannungsvorschuß wird es Ihnen in der Folge mit mehr Leistungsbereitschaft danken.

Viele anregende Einflüsse warten auf Verwirklichung

Unternehmungen jeder Art kommen gut an, wenn Sie die Eigenheiten Ihres Vierbeiners geschickt, mit kameradschaftlicher Zuwendung und einem klar vermittelten Gefühl von Gleichwertigkeit zu lenken wissen. Rasch wechselt sein Ohrenspiel und hellwach sind seine Sinne. Mit gelöst nach außen gerichteter Erwartungshaltung möchte er heute lieber selbst Impulse setzen, anstatt Ihre Hilfen anzunehmen. Dem Alltagstrott entgegnet Ihr Pferd gerne mit plötzlichen Stimmungsschwankungen, und nicht selten wird eine intuitiv aufgefaßte Reizmeldung mit einem Bocksprung in die Freiheit quittiert. Der »entsetzte« Reiter sollte nun cool bleiben und seine sichere Sitzposition wiederfinden.

Ähnlich freiheitsbetont wie während der »Schützetage«, möchte das Pferd seine geistige und körperliche Beweglichkeit zeigen. Ausschlaggebend sind wie immer die Erinnerungen an vorangegangene Tage: was im Zeichen des Steinbocks gefestigt und konzentriert wurde, ist in der Empfindungswelt gegenwärtig und verbindet sich heute mit den neuen Impulsen. Waren die Steinbocktage für Ihr Pferd zufriedenstellend, so können diese Tage eine weitere Steigerung bringen. Die Reiter, die mit ihrem Pferd einen höheren Rittigkeitsgrad erreicht haben, werden feststellen, daß es heute mit mehr Schub aus der Hinterhand einen raumgreifenderen, taktsicheren Schwung leichter beibehält, als an manch anderen Tagen. Andererseits kann das Pferd heute mit spontaner Energiefreisetzung reagieren, um sich dadurch für vorangegangene Einengung Luft zu machen. Ein plötzliches Buckeln baut innere Spannungen ab. Die Lösungsphase kann deshalb mehr Zeit als sonst beanspruchen. Fördern Sie Losgelassenheit heute z. B. durch Longieren oder beginnen Sie nach ausgedehntem Leichttraben mit weiteren Lockerungsübungen, wie z. B. mit Cavalettiarbeit. Bemühen Sie sich besonders in der Aufwärmphase um Entspannung der Rückenmuskulatur Ihres Pferdes. Der entspannte Rücken und das »Sich-selbst-Tragen«, sprich die äußere Haltung, die auch der inneren Haltung entspricht (Haltung = Sekundäreinfluß Löwe), ist das Ziel, dem Sie in Ihrer Arbeit schrittweise näher kommen sollten.

Die Lösungsphase kann dauern

Von Wassermann betonte Tage sind ideal für Gruppenaktivitäten unter freiem Himmel. Eine abwechslungsreiche Unterrichtsstunde im Team verspricht besonders den Springreitern viel Schwung und Dynamik. Den Ausreitern mit temperamentvollen Pferden sei gesagt, daß heute Geschwindigkeit besonders fasziniert. Ein übereiltes Kommando zum gemütlichen Canter könnte plötzlich einem Boxenstart auf der Rennbahn gleichkommen.

Gruppenunterricht

Meiden Sie die Reithalle, es sei denn Sie haben sich vorgenommen, die Wassermannenergien mit musikalischer Rhythmusbegleitung zu beleben, um z. B. nach den Klängen des »Rondo Veneziano« zu reiten. Denn die Wassermannaspekte verhelfen zu einem optimalen Auswerten der Eigenschwere innerhalb der Bewegungen. Durch die Schleuder- und Schwungkraft der Hebelwirkungen und durch ein intuitives Ausmachen des geringsten Widerstandes führt das Zusammenspiel der Muskelgruppen, das Abfangen des Schwungs zu einer rhythmischen Koordination eines beschwingten Bewegungsablaufs. Musik wird zum Bindeglied, zur gemeinsamen Inspirationsquelle. Sie erweckt die Lebensgeister, erleichtert die Konzentration und verleiht einer elastisch anmutenden Beweglichkeit die gewünschte Kadenz.

Gesteigertes Rhythmusempfinden

☾ ♒ Mond in Wassermann

Tage sind ideal für

- Reiten in neuer Umgebung
- Gruppenreiten
- Unterricht
- Neue Lektionen lernen
- Musikreiten
- Dressur, Springen, Vielseitigkeit
- Freispringen (Freilaufen)
- Longieren
- Bodenrickarbeit
- Ausreiten (Klettertraining)

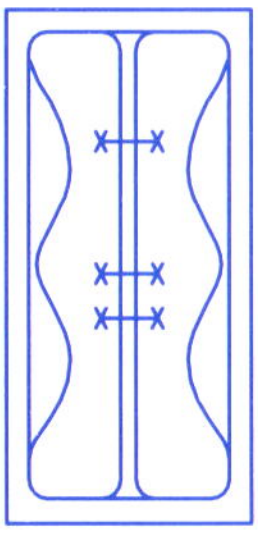

Im Viereck

Hauptaufgabe ist Losgelassenheit und Versammlung

- Entspannende Übungen (Leichttraben)
- Schenkelweichen
- Tempowechsel
- Übergänge
- Galoppwechsel
- Zum Treiben kommen

Tagesverfassung

energetisch: stabil
physisch: impulsgebend
psychisch: entspannt nach außen gerichtet

⊕ originell, klar, klug, kontrolliert, lebendig, kameradschaftlich

⊖ verrückt, fahrig, unverstanden, distanziert, isoliert

Tagesmotivation

Neues entdecken

Tagesparole

Vielseitige Beweglichkeit zeigen

Psychologisches

Spielerisch Abwechslung bieten, ohne den Gesamtüberblick zu verlieren

Die Wassermannimpulse dynamisieren vermehrt die Sprungkraft, steigern das Reaktionsvermögen und unterstützen auf psychischer Ebene die Bereitschaft zu reformieren, um Neues zu erlernen.

Eine Besonderheit im Zeichen der Rhythmik

Spannkraft und Elastizität auf höchstem Niveau

Die durch das Luftelement dynamisierte geistige Beweglichkeit, gepaart mit Unterscheidungsgabe, wird durch den Wassermannimpuls auf das körperliche Reaktionsvermögen übertragen. Die Aufmerksamkeit ist gelöst nach außen gerichtet und wird auf Körperebene durch eine schnell reagierende Motorik umgesetzt. Das bedeutet Spannkraft und Elastizität auf höchstem Niveau und ein ausgesprochen sicheres Wahrnehmen von Distanzen (Taxieren) und ein Umsetzen in optimale Bewegungsabläufe (Beintechnik).

Rhythmuseigenschaften des Pferdes akzeptieren

Angepaßt an den Ausbildungsstand Ihres Pferdes, sollten Sie als Dressur- oder Springreiter heute noch einfühlsamer als sonst Ihr reiterliches Können auf die Veranlagung Ihres Pferdes mit seinem ureigenen Rhythmus abstimmen, um dabei Ihr Körperbewußtsein mit ausreichender Geschmeidigkeit den Lektionen anzupassen. Es ist für die Psyche des Pferdes sehr schädlich, wenn es lernen muß, mit den Fehlern seines Reiters zu leben.
Vollblüter z. B., die im Springsport noch Ausnahmeerscheinungen sind, verzeihen dem Reiter seine Fehler weder in der Ausbildung noch im Parcours. Wache Kameradschaftlichkeit als Tugend des Wassermannimpulses ist für diese Pferde Grundvoraussetzung, um Leistung zu erbringen. Auf Reizmeldungen an seine hoch entwickelten Sinne, reagiert es augenblicklich. Das besonders sensibilisierte Pferd nimmt schon feinste Nuancen wahr, die uns vor allem an Wassermann gefärbten Tagen an den sechsten Sinn denken lassen. Deshalb erinnere ich Sie stetig daran, auch das geistige Kommunikationsband zwischen Ihnen und Ihrem Pferd zu pflegen, denn die gedanklich und bildlich vermittelten Informationen sind ein nicht zu unterschätzender Beitrag, um Gesamtharmonie entstehen zu lassen.

Korrekturhilfen

Bewegungsfluß

Wie ein »roter Faden« soll sich ein rhythmischer Bewegungsablauf, ob bei Dressur- oder Springübungen, durch die Aufgaben ziehen. Voraussetzung hierfür ist, daß Pferd und Reiter Tempowechsel im Bewegungsfluß richtig koordinieren und fließende Übergänge schaffen. Mit anderen Worten, um im Fluß zu bleiben, muß man Wandlung gelernt haben. Es gibt Pferde, welche von Natur aus wenig Rhythmusempfinden und elastisch anmutende Gänge mitbringen. Entweder zeigen sie einen übertriebenen Vorwärtsdrang, oder sie zählen zu jenen Pferden, die sich nur mühsam dem Bewegungsablauf anpassen wollen. In beiden Fällen ist der Reiter gefordert, mit gut dosierten Schenkelhilfen einen guten Grundrhythmus zu finden. Der Unterschenkel

Takt und Rhythmus

des Reiters muß beim unruhigen und stets eilig wirkenden Pferd genauso gezielt eingesetzt werden wie bei einem trägen Gesellen - nur anders dosiert, jedoch stetig anliegend. Nur so kann der Bewegungsfluß trotz wechselnder Übungen im Takt und Rhythmus gehalten werden. Viele Reiter reduzieren den Schenkeleinsatz besonders bei Pferden mit starkem Vorwärtsdrang, anstatt diesen mit sanfter konstanter Anlehnung zu geben. Hier lautet die Forderung, daß ein losgelassener geschmeidiger Sitz für diese Pferde allein nicht genügt, sondern eine gute Lage des treibenden oder verwahrenden Schenkels unersetzlich ist. Somit bleibt das Pferd immer zwischen Schenkel und Hand des Reiters weich eingerahmt. Nur so kann es den vorgegebenen unterstützenden Hilfen für einen besseren Bewegungsfluß folgen, anstatt manchmal übereilt und dann wieder stockend die Gesamtharmonie zu stören.

Turnier

Ein Turniertag begleitet vom Mond in Wassermann ist immer gut für Überraschungen - in jeder Hinsicht! Plötzlich gibt es Wetterumstürze und unerwartete Änderungen im Turnierablauf. Reiter und Pferd tragen durch spontane unbeabsichtigte Einlagen nicht selten auch zur Belustigung der Zuschauer bei. Schon das Verladen und die anschließende Fahrt in eine neue Erlebniswelt kann Ihren Sportsfreund heute besonders erregen. Treffen Sie alle nötigen Vorbereitungen in Ruhe, damit Sie ohne Hektik zur rechten Zeit am rechten Ort sind. Ein gutes Timing entscheidet vieles. Wie auch wir nach längeren Fahrten manchmal ein unangenehmes »Wadenkribbeln« verspüren, so kann dies auch bei Ihrem Pferd - besonders an Wassermannmondtagen - zu nervösen Reizzuständen führen, die es zur Entspannung zappelig von einem Bein auf das andere treten lassen. Deshalb sollten Sie unbedingt gleich nach Ankunft ihrem Pferd die Gelegenheit geben, sich ein wenig die Beine zu vertreten und sich umzusehen. Spätestens jetzt zeigt es Ihnen an, wie souverän und cool es ohne Emotionen dem Turniergetümmel begegnet oder es signalisiert Ihnen unterschwellige Angst, indem es durch übertriebene Gesten den tapferen Rebellen demonstriert.

Keine Hektik

Wenn Letzteres zutrifft, so braucht es Ihre vermehrte Zuwendung und das Bemühen, durch Beobachtung festzustellen, daß es sich in Gesellschaft Gleichgesinnter befindet. Für die Vorbereitung auf die Prüfung sei gesagt, daß den technischen Anforderungen weniger Aufmerksamkeit geschenkt zu werden braucht, als der Losgelassenheit. Mit wacher Vorsicht und gutem Reaktionsvermögen wird besonders das Springpferd auch in anspruchsvollen Prüfungen Geschicklichkeit beweisen. Eine starke innere Anteilnahme am Geschehen kann zwar immer wieder ablenken, doch mit klaren Forderungen, gezielten Korrekturhilfen und ruhigem Handeln wirken Sie einer möglichen Unsicherheit entgegen.

Losgelassenheit

Kondition und Regeneration

Grundrhythmus

Die Wassermannimpulse unterstützen mehr den Sprinter, weniger den Ausdauersportler. Vielseitigkeitsreitern und Rennbahnspezialisten sei empfohlen, dem Grundrhythmus speziell beim Galopptraining ihres Pferdes mehr Aufmerksamkeit als seiner konditionellen Verfassung zu schenken. Kurze Verschnaufpausen sind notwendig, um eine stabile Leistung zu gewährleisten. Eine zu starke Beanspruchung kann das Nervenkostüm überfordern und Kurzschlußhandlungen provozieren.

Regenerative Maßnahmen für die von Wassermann betroffenen Regionen sind Massagen und durchblutungsfördernde Einreibungen. Auch eine Behandlung der Rückenmuskulatur entlang der Wirbelsäule mit den sensiblen Nerven- und Meridianpunkten verspricht eine wohltuende Wirkung. Wie sehr unsere Pferde die Mondenergien zum rechten Zeitpunkt wahrnehmen, zeigen sie uns, indem sie sich während der Wassermannmondtage mit Vorliebe eine Fango-Mist-Packung oder ein Wälzen im Morast gönnen. Das tun sie genau im Bereich des Unterschenkels und Sprunggelenks. Ist das nicht clever?

Regeneration bedeutet nicht immer Ausruhen

Regeneration ist nicht immer gleichzusetzen mit Ausruhen. Ein Mangel vor allem an artgerechter geistiger Betätigung läßt innere Spannungen im Nervensystem entstehen. Das gelangweilte Pferd sucht nach geeigneten Projektionsflächen, um seine überschüssigen Energien abzubauen. Einer plötzlichen Eingebung folgend kneift es z. B. seinen Nachbarn, der noch müde von den anstrengenden Steinbocktagen in seiner Traumwelt verweilt oder es weckt ihn, indem es mit seinen Zähnen ungeduldig die Gitterstäbe entlangstreift. Ein anderes Pferd wiederum knabbert an vorstehenden Holzleisten, erreichbaren Halftern, Stricken und Zaumzeugen, zerlegt Teile der Tränke oder macht sich geschickt am Boxenriegel zu schaffen. Das alles sind Anzeichen von Langeweile, die sich speziell an unbefriedigenden Wassermannmondtagen zu äußerst unangenehmen Stalluntugenden entwickeln können. Krippensetzer, Weber und Kopper folgen den rhythmischen Bewegungen einer inneren Aufladung von Muskelgruppen. Die Nerven suchen einen Ausgleich - nämlich geistige Beschäftigung.

Das Besondere um Wassermannneumond

ca. zwischen 20. Januar und 19. Februar

Im Hochwinter zwischen Januar und Februar entzieht sich der Mond wieder einmal unserem Blickfeld. Die Intensität der von Wassermann dynamisierten Partikelströme werden uns nun vorwiegend von der Sonne entgegengestrahlt. Für die kurze Zeitdauer des Neumondes müssen wir auf die mondspezifischen Energien verzichten. Eine gewisse Leere entsteht. Es scheint uns, als wären wir in einem Zwischenzustand, der in uns manchmal ein Gefühl der Leere und des Ausgeliefertseins hervorruft. Besonders an Neumond im Tierkreiszeichen Wassermann gleicht ein kontrollierendes aktives Eingreifen einem Schattenboxen. Es geht nicht anders, als loszulassen und sich auf gedanklicher Ebene mit den nun stark fließenden intuitiven Eingaben und Ideen zu beschäftigen. Wertvolle Impulse drängen gerade an diesen Tagen an die Oberfläche. Doch haben Sie Geduld, und warten Sie mit der Verwirklichung noch ein Weilchen. Erst wenn ein weiterer Mondwechsel ins Land ziehen wird, finden Sie sich und Ihr Pferd wieder eingebunden in einen neuen Lebenszyklus.

Geduld haben

Das Besondere um Wassermannvollmond

ca. zwischen 23. Juli und 23. August

Es ist Hochsommer und die Sonne steht für die Zeitdauer vom 23. Juli bis 23. August im Zeichen des Löwen. Wenn während dieses Zeitabschnitts der Mond in den Wassermann eintritt, so wird er in voller Pracht die warmen Sommernächte erhellen und die Kraft beider Gegensatzzeichen verströmen.

Überschüssige Energie wird in kreativen Aktionen spielerisch abgebaut.

Heuernte

Die Heuernte ist von den Bauern zum größten Teil schon eingebracht. Nur die Bergbauern unter ihnen warten noch auf den jährlich einmaligen Schnitt der hoch gelegenen Wiesen. Sie wissen wie jeder Kräuterkundige, daß die zarten Gräser und Blumen in diesen Tagen um die Vollmondnacht ihre besondere Heilkraft nicht nur voll entfalten, sondern auch behalten. Meist werden diese Buckelwiesen und Mäder händisch gemäht und einige Tage später in separaten Scheunen gelagert. Dieses Madheu wird dann als besonderes Heil- und Kraftfutter für Jungtiere und als Medizin für ein krankes Stalltier gegeben.
Unsere Vierbeiner erleben diese Tage um den Wassermannvollmond mit gespannter Erwartungshaltung. Besonders die temperamentvollen unter ihnen scheinen energetisch aufgeladen, als ob sie unter Strom stehen würden. Der Bilderduft unter freiem Himmel inspiriert, und die dem Vollmond innewohnende Kraft des Umschwungs möchte der Einzigartigkeit des kreativen Potentials eines jeden Lebewesens zum Ausdruck verhelfen.

Wissenswertes bei Mond in ♒ Wassermann

Der Mond in Wassermann und seine Partikelströme sind gefärbt und verbunden mit

Herrscherplanet:	Uranus ♅
Element:	Luft △
Pol:	männlich, yang
Urbausteine:	warm und feucht
Gegenpol:	Löwe ♌
Mineral:	Apatit, Rhodonit
Metall:	Aluminium
Farbe:	metallische Farben
Ernährungs-qualität empfiehlt:	Fette, Blütenessenzen

☽ zunehmende Wassermannmondtage: von Juli/August bis Januar/Februar
☾ abnehmende Wassermannmondtage: von Januar/Februar bis Juli/August
● Wassermanneneumond: Januar oder Februar
○ Wassermannvollmond: Juli oder August
☉ Die Sonne befindet sich von ca. 21. 1. bis ca. 20. 2. im Tierkreiszeichen ♒

Pferdepflege

Hufpflege, Hufbeschlag.

Therapiemöglichkeiten

Tellington Touch, Magnetfeldtherapie, Solarium, Eigenblutbehandlung, (Sauerstoff), Wassertreten, Wechselstrahl.

Wichtig zu wissen

Idealerweise sollten Sie das Fohlen stufenweise auf das Absetzen vorbereiten.

Zucht und Aufzucht

Fohlen von der Mutter trennen, Absetzen.

Ein erfolgreicher Deckvorgang an Wassermannmond verspricht uns heute ein Hengstfohlen. Entscheidend ist der Moment der Befruchtung.

Wassermannspezifische Impulse sorgen für eine erhöhte Zellaktivität in folgenden Bereichen:

Organe:	Gehirn und Rückenmark (Zentralnervensystem)
Knochen:	Unterschenkelknochen und Sprunggelenk
Muskulatur:	Unterschenkelmuskulatur
Körperfunktion:	Abgabe von Kohlensäure aus dem Blut

Eingriffe und Operationen

An den von Wassermann angesprochenen Bereichen sind Eingriffe und Operationen heute zu vermeiden. Jedoch wohltuende und regenerierende Maßnahmen sind zu empfehlen.

Der ☾ abnehmende Mond begünstigt generell Operationen und ausleitende Maßnahmen, z. B. bei Entzündungen und Entschlackung. Der ☽ zunehmende Mond begünstigt aufbauende, pflegende Maßnahmen zur Heilung und Regeneration.

♓ Konstitutionstyp Fische

Betonung der Grundqualitäten der grob- und feinstofflichen Urbausteine im Konstitutionstyp.

	heiß + trocken
	kalt + trocken
⚛	kalt + feucht
	warm + feucht
	warm + trocken

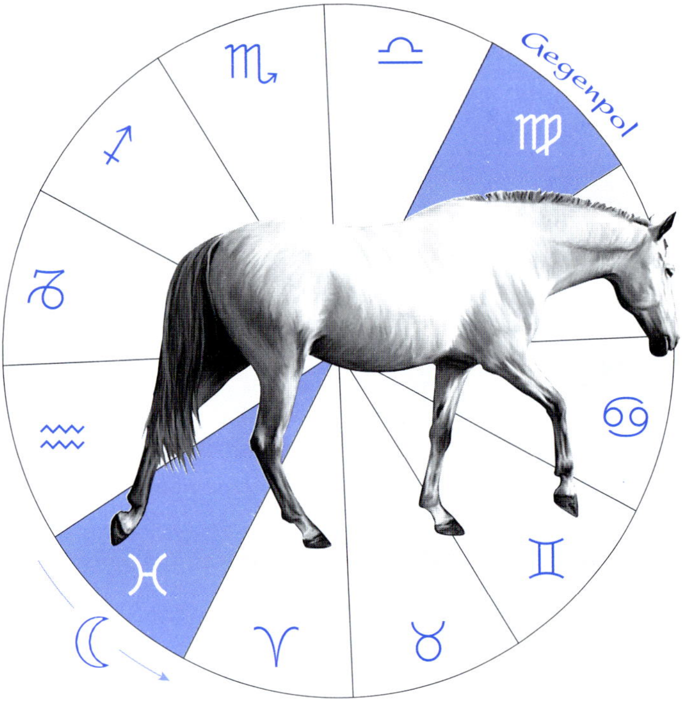

Exterieur

In der Regel ist der Körperbau des Fische-Konstitutionstyps von weichen, elastischen Zügen. Manchmal gedrungen und schwammig oder sogar großwüchsig und schmal. Er wirkt vitalitätsarm und regenerationsschwach. Seine Bewegungen sind geschmeidig und fließend.

Interieur

Der Mond in Fische verstärkt die Wesenszüge des unkompliziert wirkenden Naturells, das seine meist verträumte Anteilnahme dem Geschehen angepaßt, also impulsaufnehmend und entspannt nach innen gerichtet wahrnimmt. Diese schlafwandlerische gutmütige Sensibilität zeigt sich manchmal mit launischen Eigenarten und ist am ehesten mit dem Pony-Naturell vergleichbar.

Die in den folgenden Kapiteln beschriebenen Tagesgrundstimmungen und Qualitäten betreffen jedes Pferd, unabhängig seiner pferdespezifischen Eigenheiten im Konstitutionstyp; jedoch können diese Stärken und Schwächen unterschiedlich intensiv hervortreten.

Mond in Fische

Der Weg des geringsten Widerstandes

Stimmungsbild

Die manchmal so aufregenden Wassermannmondtage sind vorbei, und endlich kehrt wieder Ruhe ein. Ihr Pferd wirkt zufrieden, ja sogar etwas selbstversponnen, als wäre es noch im Land der Träume zuhause. Und wieder ist es seine innere Bilderwelt, die sich ganz dem Wasserelement entsprechend auf der Gefühlsebene mit allem verbinden möchte.
Laute Worte und grobe Gesten verunsichern es selbst dann, wenn es nicht unmittelbar betroffen ist. Ihr Pferd nimmt vermehrt die Stimmungen seiner Umgebung wahr. Mit der Sehnsucht nach einem intensiveren Gemeinschaftsgefühl im Herdenverband möchte es jede Vorstellung von Isolation überwinden. Deshalb sollten Sie Ihrem Weggefährten mit viel Seelenwärme und Verständnis begegnen.
Wählen Sie den Weg des geringsten Widerstandes - ähnlich einem Wasserlauf, der sich trotz natürlicher Hindernisse den Weg in die Tiefe bahnt, um sich dann in ein Sammelbecken zu ergießen. Nur die Stille (Luftelement: geistige Beweglichkeit) und die wärmenden Sonnenstrahlen (Feuerelement - optimistische Haltung) auf einer glatten Wasseroberfläche geben dann den Blick in die verborgenen Tiefen frei (Wasserelement: Gefühle). Der Anteil des Erdelements besteht darin, dem Wasser Begrenzung zu sein, damit es nicht ausufert.

Zum Tagesprogramm

Mit dem Mond im Fischezeichen sind wir am Ende des zwölften Tierkreises angelangt. Es scheint so, als würden sich in diesen Tagen noch einmal alle 12 bereits erwähnten Impulsqualitäten auf feinsten Wahrnehmungsebenen sammeln, um sich dort für den bevorstehenden neuen Zyklusbeginn in Widder zu formieren. Der Resonanzboden der Pferdepsyche will aufbereitet werden. Deshalb verlangen diese Tage nach besonderem Einfühlungsvermögen, nach mehr Sanftmut und Ruhe, ja sogar nach Abgeschiedenheit. Auch wenn es scheinbar ein Widerspruch ist, soll das nicht heißen, daß der Wunsch nach Abwechslung und geselligem Austausch in den Hintergrund tritt. Im Gegenteil, das Gefühl, verstanden und gebraucht zu werden, wird heute zum zentralen Bedürfnis. Ihr Pferd möchte die Regungen seines Gegenübers an- und aufnehmen können, ohne sich für seine manchmal grenzenlose Hingabebereitschaft mißbraucht zu fühlen.

Einfühlungsvermögen

Fischemondtage sind ideale Tage zum Relaxen. Verwechseln Sie Ruhetage jedoch nicht mit Stehtagen. Nehmen Sie gemeinsam Abstand von den anstrengenden Phasen, in denen Sie beide, jeder auf seine Art, gefordert waren. Vielleicht laden Sie Ihr Pferd heute einmal zur Abwechslung zu einem Spaziergang an der Longe ein, oder Sie führen es zum Grasen. Eine gesunde Beziehung braucht Zeiten der Ruhe, um

Eine gesunde Beziehung braucht Zeiten der Ruhe

Die innere Kommunikationsbereitschaft fördern

innerlich zu wachsen. Auch gemütliche Ausritte und leichte Rittigkeitsübungen, die körperlich nicht ermüden, fördern heute vermehrt die innere Kommunikationsbereitschaft. Vermeiden Sie an diesen etwas labilen Tagen Konfliktsituationen. Nur wenn Sie Ihre Kräfte (auch Gedanken sind Kräfte) der Auffassungsgabe des Pferdes entsprechend sensibel einsetzen und viele kleine, überschaubare Schritte dem großen Schritt, der überfordern würde, vorziehen, werden Sie gemeinsam beiderseitiges Vergnügen empfinden, gegenseitiges Vertrauen aufbauen und so durch ein bewußtes »in Kontakt treten« eine verfeinerte Form der Kommunikation, herbeiführen. Eine passende Aufgabenstellung dazu ist die Bodenarbeit.

Tellington-Touch

Bei dieser Gelegenheit möchte ich Ihnen die weltweit anerkannte T.E.A.M.-Arbeit vorstellen. **T**ellington-Jones **E**quine **A**wareness **M**ovement. Das heißt: »Bewegungen und Übungen nach Linda Tellington-Jones, die das Pferd sich seiner selbst bewußt machen«.

Neues Körperbewußtsein entwickeln

Diese sanfte und unglaublich wirkungsvolle Therapiemethode der Bodenarbeit verhilft jedem Pferd - im besonderen dem schwierigen, verspannten und nervösen Pferd, ein neues Körperbewußtsein zu entwickeln. Diese Arbeit ist in der Praxis gut nachvollziehbar, bedarf jedoch einer gewissen Grunddisziplin und der Kenntnis des richtigen Führens. Schon die Bewältigung von drei oder vier Bodenhindernissen pro Tag verändern ein Pferd zusehends, machen es geduldiger, gehorsamer und interessierter. Jede Übung hat einen ihr eigenen Effekt und bewirkt andere, nicht gewohnheitsmäßige Körperbewegungen, die wiederum andere Nervenzellen beeinflussen [1]). Die Übungen an der Hand zeigen dem Pferd, daß es seinen Körper auf unterschiedlichste Weise bewegen kann. Es wird langsam und bewußt an Dinge herangeführt, lernt, über strategisch aufgelegte Bodenstangen zu gehen, sich mit seinem Körper um das Hindernis herumzubiegen, sich anzupassen, und selbständig Schritte zu verlängern oder zu verkürzen. Das alles bewirkt ein Aktivieren nichtgenutzter Gehirnzellen und der dazugehörigen Nervenbahnen. Der dabei erzielte psychisch reflektorische Effekt bewirkt, daß aus unwillkürlichen Fluchtbewegungen willkürliche Ruhebewegungen werden. Die T.E.A.M.-Arbeit lehrt das Pferd, seinen Körper - und damit auch seine Sinne - auf eine Weise zu gebrauchen, die nicht mehr instinktiv, sondern bewußt ist. [2]) Linda Tellington-Jones erarbeitete, basierend auf der Feldenkrais-Methode, eine Therapieform, Tellington-Touch genannt. »Touch«, das englische Wort für Berührung sagt uns deutlich, daß es sich hierbei um Körperkontakt handelt. Doch der Kontakt geht weit über das Körperliche hinaus.

Aktivieren nichtgenutzter Gehirnzellen

[1]) Die Tellington-Methode von Ursula Bruns/Linda Tellington-Jones S. 58

[2]) S. 59

☾ ♓ Mond in Fische

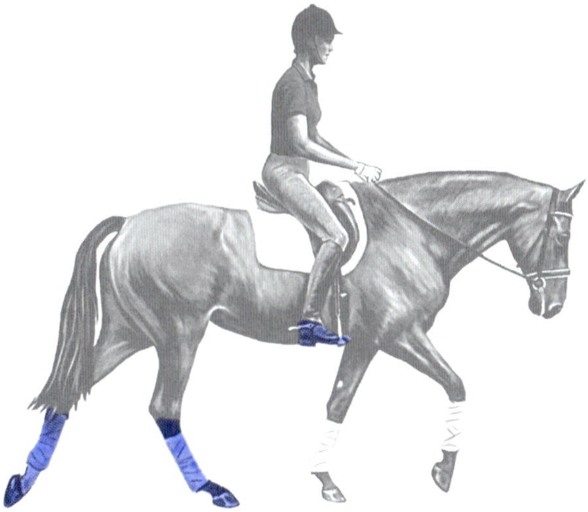

Tage sind ideal für

- Reiten in gewohnter Umgebung
- Einzel- und Gruppenreiten
- Ausreiten – Entspannung
- Koppelgang
- Entspannende therapeutische Maßnahmen
- Longieren
- Bodenarbeit
- Freilaufen

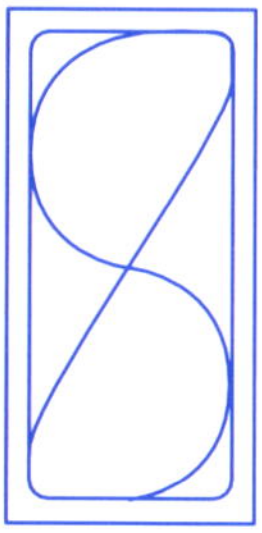

Im Viereck

Hauptaufgabe ist Losgelassenheit und Takt

- Entspannende Übungen (häufiger Wechsel von Trab und Galopp)
- Viel Leichttraben, ohne dabei zu üben
- Schenkelweichen
- Zügel aus der Hand kauen lassen

Tagesverfassung

energetisch: beweglich
physisch: impulsaufnehmend
psychisch: entspannt nach außen gerichtet

⊕ feinfühlig, empfindsam, angepaßt, dienend

⊖ versponnen, wankelmütig, kühl, unbeteiligt

♓

Tagesmotivation

Losgelassenheit anstreben

Tagesparole

Ruhige, ausgeglichene Bewegung

Psychologisches

Entspannte Konzentration üben.

Neue Wege

Dieses »In-Kontakt-treten« stärkt auf eine ganz besondere Art das Kommunikationsband zwischen Pferd und Mensch und eröffnet auch auf subtilster Ebene neue Wege, die Revolutionäres und Ganzheitliches bewirken. Diese Behandlungsmethode steht in so enger Beziehung zum Fischemondthema, daß ich sie in diesem Zusammenhang gerne näher erklären möchte.

Der Tellington Touch

Das Entspannungsbedürfnis an Fischetagen ist besonders ausgeprägt. Die Empfindsamkeit eines von Fische angeregten Tastsinns möchte diesen antennengleich bis ins Feinstoffliche ausdehnen, um seine Wahrnehmungsfähigkeit zu sensibilisieren. Die Fischemondprinzipien stimulieren und fördern geradezu optimale Voraussetzungen, was jedoch nicht heißt, daß man eine Behandlung nur an diesen Tagen durchführen soll.

Beim Tellington-Touch handelt es sich um keine Massagetechnik im üblichen Sinn, bei der intensive anatomische Kenntnisse notwendig wären. Nein, es bedarf lediglich einer unvoreingenommenen Einstellung und einem guten intuitiven Einfühlungsvermögen in das Pferd. Die Erklärungen zur praktischen Ausführung des Tellington-Touch werden wahrscheinlich nicht ausreichen, trotzdem hierzu einige anschauliche Behandlungsschritte:

Durch ein behutsames, langsames Abtasten aller Körperregionen des Pferdes mit den Handflächen und Fingern bewegt man je nach Bedarf und Behandlungsziel Haut und Muskeln in kleinen Zirkeln (1 - 2 cm Durchmesser) und läßt diese wieder fließend los. Auch Roll- und Klatschbewegungen werden durchgeführt. Die Stärke des Druckes hängt ganz von der Sensibilität des Pferdes ab und davon, ob Sie nach Schmerz- und Verspannungsfeldern suchen, oder ob Sie den Touch anwenden, um Spannung, Schmerz und Entzündungen zu lösen bzw. zu lindern. [3])

Das Pferd erlangt ein erweitertes Wahrnehmungsgefühl

Diese für das Pferd ungewohnten Berührungen lösen Reaktionen aus, deren Zuordnung im passiven Zustand des »Geschehenlassens« den Funktionen des Energiekörpers total übergeben werden. Die Folge ist, daß Spannungskomplexe sich zu lösen beginnen, Energie ungehindert zum Fließen kommt, und daß dabei ungenutzte Gehirnzellen und Nervenbahnen aktiviert werden. Das Pferd erlangt ein erweitertes Wahrnehmungsgefühl, es wird sich selbst bewußter und gibt mit der Zeit zugunsten des wunderbar Erlebten und Geborgenheit vermittelten Einheitsgefühls seine reflektorisch erlebten Fluchtinstinkte mehr und mehr auf.

[3]) Die Tellington-Methode von Ursula Bruns/Linda Tellington-Jones S. 33

Ich habe eingangs darauf hingewiesen, daß sich mit der Kraft des Fischemondes im Resonanzboden der Pferdepsyche verschiedene Impulsqualitäten neu formieren möchten. Diese brauchen dazu eine entspannte, angstfreie Atmosphäre (Umgebung) und - das ist wohl der wichtigste Aspekt - ein freiwilliges Tun oder ein »Mit-sich-Geschehenlassen«, das von den alltäglichen Verhaltensmustern und den eingefahrenen Lebensprogrammen abweicht. Das genau verspricht der Tellington-Touch. Nennen wir dieses Tun oder »Nichttun« einfach eine Art Meditation für das Pferd und den Behandelnden, ein in sich versenkt sein, währenddessen Kontakt und subtilste Kommunikation aufgebaut und aufrechterhalten wird. In diesem nun scheinbar passiven Zustand geschieht enorm viel.

Meditation für das Pferd

Hat das Pferd einmal Vertrauen zu diesen Berührungen gefunden und gestattet es uns, es bedingungslos an allen Körperteilen zu berühren, so beginnt eine tiefe Entspannung. Diese bewirkt, daß sich Blockaden auf körperlicher und geistiger Ebene allmählich zu lösen beginnen. Energie verteilt sich und fließt, dem Naturgesetz entsprechend dorthin, wo Energiemangel herrscht. Inneres Chaos ordnet sich von selbst, Grenzen verlieren sich und tiefes Geborgenheits- und Wohlgefühl macht sich breit - und das macht auch »uns« empfänglicher. »Unsere« Energiekörper erfahren eine Ausdehnung und öffnen sich für den großen Lebensstrom. Die Körperzellen und Partikelstrukturen »unserer« Energiekörper tanken in dem Maße Kraft, wie wir uns sensibilisieren können, und wir lernen, uns mit dem Lebewesen Pferd in dem Bewußtsein zu verbinden, daß alles Leben ja auch in uns als Essenz vorhanden ist. Somit wird unser Vertrauen wachsen. Denn das Grundproblem zwischen Mensch und Pferd, das »Sich-getrennt-fühlen« hebt sich auf. Es bedarf keiner Worte mehr, weil das Gefühl der selbstlosen Hinwendung die Herzenssprache aktiviert, die jedes Lebewesen versteht und diese für alles Leben einen Namen hat.

Energiefluß

Kraft tanken

Korrekturhilfen

In einer gesunden Pferd/Mensch-Beziehung werden Mißverständnisse mit langjähriger Erfahrung, gutem Coaching und mit intuitivem Einfühlungsvermögen sofort bearbeitet. Trotzdem gibt es Disharmonien und Fehlerquellen, die sich nur langsam einschleichen und deren Ursachen für uns im Verborgenen bleiben, es sei denn, wir sind bereit, auch hinter den äußeren Erscheinungsformen geistige Gesetzmäßigkeiten anzuerkennen.

Disharmonien und Fehlerquellen

Die Mehrzahl der Stunden und Tage, die wir mit unserem Pferd verbringen, wirken auf dieses von außen ein. Wir verlangen neben Körperarbeit auch uneingeschränkte Aufmerksamkeit und sind uns dabei der Tatsache nicht bewußt, wie sehr wir die Sinneswahrnehmungen unseres Vierbeiners manipulieren und stetig nach außen ziehen.
Sicherlich gibt es angenehme Zeiten, in denen alles bestens läuft, aber es gibt auch Krisenzeiten, in denen beide Partner zu kämpfen haben.

Krisenzeiten

So entsteht ein inneres »Getrennt sein« und beide Partner fühlen sich sehr bedürftig. Nun hat keiner mehr etwas zu geben. Da wir die Verantwortung auch für das Seelenheil unseres Pferdes übernommen haben, liegt es an uns, die richtigen Hilfen und Methoden ausfindig zu machen, die uns wieder miteinander versöhnen.

Fazit: Befassen Sie sich besonders an Fischemondtagen mit den Arbeitsweisen von Linda Tellington-Jones.

Innere Anerkennung tut gut.

Turnier

Sie brauchen nicht gleich an einen Rückzieher zu denken, wenn ein Turnier an einem Fischemondtag ausgetragen wird. Sicherlich entspricht die heutige Impulsqualität nicht unbedingt den Erfordernissen eines Wettkampfgeschehens, doch können Sie mit der richtigen Einstellung trotzdem viel bewirken. Es liegt nun allein an Ihrer Motivation und Grundstimmung, mit der Sie Ihrem Sportsfreund begegnen. Seine emotionale Offenheit gegenüber seiner Bezugsperson sowie die Beeinflußbarkeit durch seine Umgebung, haben in Fische ihren Höhepunkt erreicht. Zudem ist wichtig zu wissen, daß es Reizmeldungen, Streß und Ängste in seinem Inneren zu kompensieren versucht. Das kann dazu führen, daß der Reiter einer scheinbar rasch erreichten Durchlässigkeit vertraut und sein Pferd zu früh an die eigentlichen Aufgaben heranführt. Selbst übereifrige Pferde geben sich heute reservierter als sonst. Sie warten regelrecht auf die Initiative ihres Reiters. Sie sind sehr anlehnungsbedürftig, leicht irritierbar und übersensibel. Sie wollen gefallen und sind stets bemüht, ihr Bestes zu geben. Mit destruktivem Verhalten, Mißverständnissen und Fehlern wird Ihr Pferd heute schwer fertig. Meiden Sie das Gerangel auf vollen Abreiteplätzen, damit Sie sich ohne Störungseinflüsse ganz aufeinander einstellen können. Bemühen Sie sich um sanfte Methoden, um Disziplin und Zielgerichtetheit zu erreichen. Es verlangt nach einer zielgerichteten, konsequenten und leichten Umgangsweise, die es in sichere Bahnen lenkt.

Emotionale Offenheit

Meiden Sie volle Abreiteplätze

Was Sie beide an vorangegangenen Trainingsstunden sicher und leicht erarbeitet haben, brauchen Sie heute nicht in Frage zu stellen, wenn Sie konsequent bei der Sache bleiben. Entscheidend ist die ruhige innere Verbundenheit zu Ihrem Freund unterm Sattel. Fiebern Sie jedoch in nervösen Wettkampfvorstellungen einem zu hoch gesteckten Ziel entgegen, so können Sie beide enttäuscht, ja desillusioniert werden.

Wichtig! Achten Sie heute unbedingt auf eine gute Bodenbeschaffenheit. Ein rutschiger oder tiefer Boden kann Ihr Pferd besonders dann, wenn es diese Verhältnisse noch nicht integriert hat, enorm verunsichern. Bedenken Sie, daß die Fischemondimpulse auf Körperebene vom Fesselbein abwärts bis zum Huf die Zellaktivität verstärkt anregen und als Entsprechung auf psychischer Ebene ein guter Bodenkontakt zur Grundbedingung wird. Da Ihr Pferd in diesen etwas labilen Tagen Mühe hat, Eindrücke zu differenzieren, so will es sich wenigstens gut geerdet fühlen.

»Also am Boden bleiben und innere Standfestigkeit beweisen«. Standfestigkeit kann auch bedeuten, daß Sie heute zu Gunsten Ihres Pferdes auf einen Start verzichten, wenn Ihnen die Bodenverhältnisse zu schlecht erscheinen.

Kondition und Regeneration

Das Abstecken von Zielen und das Erkennen der natürlichen Grenzen ist in dieser Periode nicht einfach, es sei denn, der Reiter erkennt den sogenannten psychischen Neigungswinkel seines Pferdes so gut, daß er genau weiß, wie er es motivieren kann. Auch sollte er über genügend Fingerspitzengefühl verfügen, um im richtigen Moment aufhören zu können. Das fällt an einem Fischemondtag so manchem Reiter schwer, da er sein Pferd als besonders rittig empfindet.

Im richtigen Moment aufhören können

Der weniger erfahrene Reiter mag es als Erfolgserlebnis einstufen, wenn er manche Widersetzlichkeit durch technische Kraftakte einbremsen kann. Jedoch das täuscht. An solchen Tagen sind Gegenwehr und Impulsivität selten an der Tagesordnung. Es überwiegen Qualitäten wie Hingabe, Gutmütigkeit und Zurückhaltung. Wird der Spannungsbogen überzogen, kann dies zu nervösen Erschöpfungszuständen führen. Bei Überbeanspruchung sind besonders die Beine - vom Srunggelenk abwärts - betroffen. Auch Entzündungen, Funktionsstörungen im Lymphsystem (Wasserbildung - Phlegmone) und eine Schwäche der Verdauungsorgane als Sekundäreinwirkung/Koliken sind typische Krankheitsdiathesen (Krankheitsbereitschaften), die sich mit der Zeit einschleichen können.

Das Besondere um Fischeneumond

ca. zwischen 19. Februar und 20. März

Verunsicherung

Den Tag des Fischeneumondes erleben wir zwischen dem 19. Februar und dem 20. März, dann, wenn Sonne und Mond gemeinsam das Land des Neptun (Fischeherrscher) durchwandern. An Fischeneumondtagen gilt es, die innere Sicherheit zu festigen, da die Einflüsse von außen in jeder Hinsicht Verunsicherung hervorrufen. Das typische Stimmungsbild ist naßkühles, nebelig feuchtes Wetter wie im Vorfrühling. Die Sichtverhältnisse sind unklar und die Konturen verschwimmen. Wir bewegen uns auf wasserdurchtränktem Boden und suchen Halt und Orientierung im ständigen Nieselregen. Das heißt, die Entsprechung des Wasserelements hat sich im Spiegelbild unserer Umwelt voll niedergeschlagen, der äußere Spiegel des Wetters reflektiert auf das innere Gefühl. Der sechste Sinn baut die Brücke von innen nach außen, gibt die notwendige Sicherheit, nach der Pferd und Reiter suchen.
Bevor wir uns heute in den »Nebeln von Avalon« [4] verlieren, lenken wir unser Pferd am besten behutsam auf festen Wegen. Sein Ahnungsvermögen, verbunden mit unserer inneren Ausrichtung, führt uns dann besonders an Fischeneumond gemeinsam auf eine Sicherheit versprechende Wegstrecke. Das Wasserelement wird durch den »geerdeten« Reiter in die richtigen Bahnen gelenkt. Vermitteln Sie Vertrauen und Anlehnung.

Das Besondere um Fischevollmond

ca. zwischen 23. August und 23. September

In einer spätsommerlichen Nacht zwischen dem 23. August und 23. September zieht der Fischevollmond seine Bahn am Nachthimmel und verschenkt das von der Jungfrausonne empfangene Licht. Es ist Erntezeit. Der Samen, der vor einem halben Jahr in den Nährboden der Pferdepsyche gelegt wurde, ist nur dann zur Frucht gereift, wenn Sie diesen Samen dem Wasserelement entsprechend mit viel Gefühl genährt und behütet haben. Dann ist aus einer anfänglichen Unsicherheit und einem »Sich entziehen wollen«, Beständigkeit und Verläßlichkeit herangereift. Der Fluchtimpuls hat sich aufgelöst. Die Zuversicht der inneren Anerkennung hat vieles geklärt und sichtbar gemacht.

[4] Buchtitel eines Romans

Wissenswertes bei Mond in ♓ Fische

Der Mond in Fische und seine Partikelströme sind gefärbt und verbunden mit

Herrscherplanet:	Neptun ♆
Element:	Wasser
Pol:	weiblich, yin
Urbausteine:	kalt und feucht
Gegenpol:	Jungfrau ♍
Mineral:	Jadeit, Edelopa
Metall:	Aluminium (weich)
Farbe:	wässrige Farben
Ernährungsqualität empfiehlt:	Kohlenhydrate, Heu und Gras

☽ zunehmende Fischemondtage: von August/September bis Februar/März
☾ abnehmende Fischemondtage: von Februar/März bis August/September
● Fischeneumond: Februar oder März
○ Fischevollmond: August oder September
⊙ Die Sonne befindet sich von ca. 19. 2. bis ca. 20. 3. im Tierkreiszeichen ♓

Pferdepflege

Idealer Waschtag für Reittextilien.

Therapiemöglichkeiten

Tellington-Touch, Lymphdrainage, kinesiologische Behandlungen, Wassertreten, Wechselstrahl, harmonische Ausritte.

Wichtig zu wissen

Der ideale Tag, um die Koppelsaison zu eröffnen.

Zucht und Aufzucht

Ungestörtes, entspanntes Zusammensein.

Ein erfolgreicher Deckvorgang an Fischemond verspricht uns heute ein Stutfohlen. Entscheidend ist der Moment der Befruchtung.

Fischespezifische Impulse sorgen für eine erhöhte Zellaktivität in folgenden Bereichen:

Organe:	keine Organzuordnung möglich; Betonung liegt auf dem Ineinandergreifen von psychischen und physischen Strukturen
Knochen:	Sprunggelenk (♒), Röhrbein, Fesselbein, Kronbein, Strahlbein und Hufbein
Muskulatur:	Zehenbeuger und Zehenstrecker
Körperfunktion:	Schleimerzeugung

Eingriffe und Operationen

An den von Fische angesprochenen Bereichen sind Eingriffe und Operationen heute zu vermeiden. Jedoch wohltuende und regenerierende Maßnahmen sind zu empfehlen.

Der ☾ abnehmende Mond begünstigt generell Operationen und ausleitende Maßnahmen, z. B. bei Entzündungen und Entschlackung.
Der ☽ zunehmende Mond begünstigt aufbauende, pflegende Maßnahmen zur Heilung und Regeneration.

Der Hufbeschlag zum richtigen Zeitpunkt

Der Huf hat die komplexe Struktur eines vielschichtig ineinandergreifenden Zellverbandes von Knochen, Knorpeln, Sehnen und einer erstaunlichen Anzahl von differenzierten Hornstoffen (Steinbock ♑ Abb. 1).
Auch die Tatsache, wie dicht das Venengeflecht (Zwillinge ♊) sich im Huf verteilt und wie tief die Nervenbahnen (Fische ♓) sich verästeln, zeigt uns, wie sensibel dieser stark strapazierte Körperteil (siehe Abb. 2) angelegt ist. Diese unterschiedlichen Strukturen wirken wie eine Mehrzahl von Kissen, die in ihrer Anordnung und Reihung auch in einem ausgefeilten mechanisch-technischen Gefüge als Stoßbrecher und Gleitschutz funktionieren (Abb. 4).
Durch die elastische Gelenkverbindung zum Hufgelenk wird der Huf vor Erschütterungen geschützt. Die Verbindung der Sohle mit dem keilförmigen Strahl verhilft dem Pferd, sein Gleichgewicht zu halten und verhindert ein Ausgleiten, wenn das Pferd abwendet oder plötzlich bremst. Mit diesen detaillierten Ausführungen möchte ich Ihnen

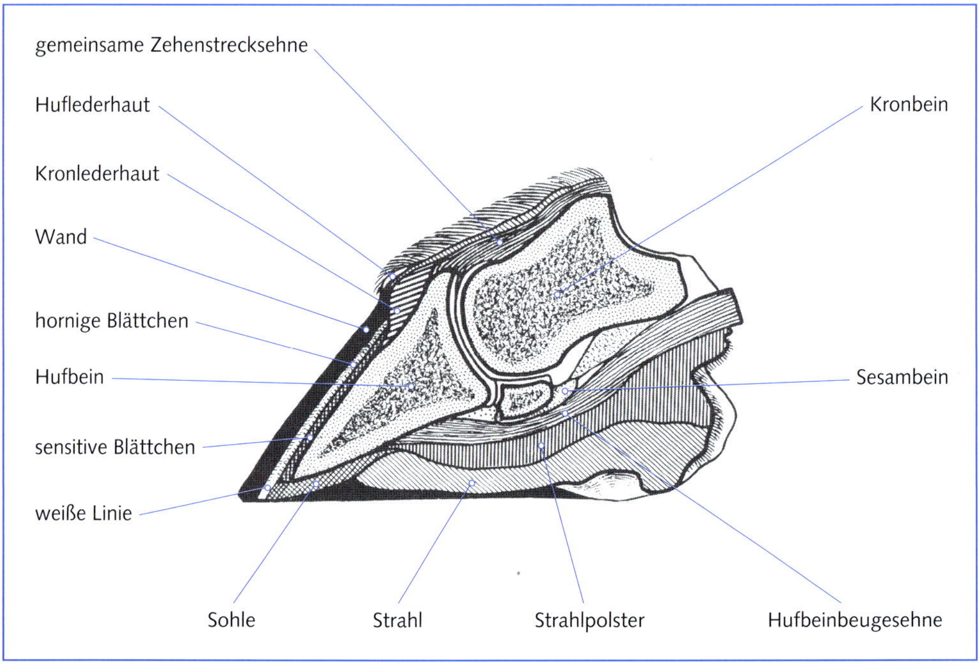

Abbildung 1: Vielschichtiger Zellverband von Knochen, Knorpeln, Sehnen und Hornstoffen (Steinbockprinzip).

nicht nur die astrologische Zuordnung von Zellverbänden aufzeigen und wann und womit sie in Resonanz stehen, sondern in erster Linie bewußt machen, wie notwendig eine sorgsame Pflege dieses so stark strapazierten Körperteils ist.

Hufpflege

Es kommt immer wieder vor, daß z. B. des schönen Aussehens wegen manche Schmiede die Sohle ausschneiden, bis sie sauber aussieht und dem Druck mit dem Daumen nachgibt. Wenn die Sohle voll funktionsfähig bleiben soll, muß ihre schützende Dicke erhalten bleiben, jedes Ausschneiden stellt somit eine Unsitte dar. Vorwiegend in England verwendet man gerne ein bestimmtes Präparat, welches auf der Sohle und am Kronensaum aufgetragen wird, um diese zu stärken (ideal bei ☽ zunehmendem Mond auftragen). Es ist auch kein Fehler, manchmal die erdigen Überreste eines auf Naturboden gerittenen Pferdes gleich einer Fangopackung am Huf zu belassen.

Der äußere Huf (Steinbock ♑), der keine Blutgefäße enthält und gefühllos ist, zieht sich über die empfindlichen Strukturen (Fische ♓ und Zwillinge ♊) und umfaßt Wand, Sohle und Strahl (Abb. 3).

Feuchtigkeitsgehalt im Huf

Das Horn am Strahl ist verhältnismäßig weich, elastischer und weniger stark verhornt (keratinisiert), als das der Wand und Sohle. Der Feuchtigkeitsgehalt des Hufes ist ein bedeutender Faktor. Er beträgt etwa zwischen 25 % in der Wand und 40 % im Strahl. Die zahlreichen

Abbildung 2

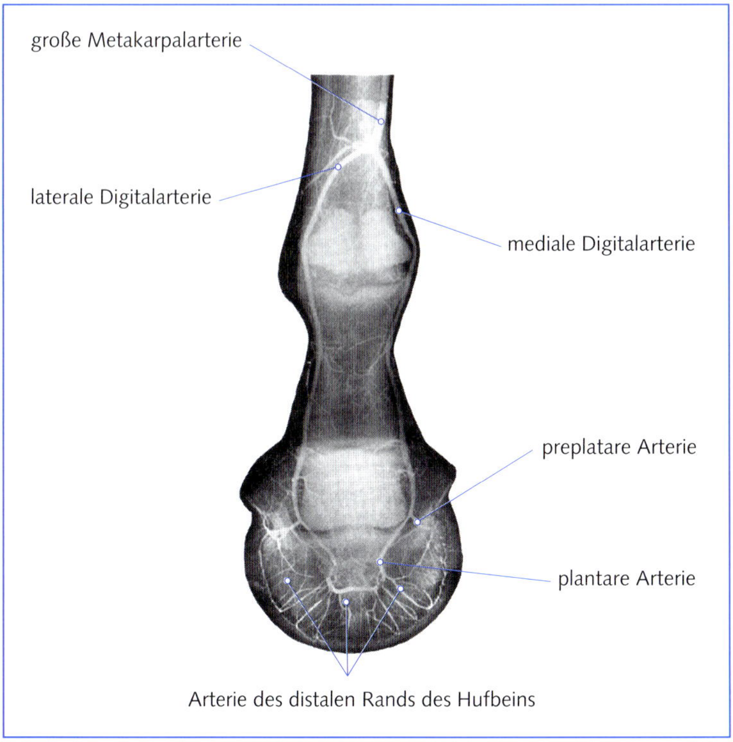

Hornröhrchen enthalten Flüssigkeit, die von den Papillen der Lederhaut stammt, oder von der Oberfläche absorbiert wird. Es ist wichtig zu wissen, daß an der Hufoberfläche eine ständige Verdunstung stattfindet, die durch diese beiden Vorgänge ausgeglichen wird. Wird die Verdunstung zu groß, wird der Huf spröde und bricht. Wird die Verdunstung andererseits verhindert, sammelt sich zu viel Flüssigkeit an, und der Huf wird weich. Aus diesem Grunde sollten keine wasserundurchlässigen Öle auf eine normale, gesunde Hufwand aufgetragen werden. Sie sind nur dann anzuwenden (am besten bei ☽ zunehmendem Mond), wenn der Feuchtigkeitsgehalt des Hufes nicht zufriedenstellend ist, wenn Gefahr besteht, daß er spröde wird und wenn seine Elastizität erhalten werden soll. Beachten Sie ebenfalls die Tatsache, daß sich Hornzellen durch alkalische Substanzen auflösen, die bei der Zersetzung von Urin und Kot frei werden und somit dem Huf großen Schaden zufügen können. Wenn wir ein gesundes, jederzeit einsatzfähiges und zufriedenes Pferd haben wollen, so müssen wir der Hufpflege einen besonderen Stellenwert einräumen. Bedenken wir, daß der Huf nicht nur als Träger der Körperlast, sondern auch als der sensible Teil des Pferdes gesehen werden kann, der uns sowohl die psychischen als auch physischen Belastungen anzeigt. Ähnlich wie die Jahresringe eines Baumes oder die Veränderung der Fingernägel beim Menschen, so kann uns die äußere Hufwand, die ca. 2,5 cm pro Vierteljahr wächst, von spannungsreichen, überdurchschnittlichen Belastungen erzählen.
Die Abbildungen demonstrieren uns dieses komplexe Innenleben eines Hufes, das uns auch aufzeigen soll, wie perfekt ein Hufschmied arbeiten muß, um diesem empfindlichen Inneren nicht zu nahe zu kommen. Ein guter Hufschmied muß ein wahrer Künstler sein, wenn er die natürlich gegebene Form und Beschaffenheit des Hufes richtig einzuschätzen und zu behandeln weiß. Zudem sollte er auch ein Pferdefachmann sein, der nicht nur anatomische und physiologische Gegebenheiten bei Pferden richtig einordnet, sondern auch die unterschiedlichsten sportlichen Anforderungen kennt.
Sollte der Hufschmied nun mit Ihrer Hilfe und Planung in Zukunft auch noch den »richtigen Zeitpunkt« mit berücksichtigen, so steht einem »perfekten Hufbeschlag« nichts mehr im Wege.

Hufbeschlag zum richtigen Zeitpunkt

Wie einleitend schon bemerkt, ist der Zellverband des Hufs zum einen mit den steinbock- und zum anderen mit den fischespezifischen Resonanzprinzipien verbunden. Auch das Tierkreiszeichen Zwillinge, den Vorderbeinen zugeordnet, sollte bei der Terminplanung des Hufbeschlages berücksichtigt werden.

Resonanz statt Dissonanz

Durchläuft der Mond eines dieser Zeichen, so erfährt der jeweilige Zellverband eine seiner Frequenz entsprechende Ausrichtung und Aufladung. Das bedeutet Regeneration. Stören wir diese Energiekonzentration in diesen Bereichen, entsteht statt Resonanz Dissonanz. Dieser Zellverband wird nun direkter und empfindlicher reagieren als an anderen Tagen, weil er zu diesem Zeitpunkt in erhöhter Schwin-

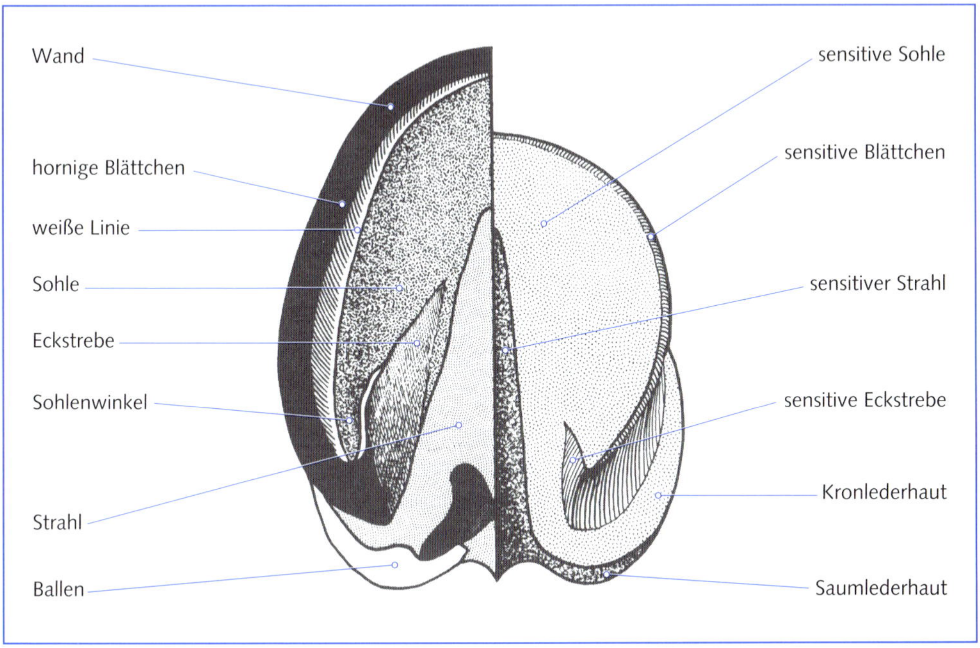

Abbildung 3

Feilen und Raspeln

gung steht. An Steinbock- und Jungfrau- sowie an Zwillinge- und Schützemondtagen sollten Sie nur eine kosmetische Hufbehandlung bei Pferden, welche keine Eisen tragen, vornehmen lassen. Ein Zuschneiden, Feilen und Raspeln an diesen Tagen ruft keine Dissonanz hervor und verspricht speziell an Steinbock glatte Flächen, die nicht so schnell wieder ausfransen. Diese Behandlung kann den Standwinkel nur geringfügig ändern. Das Aufbrennen neuer Eisen hingegen sowie das Durchschlagen neuer Nagellöcher kann durchaus an diesen Tagen (Steinbock, Jungfrau und Zwillinge) unerwünschte Folgen haben.

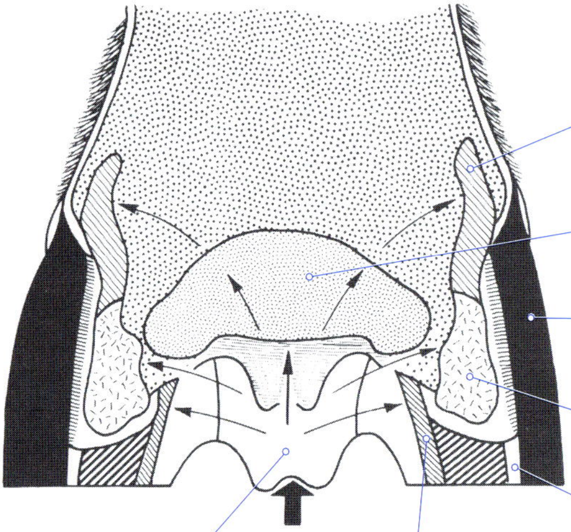

Abbildung 4

Generell gute Tage sind Feuer-, Erd- und Lufttage jedoch unter Berücksichtigung der soeben genannten Ausnahmen.
Verzichten Sie generell auf einen Hufbeschlag an den vom Wasserelement dynamisierten Tagen eines Krebs-, Skorpion- und Fischemondes.
Je nach Beschaffenheit des Hufes empfiehlt es sich, auch auf die jeweilige Mondphase zu achten. Ein Hufbeschlag bei ☽ **zunehmendem Mond** läßt den Huf anschließend schneller wachsen, in der ☾ **abnehmenden Phase** hingegen wird die Hufwand langsamer und fester, ja dichter nachwachsen, so daß ein Ausleiern der Nagellöcher und folglich ein lockeres Eisen weniger vorkommen werden.
Beobachten Sie genau und entscheiden Sie selbst, ob mit einem Hufbeschlag »zum richtigen Zeitpunkt« Ihrem Pferd und damit letzten Endes auch Ihnen gedient ist.

Tips zur Fellpflege

Bei der täglichen Fellpflege, die dem gut gepflegten Pferd zu Teil wird, konnte ich folgende Beobachtungen machen: Abgesehen vom Fellwechsel verliert das Pferd generell bei abnehmendem Mond mehr Haar, als in der zunehmenden Mondphase.

An Feuertagen wie Widder, Löwe und Schütze verwende ich gerne nach dem regulären Putzzeremoniell ein angefeuchtetes Tuch oder Schwamm, um Gesicht und diverse Körperteile zu säubern. Da die Feuchtigkeit schneller als an anderen Tagen entweicht, sind dies für Haut und Haar die bevorzugten Tage zum gründlichen Waschen; jahreszeitlich bedingt auch mit Shampoo und viel Wasser.

An Erdtagen wie Stier, Jungfrau und Steinbock lege ich mehr Wert auf gute und intensive Bürstenstriche. An Steinbockmondtagen ist das Ergebnis besonders zufriedenstellend. Wird z. B. an Jungfraumond die Mähne verzogen, so wird sich eine gute Form, die nicht so schnell wieder korrigiert werden muß, besser erhalten.

Mähne verziehen

Gehören Sie zu jenen Pferdebesitzern, die Ihr Pferd vor dem Winter scheren wollen, so tun Sie das keinesfalls an Wasserzeichen wie Krebs, Skorpion und Fische, sonst wird das Fell stumpf und schuppig. Die besten Tage sind die Jungfraumondtage, die sich zu dieser Jahreszeit stets in der abnehmenden Mondphase wiederholen. Das Fell behält bei richtiger Pflege seinen natürlichen Glanz, wächst langsamer nach, so daß Sie sich ein wiederholtes Scheren im Januar, Februar sparen können.

Scheren

An Lufttagen wie Zwillinge, Waage und Wassermann sollten Sie sich mehr Zeit nehmen. Hier gelingt das intensive Striegeln, um Fett und abgestorbene Hautschüppchen zu lösen am allerbesten. Auch das Schweifverlesen fällt leichter als sonst. Der Grund besteht darin, daß an den vom Luftelement dynamisierten Tagen sich Fette besonders gut von anderen Substanzen abgrenzen und sich somit leichter ablösen und abbürsten lassen. Nützen Sie diese Eigenschaft auch beim Behandeln und Ausleiten von verstopften Talgdrüsen (Satteldruck) und eitrigen Furunkeln. Anschließend aufgetragene Zugsalben tun dann ihr Übriges, jedoch nur bei abnehmendem Mond.

Schweif verlesen

Satteldruck

An Wassertagen wie Krebs, Skorpion und Fische sollten Sie Haut und Haar nicht überreizen und auf keinen Fall mit stark schäumenden Shampoos waschen. Was nicht heißen soll, daß Sie besonders zur warmen Jahreszeit an diesen Tagen auf das kühle Naß verzichten sollten. Bedenken Sie nur, daß eine gewisse Restfeuchtigkeit länger zurückbleibt, als an den Luft- und Feuertagen. Bei Pferden, die anfällig für Mauke, Huf- und Hautpilzerkrankungen sind, sollten Sie diese Wassertage im Kalender gut vermerken und nicht vergessen, die betroffenen Stellen speziell an diesen Tagen trocken zu halten.

Haut nicht überreizen

Das mag augenblicklich etwas kompliziert wirken, doch mit der Zeit werden Sie sich und Ihrem Pferd zuliebe den natürlichen Rhythmen mit mehr Routine begegnen.

Tips zur Pflege der Ausrüstung

Auch hier ist, neben der Beachtung der einzelnen Tierkreiszeichen, ein Unterscheiden der ab- und zunehmenden Mondphase von grundlegender Bedeutung.

Merken Sie sich einfach, daß mit dem ☾ **ab**nehmenden Mond das **Ab**geben, das Sich-Lösen leichter fällt als bei ☽ **zu**nehmendem Mond, der **zu-** und festhält, also bindet und aufbaut. Wollen wir etwas reinigen, auswaschen, ausbürsten, auslüften, so tun wir dies am besten bei abnehmendem Mond. Wollen wir zusätzlich noch das richtige Tierkreiszeichen mit berücksichtigen, so hilft uns die praktische Bezeichnung des Putzvorganges weiter, die uns das gewünschte und dienliche Element verraten und uns so manchen Arbeitsgang erleichtern wird.

Auswaschen
Ausbürsten
Auslüften

Auswaschen hat z. B. eindeutig mit dem Wasserelement zu tun (Krebs, Skorpion, Fische). Ausbürsten und Auslüften findet automatisch den Bezug zum Luftelement (Zwillinge, Waage, Wassermann).

Lederreinigung

Bei der Wahl des richtigen Zeichens ist jedoch auch zu beachten, was wir letztendlich bezwecken. Bei der Reinigung von Leder, wie z. B. Sattel, Zaumzeug und Reitstiefel, sind die Wassertage zu meiden. Wir wollen ja, daß hier die Feuchtigkeit schnell wieder abgegeben wird, damit die Aufnahmefähigkeit für anschließend aufzutragende pflegende Substanzen erhöht wird. Hier sind Luft- und Feuertage (Zwillinge, Waage, Wassermann, Widder, Löwe und Schütze) bei abnehmendem Mond zu bevorzugen. Auch eine tägliche Lederpflege mit Sattelseife, die Geschmeidigkeit und Hygiene garantiert, ohne die Lebensdauer zu beeinträchtigen, sollte an Wassertagen reduziert werden, um ein Auslaugen zu vermeiden.

Satteldecken
Bandagen
Winterdecken

Haben Sie vor, Ihre stark verschmutzten Satteldecken, Bandagen, etc. zu waschen, so garantieren Ihnen die Wassertage guten Erfolg. Bei empfindlichen, wattierten Winterdecken empfiehlt sich die letzte Phase des vom Wasserelement betonten Zeichens, weil im Anschluß zur Zeit des Trocknens immer ein Feuerzeichen folgen wird.

Einlagern

Ein Einlagern der Sommer- und Winterdecken sollten Sie bei einem abnehmenden Luftzeichen vornehmen, damit Schimmel und Motten fernbleiben.

Wann immer Sie die Möglichkeit haben, die Tätigkeiten in den obengenannten Bereichen der Tagesqualität entsprechend durchzuführen, werden Sie sehen, daß Sie damit Ihre Ziele wirkungsvoller erreichen.

Tips für Arbeiten innerhalb und außerhalb des Stalles

Das Errichten und Erhalten von Reitanlagen erfordert eine Fülle aufwendiger und zeitintensiver Arbeiten. Um hier maximalen Nutzen zu erzielen und den Einsatz so effektiv wie möglich zu erbringen, gebe ich nachfolgend einige Tips:

- Generell bevorzugen Sie den ☾ abnehmenden Mond. In der Regel fördert dieser die Haltbarkeit und Festigkeit.

Wege-, Platz- und Holzarbeiten

- Alle Wege-, Platz- und Holzarbeiten sollten deshalb spätestens an Neumond abgeschlossen sein. Das Errichten von Naturhindernissen und Weidezäunen (Holz für diese Zwecke wird idealerweise im März bei abnehmendem Mond in Fische geschlagen) ist bei abnehmender Mondphase günstiger. Nägel bleiben fest im Holz, Pfosten lassen sich leichter ins Erdreich treiben, halten gut und faulen in der Folge nicht.

Neu aufgeschüttetes Erdreich

- Neu aufgeschüttetes Erdreich setzt sich gleichmäßig, und ein Untermischen von verschiedenen Zusätzen (Sandkörner), um den Belag von Reitplätzen und Wegen elastischer zu machen, ist zu diesem Zeitpunkt optimal. Wege, Galopp- und Traberbahnen, die neu angelegt oder restauriert werden, erhalten an Steinbock- und Wassermanntagen zusätzlich eine maximale Festigkeit.

Wasser

- Nehmen Sie Arbeiten vor, bei denen Wasser reguliert, gestaut oder gesammelt werden soll, wie z. B. für Wassereinsprünge, Wassergräben, Schwemmen und Biotope, so nützen Sie die Qualität des zunehmenden Mondes, am besten in Kombination mit den Wassertagen (Krebs, Skorpion und Fische). Sie vermeiden so ein schnelles Versickern und erhalten langfristig die Wasserqualität.

Hecken und Sträucher

- Hecken und Sträucher beschneiden Sie besser bei abnehmendem Mond, um diese weniger zu beeinträchtigen.

Wiese

- Die Turnierwiese wird bei abnehmendem Mond gemäht, vorzugsweise an Skorpiontagen und bei zunehmendem Mond gesät (besonders günstig: Löwe und Jungfrau). Das Düngen von Wiesengrund sollte man frühestens bei Vollmond und dann in der ☾ abnehmenden Mondphase vornehmen.

Ernte und Einlagerung

- Für die Ernte und Einlagerung von Heu und Stroh sowie Gemüse und diverser Futtermittel bevorzugen Sie ebenfalls die abnehmende Phase. Wählen Sie z. B. einen Widdertag, ist zusätzlich eine bestmögliche Haltbarkeit gewährleistet. Der optimale Erntetag wäre ein Vollmond, so daß die Einlagerung in die abnehmende Mondphase fällt. Bei zunehmendem Mond werden besonders Heu und Stroh leicht grau und schimmlig.

Stallpflege

Schimmelbefall

- Für die Stallpflege ist ein guter Zeitpunkt die Kombination von abnehmendem Mond, gepaart mit einem Luftzeichen wie Zwillinge, Waage, Wassermann. Selbstverständlich kann bei ☽ zunehmendem Mond die Stallarbeit und Pflege nicht ignoriert werden. Konzentrieren Sie jedoch besondere und über das tägliche Normalmaß hinausgehende Arbeiten auf die obengenannten Termine. Beispielsweise läßt sich Schimmel an den Stallwänden bei ☾ abnehmendem Mond ebenso wie hartnäckiger Schmutz an Wasserzeichentagen wie Krebs, Skorpion und Fische wesentlich leichter auswaschen und entfernen als an anderen Tagen.

Anstrich

- Denken Sie daran, Stall oder Hindernissen einen neuen Anstrich zu geben, so wählen Sie wiederum den abnehmenden Mond und zusätzlich einen Luft- oder Feuertag (Zwillinge, Waage, Wassermann oder Widder, Löwe, Schütze). Dann trocknet die Farbe gut und der unangenehme Farbgeruch verflüchtigt sich schneller.

Das Exterieur

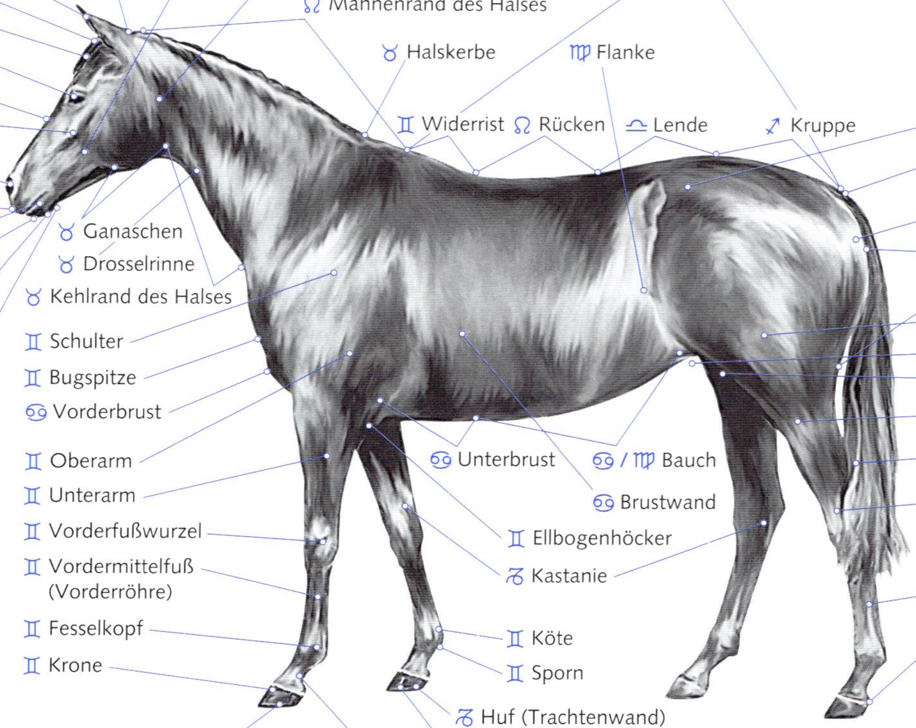

Die Muskulatur

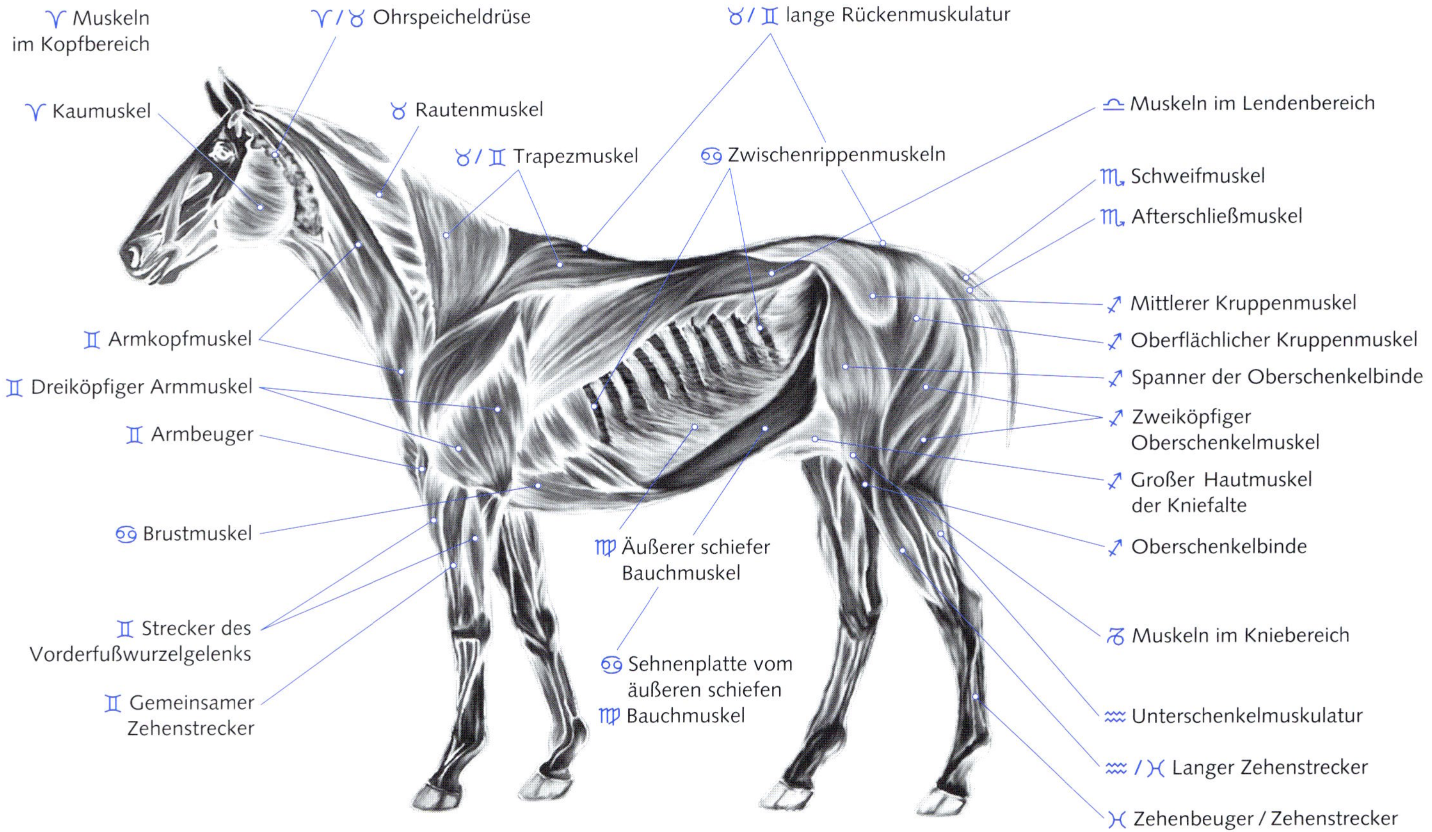

Das Skelett

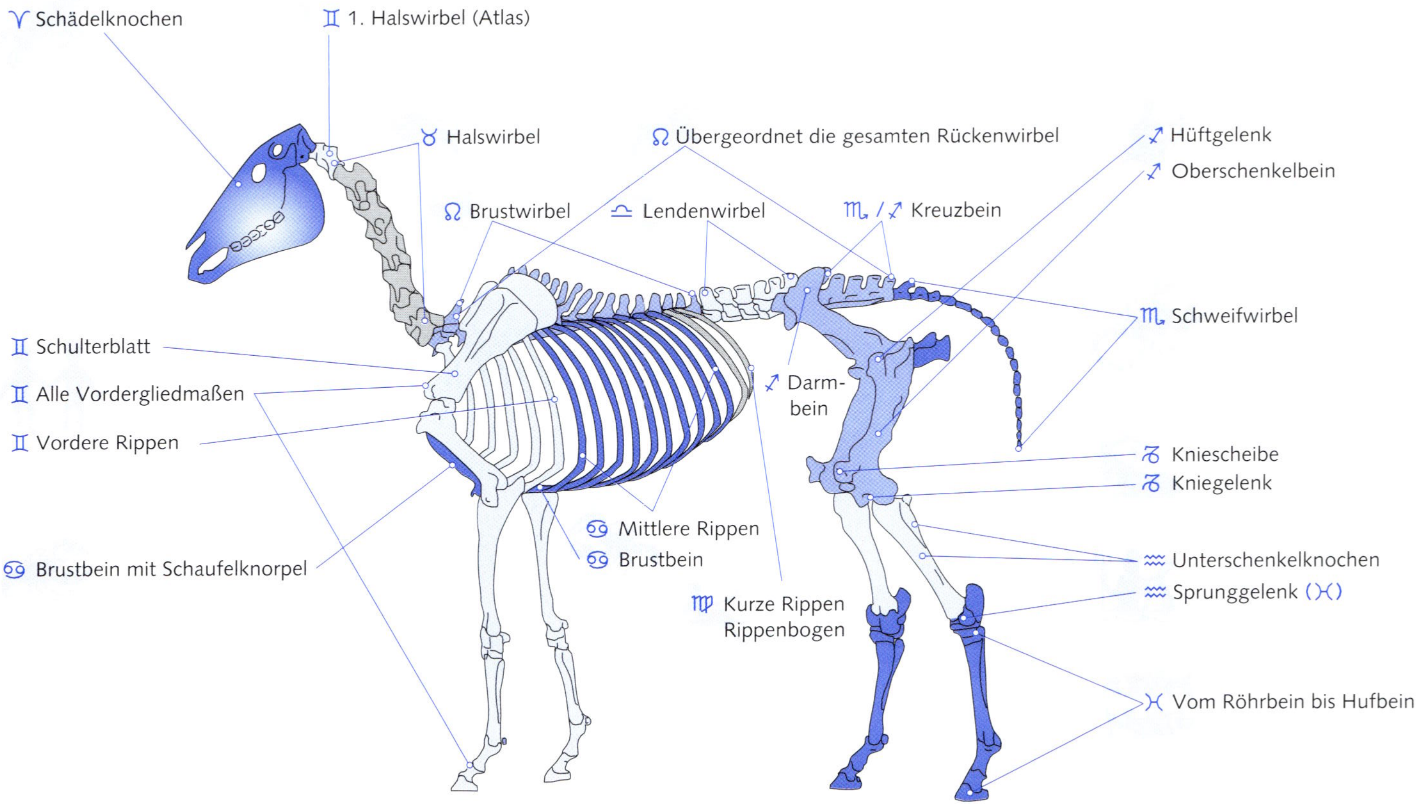

♈ Schädelknochen
♊ 1. Halswirbel (Atlas)
♉ Halswirbel
♌ Übergeordnet die gesamten Rückenwirbel
♐ Hüftgelenk
♐ Oberschenkelbein
♌ Brustwirbel
♎ Lendenwirbel
♏ / ♐ Kreuzbein
♏ Schweifwirbel
♊ Schulterblatt
♊ Alle Vordergliedmaßen
♊ Vordere Rippen
♐ Darm-
bein
♑ Kniescheibe
♑ Kniegelenk
♋ Mittlere Rippen
♋ Brustbein
♋ Brustbein mit Schaufelknorpel
♒ Unterschenkelknochen
♒ Sprunggelenk (♓)
♍ Kurze Rippen
Rippenbogen
♓ Vom Röhrbein bis Hufbein

Die Eingeweide

Lage der Eingeweide auf der linken Seite

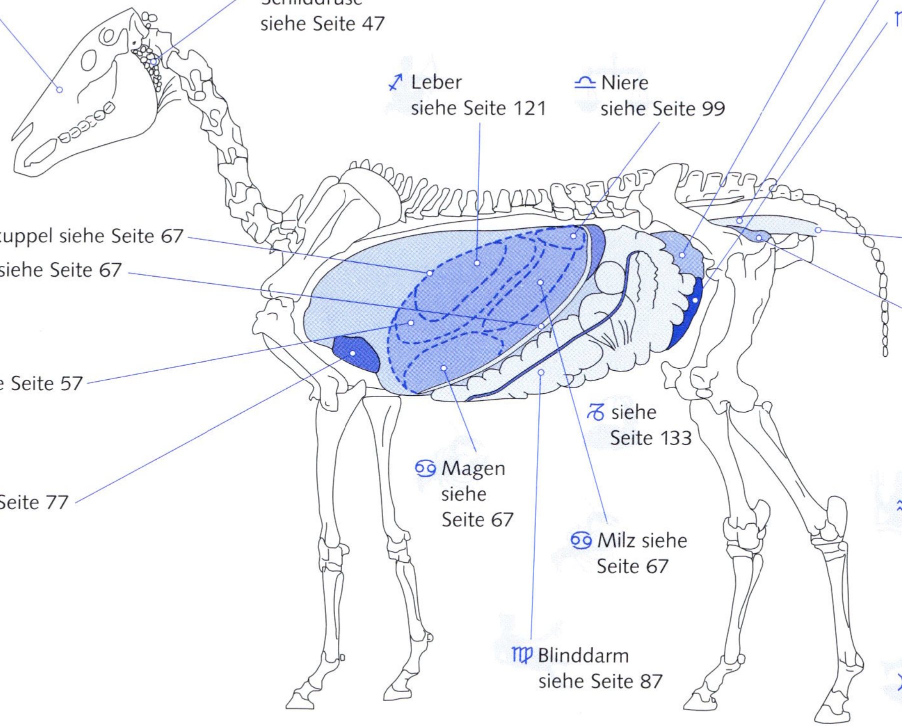

Literaturverzeichnis

AINSLIE, TOM/BONNIE LEDBETTER: So verstehen Sie Ihr Pferd. BLV, München 1993

ALBRECHT KURT: Ausbildungshilfen für Pferd und Reiter. BLV, München 1992

BANZHAF, HAJO/ANNA HAEBLER: Schlüsselworte zur Astrologie. Hugendubel, München 1997

BRANDL, SELMA: Harmonie im Sattel. BLV, München 1997

BRUNS, URSULA/LINDA TELLINGTON-JONES: So erzieht man sein Pferd. MÜLLER RÜSCHLIKON, Cham 1995

DAHLKE, RÜDIGER/NICOLAUS KLEIN: Das senkrechte Weltbild. Hugendubel, München 1986

EBERTIN, REINHOLD: Anatomische Entsprechungen der Tierkreisgrade. EBERTIN, Freiburg i. B. 1991

GABRIELE: Sein Auge, die Buchhaltung Gottes, der Mikrokosmos im Makrokosmos. Marktheidenfeld 1992

GABRIELE: Die kosmische Uhr, und das Netzwerk Deiner Haut. Marktheidenfeld 1996

GREEN, LIZ/HOWARD SASPORTAS: Sonne und Mond. Hugendubel, München 1994

HAMMERLE, BEATE: Die Kraft der Düfte, die Machte der Gerüche. Pinguin, Innsbruck 1995

HAMMERLE, BEATE: Die Kraft des Mondes. Pinguin, Innsbruck 1995

HEMPFLING, KLAUS FERDINAND: Die Botschaft der Pferde. Franckh-Kosmos, Stuttgart 1995

HEMPFLING, KLAUS FERDINAND: Mit Pferden tanzen. Franckh-Kosmos, Stuttgart 1993

HÜRLIMANN, GERTRUD I.: Astrologie. M&T Verlag Edition Astroterra, Zürich 1992

KLEIN, NICOLAUS: Glück und Selbstverwirklichung im Horoskop. Hugendubel, München 1994

KLÖCKLER, FREIHERR VON: Kursus der Astrologie. Bauer, Freiburg i. B. 1991

LIOBANI: Du das Tier - du der Mensch. B&W, Würzburg 1991

MATZ, FRANZ: Astrologische Konstellationen und Aspekte als Teil universeller Ganzheitstherapie. Sommer, Tenningen 1990

MERTZ, BERND. A.: Das Handbuch der Astromedizin. Heyne 1991

PAUNGGER, JOHANNA/THOMAS POPPE: Vom richtigen Zeitpunkt. Hugendubel 1996

REINHART, MELANIE: Chiron - Heiler und Botschafter des Kosmos. Edition Astrodata, Wettswil 1994

RUDHYAR, DANE: Die astrologischen Zeichen, der Rhythmus des Zodiak. Hugendubel, München 1987

STAR, GLORIA: Das Kind im Horoskop. Ebertin, Freiburg i. Br. 1994

Erklärung der Fachausdrücke

Allkommunikation
ist das unendliche Strahlungsnetz, das keine Begrenzung kennt.

Urbausteine
sind feinstofflicher Natur. Sie vertreten geistige Prinzipien, deren Eigenschwingung wir z. B. in den vier Elementen wie Feuer, Erde, Luft und Wasser wiederfinden. Gleichzeitig sind sie Informationsträger und Bindeglieder, die von dem einen zum anderen Element überleiten.

Element
In den 12 Tierkreiszeichen sind dreimal die vier Elemente Feuer, Erde, Luft und Wasser in einer jeweils unterschiedlichen Grundqualität vertreten.

Grundqualität
wird bestimmt von einer sich aufbauenden, erhaltenden, oder einer sich variablen Schwingungszahl.

Partikelströme
sind ein vom unendlichen Strahlungsnetz und seinen kosmischen Konstellationen ausgehendes Zusammenwirken von Urbausteinen, deren Energiemuster bestimmte Grund- und Impulsqualitäten aussenden.

Teilseele
Sie ist der Energiekörper, die für uns unsichtbare Form eines Tieres, die deshalb Teilseele genannt wird, weil sie im Vergleich zur menschlichen Seele, die alle Bewußtseinskräfte der Schöpfung in sich trägt, nur Teilbereiche erschlossen hat.

Naturwesen
bilden die geistigen Evolutionsstufen und sind gleichzeitig die feinstofflichen Ausdrucksformen von Mineral-, Natur- und Tierreich. Es sind geistige Wesenheiten unterschiedlichster Art, die wir aus der Sagen- und Märchenwelt kennen. Erst wenn sie alle Entwicklungsstufen durchlebt und integriert haben, werden sie zum reinen Naturwesen erhoben und können die Kindschaft Gottes antreten.

Horoskop
ist die grafische Darstellung der Sternenkonstellation am Himmel zu dem Zeitpunkt einer Geburt oder eines Ereignisses.

Pol
Die zwölf Tierkreiszeichen werden auch in männliche und weibliche Grundenergien eingeteilt.
Die männliche, oder Yang-Energie, gilt als aktive, sich bündelnde, und die weibliche, oder Yin-Energie, gilt als die passive, sich ausdehnende Kraft.

Herrscherplanet
Jeder Wanderstern oder Planet unseres materiellen Kosmos vertritt ein bestimmtes Energieprinzip, das in Übereinstimmung (mit der Grundschwingung) eines speziell ihm zugeordneten Tierkreiszeichens die gemeinsame Grundschwingung verstärkt. So wird z. B. im Sternbild Schütze der Jupiter zum Herrscherplanet erhoben.

Die Deutsche Bibliothek - CIP-Einheitsaufnahme

Rauth, Barbara:
Pferd und Reiter in Harmonie mit den Mondrhythmen : mit aktuellem Mondkalender / Barbara Rauth. - München ; Wien ; Zürich : BLV, 1998
ISBN 3-405-15003-5

Informationen über astrologische Beratungen erhalten Sie bei der BLV Verlagsgesellschaft mbH, Lothstraße 29, 80797 München, Tel. 089/1 27 05-449, Fax/1 27 05-547

Bildnachweis

Bavaria Bildagentur: S. 2/3, 25, 28/29 Hintergrundfotos
Erwin Escher: S. 35, 93, 130/131
Lothar Lenz: S. 141
Maximilian Schreiner: S. 53

Abbildungen: S. 154, 155, 157, 158 aus Hickman: Der richtige Hufbeschlag (BLV München)

Grafiken: Daniela Farnhammer

BLV Verlagsgesellschaft mbH
München Wien Zürich
80797 München

Umschlaggestaltung: Daniela Farnhammer
Umschlagfoto: Bavaria Bildagentur
Umschlagfoto hinten: Barbara Rauth

Herstellung: Peter Rudolph
Satz und Layout: Daniela Farnhammer
Druck und Bindung: Bosch Druck, Landshut

Gedruckt auf chlorfrei gebleichtem Papier

Printed in Germany · ISBN 3-405-15003-5

APRIL

☉ ♈ Sonne in Widder

Mi	1			♊	
Do	2	ab	20.11	♋	
Fr	3			♋	☽
Sa	4			♋	
So	**5**	**ab**	**03.37**	♌	
Mo	6			♌	
Di	7	ab	14.26	♍	
Mi	8			♍	
Do	9			♍	
Fr	10	ab	03.05	♎	
Sa	11	um	23.22	♎	○
So	**12**	**ab**	**15.57**	♏	
Mo	13			♏	
Di	14			♏	
Mi	15	ab	03.53	♐	
Do	16			♐	
Fr	17	ab	14.06	♑	
Sa	18			♑	
So	**19**	**ab**	**21.42**	♒	☾
Mo	20			♒	

Hochfrühling

☉ ♉ Sonne in Stier

Di	21			♒	
Mi	22	ab	02.07	♓	
Do	23			♓	
Fr	24	ab	03.31	♈	
Sa	25			♈	
So	**26**	**ab**	**03.10**	♉	●
Mo	27			♉	
Di	28	ab	02.56	♊	
Mi	29			♊	
Do	30	ab	04.58	♋	

MAI

☉ ♉ Sonne in Stier

Fr	1			♋	
Sa	2	ab	10.50	♌	
So	**3**			♌	☽
Mo	4	ab	20.48	♍	
Di	5			♍	
Mi	6			♍	
Do	7	ab	09.20	♎	
Fr	8			♎	
Sa	9	ab	22.10	♏	
So	**10**			♏	
Mo	11	um	15.27	♐	○
Di	12	ab	09.49	♐	
Mi	13			♐	
Do	14	ab	19.40	♑	
Fr	15			♑	
Sa	16			♑	
So	**17**	**ab**	**03.31**	♒	
Mo	18			♒	
Di	19	ab	09.04	♓	☾
Mi	20			♓	
Do	21	ab	12.07	♈	

Spätfrühling

☉ ♊ Sonne in Zwillinge

Fr	22			♈	
Sa	23	ab	13.07	♉	
So	**24**			♉	
Mo	25	ab	13.26	♊	●
Di	26			♊	
Mi	27	ab	14.59	♋	
Do	28			♋	
Fr	29	ab	19.39	♌	
Sa	30			♌	
So	**31**			♌	

JUNI

☉ ♊ Sonne in Zwillinge

Mo	1	ab	04.22	♍	
Di	2			♍	☽
Mi	3	ab	16.18	♎	
Do	4			♎	
Fr	5			♎	
Sa	6	ab	05.07	♏	
So	**7**			♏	
Mo	8	ab	16.35	♐	
Di	9			♐	
Mi	10	um	05.17	♐	○
Do	11	ab	01.51	♑	
Fr	12			♑	
Sa	13	ab	09.04	♒	
So	**14**			♒	
Mo	15	ab	14.32	♓	
Di	16			♓	
Mi	17	ab	18.24	♈	☾
Do	18			♈	
Fr	19	ab	20.48	♉	
Sa	20			♉	
So	**21**	**ab**	**22.27**	♊	

Sommerbeginn

☉ ♋ Sonne in Krebs

Mo	22			♊	
Di	23			♊	
Mi	24	ab	00.40	♋	●
Do	25			♋	
Fr	26	ab	05.05	♌	
Sa	27			♌	
So	**28**	**ab**	**12.55**	♍	
Mo	29			♍	
Di	30			♍	

Juli

☉ ♋ Sonne in Krebs

Mi	1	ab 00.06	♎	☽
Do	2		♎	
Fr	3	ab 12.46	♏	
Sa	4		♏	
So	**5**		♏	
Mo	6	ab 00.25	♐	
Di	7		♐	
Mi	8	ab 09.28	♑	
Do	9	um 16.58	♑	○
Fr	10	ab 15.53	♒	
Sa	11		♒	
So	**12**	**ab 20.23**	♓	
Mo	13		♓	
Di	14	ab 23.46	♈	
Mi	15		♈	
Do	16		♈	☾
Fr	17	ab 02.34	♉	
Sa	18		♉	
So	**19**	**ab 05.19**	♊	
Mo	20		♊	
Di	21	ab 08.44	♋	
Mi	22		♋	
Do	23	ab 13.50	♌	●

Hochsommer

☉ ♌ Sonne in Löwe

Fr	24		♌	
Sa	25	ab 21.35	♍	
So	**26**		♍	
Mo	27		♎	
Di	28	ab 08.15	♎	
Mi	29		♎	
Do	30	ab 20.45	♏	
Fr	31		♏	☽

August

☉ ♌ Sonne in Löwe

Sa	1		♐	
So	**2**	**ab 08.49**	♐	
Mo	3		♐	
Di	4	ab 18.19	♑	
Mi	5		♑	
Do	6		♑	
Fr	7	ab 00.32	♒	
Sa	8	um 03.07	♒	○
So	**9**	**ab 04.05**	♓	
Mo	10		♓	
Di	11	ab 06.11	♈	
Mi	12		♈	
Do	13	ab 08.05	♉	
Fr	14		♉	☾
Sa	15	ab 10.47	♊	
So	**16**		♊	
Mo	17	ab 14.46	♋	
Di	18		♋	
Mi	19	ab 21.02	♌	
Do	20		♌	
Fr	21		♌	●
Sa	22	ab 05.22	♍	
So	**23**		♍	

Spätsommer

☉ ♍ Sonne in Jungfrau

Mo	24	ab 16.03	♎	
Di	25		♎	
Mi	26		♎	
Do	27	ab 04.26	♏	
Fr	28		♏	
Sa	29	ab 16.56	♐	
So	**30**		♐	☽
Mo	31		♐	

September

☉ ♍ Sonne in Jungfrau

Di	1	ab 03.24	♑	
Mi	2		♑	
Do	3	ab 10.22	♒	
Fr	4		♒	
Sa	5	ab 13.49	♓	
So	**6**	**um 12.17**	♓	○
Mo	7	ab 14.53	♈	
Di	8		♈	
Mi	9	ab 15.17	♉	
Do	10		♉	
Fr	11	ab 16.41	♊	
Sa	12		♊	
So	**13**	**ab 20.21**	♋	☾
Mo	14		♋	
Di	15		♋	
Mi	16	ab 02.49	♌	
Do	17		♌	
Fr	18	ab 11.53	♍	
Sa	19		♍	●
So	**20**	**ab 22.58**	♎	
Mo	21		♎	
Di	22		♎	
Mi	23	ab 11.23	♏	

Herbstbeginn

☉ ♎ Sonne in Waage

Do	24		♏	
Fr	25		♏	
Sa	26	ab 00.06	♐	
So	**27**		♐	
Mo	28	ab 11.31	♑	☽
Di	29		♑	
Mi	30	ab 19.54	♒	

Oktober

⊙ ♎ Sonne in Waage

Do	1			♒	
Fr	2			♒	
Sa	3	ab	00.24	♓	
So	**4**			♓	
Mo	5	ab	01.33	♈	○
Di	6			♈	
Mi	7	ab	00.58	♉	
Do	8			♉	
Fr	9	ab	00.45	♊	
Sa	10			♊	
So	**11**	**ab**	**02.49**	♋	
Mo	12			♋	☾
Di	13	ab	08.26	♌	
Mi	14			♌	
Do	15	ab	17.33	♍	
Fr	16			♍	
Sa	17			♍	
So	**18**	**ab**	**05.03**	♎	
Mo	19			♎	●
Di	20	ab	17.37	♏	
Mi	21			♏	
Do	22			♏	
Fr	23	ab	06.17	♐	

Herbstbeginn

⊙ ♏ Sonne in Skorpion

Sa	24			♐	
So	**25**	**ab**	**18.06**	♑	
Mo	26			♑	
Di	27			♑	
Mi	28	ab	03.45	♒	☽
Do	29			♒	
Fr	30	ab	09.59	♓	
Sa	31			♓	

November

⊙ ♏ Sonne in Skorpion

So	**1**	**ab**	**12.28**	♈	
Mo	2			♈	
Di	3	ab	12.13	♉	
Mi	4	um	06.19	♉	○
Do	5	ab	11.12	♊	
Fr	6			♊	
Sa	7	ab	11.40	♋	
So	**8**			♋	
Mo	9	ab	15.34	♌	
Di	10			♌	
Mi	11	ab	23.28	♍	☾
Do	12			♍	
Fr	13			♍	
Sa	14	ab	10.59	♎	
So	**15**			♎	
Mo	16	ab	23.42	♏	
Di	17			♏	
Mi	18			♏	●
Do	19	ab	12.14	♐	
Fr	20			♐	
Sa	21	ab	23.46	♑	
So	**22**			♑	

Spätherbst

⊙ ♐ Sonne in Schütze

Mo	23			♒	
Di	24	ab	09.44	♒	
Mi	25			♒	
Do	26	ab	17.15	♓	
Fr	27			♓	☽
Sa	28	ab	21.35	♈	
So	**29**			♈	
Mo	30	ab	22.54	♉	

Dezember

⊙ ♐ Sonne in Schütze

Di	1			♉	
Mi	2	ab	22.31	♊	
Do	3	um	16.21	♊	○
Fr	4	ab	22.29	♋	
Sa	5			♋	
So	**6**			♋	
Mo	7	ab	00.56	♌	
Di	8			♌	
Mi	9	ab	07.22	♍	
Do	10			♍	☾
Fr	11	ab	17.44	♎	
Sa	12			♎	
So	**13**			♎	
Mo	14	ab	06.17	♏	
Di	15			♏	
Mi	16	ab	18.48	♐	
Do	17			♐	
Fr	18	um	23.43	♐	●
Sa	19	ab	05.56	♑	
So	**20**			♑	
Mo	21	ab	15.18	♒	
Di	22			♒	

Winterbeginn

⊙ ♑ Sonne in Steinbock

Mi	23	ab	22.46	♓	
Do	24			♓	
Fr	25			♓	
Sa	26	ab	04.05	♈	☽
So	**27**			♈	
Mo	28	ab	07.06	♉	
Di	29			♉	
Mi	30	ab	08.23	♊	
Do	31			♊	

Mondkalender für das Jahr 1998

Januar

☉ ♑ Sonne in Steinbock

Do	1				
Fr	2	ab	10.57	♓	
Sa	3			♓	
So	**4**	**ab**	**13.44**	♈	
Mo	5			♈	☽
Di	6	ab	16.53	♉	
Mi	7			♉	
Do	8	ab	20.43	♊	
Fr	9			♊	
Sa	10			♊	
So	**11**	**ab**	**01.44**	♋	
Mo	12	um	18.26	♋	○
Di	13	ab	08.46	♌	
Mi	14			♌	
Do	15	ab	18.32	♍	
Fr	16			♍	
Sa	17			♍	
So	**18**	**ab**	**06.45**	♎	☾
Mo	19			♎	
Di	20	ab	19.35	♏	

Hochwinter

☉ ♒ Sonne in Wassermann

Mi	21			♏	
Do	22			♏	
Fr	23	ab	06.26	♐	
Sa	24			♐	
So	**25**	**ab**	**13.40**	♑	
Mo	26			♑	
Di	27	ab	17.28	♒	
Mi	28	um	06.58	♒	●
Do	29	ab	19.09	♓	
Fr	30			♓	
Sa	31	ab	20.22	♈	

Februar

☉ ♒ Sonne in Wassermann

So	**1**			♈	
Mo	2	ab	22.26	♉	
Di	3			♉	☽
Mi	4			♉	
Do	5	ab	02.10	♊	
Fr	6			♊	
Sa	7	ab	07.58	♋	
So	**8**			♋	
Mo	9	ab	15.48	♌	
Di	10			♌	
Mi	11	um	11.25	♌	○
Do	12	ab	02.10	♍	
Fr	13			♍	
Sa	14	ab	14.18	♎	
So	**15**			♎	
Mo	16			♎	
Di	17	ab	03.14	♏	
Mi	18			♏	

Winterende

☉ ♓ Sonne in Fische

Do	19	ab	14.57	♐	☾
Fr	20			♐	
Sa	21	ab	23.31	♑	
So	**22**			♑	
Mo	23			♑	
Di	24	ab	04.11	♒	
Mi	25			♒	
Do	26	ab	05.43	♓	●
Fr	27			♓	
Sa	28	ab	05.43	♈	

März

☉ ♓ Sonne in Fische

So	**1**			♈	
Mo	2	ab	06.01	♉	
Di	3			♉	
Mi	4	ab	08.16	♊	
Do	5			♊	☽
Fr	6	ab	13.28	♋	
Sa	7			♋	
So	**8**	**ab**	**21.47**	♌	
Mo	9			♌	
Di	10			♌	
Mi	11	ab	08.36	♍	
Do	12			♍	○
Fr	13	ab	20.59	♎	
Sa	14			♎	
So	**15**			♎	
Mo	16	ab	09.52	♏	
Di	17			♏	
Mi	18	ab	21.57	♐	
Do	19			♐	
Fr	20			♐	

Frühlingsbeginn

☉ ♈ Sonne in Widder

Sa	21	ab	07.44	♑	☾
So	**22**			♑	
Mo	23	ab	14.02	♒	
Di	24			♒	
Mi	25	ab	16.44	♓	
Do	26			♓	
Fr	27	ab	16.50	♈	
Sa	28	um	04.13	♈	●
So	**29**	**ab**	**16.07**	♉	
Mo	30			♉	
Di	31	ab	16.39	♊	

April

Do	1			♎	
Fr	2	ab	13.50	♏	
Sa	3			♏	
S0o	**4**			♏	
Mo	5	ab	02.08	♐	
Di	6			♐	
Mi	7	ab	14.40	♑	
Do	8			♑	
Fr	9			♑	☾
Sa	10	ab	01.25	♒	
So	**11**			♒	
Mo	12	ab	08.36	♓	
Di	13			♓	
Mi	14	ab	11.47	♈	
Do	15			♈	●
Fr	16	ab	12.08	♉	
Sa	17			♉	
So	**18**	**ab**	**11.40**	♊	
Mo	19			♊	
Di	20	ab	12.28	♋	
Mi	21			♋	

⊙ ♈ Sonne in Widder

Hochfrühling

Do	22	ab	16.07	♌	☽
Fr	23			♌	
Sa	24	ab	23.05	♍	
So	**25**			♍	
Mo	26			♍	
Di	27	ab	08.47	♎	
Mi	28			♎	
Do	29	ab	20.14	♏	
Fr	30	um	15.55	♏	○

⊙ ♉ Sonne in Stier

Mai

Sa	1			♏	
So	**2**	**ab**	**08.37**	♐	
Mo	3			♐	
Di	4	ab	21.13	♑	
Mi	5			♑	
Do	6			♑	
Fr	7	ab	08.41	♒	
Sa	8			♒	☾
So	**9**	**ab**	**17.17**	♓	
Mo	10			♓	
Di	11	ab	21.54	♈	
Mi	12			♈	
Do	13	ab	22.57	♉	
Fr	14			♉	●
Sa	15	ab	22.08	♊	
So	**16**			♊	
Mo	17	ab	21.40	♋	
Di	18			♋	
Mi	19	ab	23.38	♌	
Do	20			♌	

⊙ ♉ Sonne in Stier

Spätfrühling

Fr	21			♌	
Sa	22	ab	05.16	♍	☽
So	**23**			♍	
Mo	24	ab	14.30	♎	
Di	25			♎	
Mi	26			♎	
Do	27	ab	02.06	♏	
Fr	28			♏	
Sa	29	ab	14.38	♐	
So	**30**			♐	
Mo	31	um	07.40	♐	○

⊙ ♊ Sonne in Zwillinge

Juni

Di	1	ab	03.07	♑	
Mi	2			♑	
Do	3	ab	14.38	♒	
Fr	4			♒	
Sa	5			♒	
So	**6**	**ab**	**00.02**	♓	
Mo	7			♓	☾
Di	8	ab	06.09	♈	
Mi	9			♈	
Do	10	ab	08.44	♉	
Fr	11			♉	
Sa	12	ab	08.49	♊	
So	**13**	**um**	**20.04**	♊	●
Mo	14	ab	08.15	♋	
Di	15			♋	
Mi	16	ab	09.08	♌	
Do	17			♌	
Fr	18	ab	13.13	♍	
Sa	19			♍	
So	**20**	**ab**	**21.11**	♎	☽
Mo	21			♎	

⊙ ♊ Sonne in Zwillinge

Sommeranfang

Di	22			♎	
Mi	23	ab	08.19	♏	
Do	24			♏	
Fr	25	ab	20.52	♐	
Sa	26			♐	
So	**27**			♐	
Mo	28	ab	09.13	♑	○
Di	29			♑	
Mi	30	ab	20.20	♒	

⊙ ♋ Sonne in Krebs

Juli

☉ ♋ Sonne in Krebs

Do	1			♒	
Fr	2			♒	
Sa	3	ab	05.35	♓	
So	**4**			♓	
Mo	5	ab	12.22	♈	
Di	6			♈	☾
Mi	7	ab	16.23	♉	
Do	8			♉	
Fr	9	ab	18.01	♊	
Sa	10			♊	
So	**11**	**ab**	**18.28**	♋	
Mo	12			♋	●
Di	13	ab	19.27	♌	
Mi	14			♌	
Do	15	ab	22.40	♍	
Fr	16			♍	
Sa	17			♍	
So	**18**	**ab**	**05.20**	♎	
Mo	19			♎	
Di	20	ab	15.31	♏	☽
Mi	21			♏	

Hochsommer

☉ ♌ Sonne in Löwe

Do	22			♏	
Fr	23	ab	03.49	♐	
Sa	24			♐	
So	**25**	**ab**	**16.09**	♑	
Mo	26			♑	
Di	27			♑	
Mi	28	ab	02.55	♒	○
Do	29			♒	
Fr	30	ab	11.28	♓	
Sa	31			♓	

August

☉ ♌ Sonne in Löwe

So	**1**	**ab**	**17.48**	♈	
Mo	2			♈	
Di	3	ab	22.10	♉	
Mi	4			♉	☾
Do	5			♉	
Fr	6	ab	00.58	♊	
Sa	7			♊	
So	**8**	**ab**	**02.54**	♋	
Mo	9			♋	
Di	10	ab	04.57	♌	
Mi	11	um	12.10	♌	●
Do	12	ab	08.23	♍	
Fr	13			♍	
Sa	14	ab	14.25	♎	
So	**15**			♎	
Mo	16	ab	23.41	♏	
Di	17			♏	
Mi	18			♏	
Do	19	ab	11.33	♐	☽
Fr	20			♐	
Sa	21			♐	
So	**22**	**ab**	**00.00**	♑	
Mo	23			♑	

Spätsommer

☉ ♍ Sonne in Jungfrau

Di	24	ab	09.50	♒	
Mi	25			♒	
Do	26	ab	18.51	♓	
Fr	27	um	00.46	♓	○
Sa	28			♓	
So	**29**	ab	**00.10**	♈	
Mo	30			♈	
Di	31	ab	03.42	♉	

September

☉ ♍ Sonne in Jungfrau

Mi	1			♊	
Do	2	ab	06.26	♊	☾
Fr	3			♊	
Sa	4	ab	09.11	♋	
So	**5**			♋	
Mo	6	ab	12.30	♌	
Di	7			♌	
Mi	8	ab	16.58	♍	
Do	9	um	23.03	♍	●
Fr	10	ab	23.17	♎	
Sa	11			♎	
So	**12**			♎	
Mo	13	ab	08.09	♏	
Di	14			♏	
Mi	15	ab	19.36	♐	
Do	16			♐	
Fr	17			♐	☽
Sa	18	ab	08.14	♑	
So	**19**			♑	
Mo	20	ab	19.39	♒	
Di	21			♒	
Mi	22			♒	
Do	23	ab	03.52	♓	

Herbstbeginn

☉ ♎ Sonne in Waage

Fr	24			♓	
Sa	25	ab	08.35	♈	○
So	**26**			♈	
Mo	27	ab	10.52	♉	
Di	28			♉	
Mi	29	ab	12.22	♊	
Do	30			♊	

OKTOBER

⊙ ♎ Sonne in Waage

Fr	1	ab	14.32	♋	
Sa	2			♋	☾
So	**3**	**ab**	**18.14**	♌	
Mo	4			♌	
Di	5	ab	23.41	♍	
Mi	6			♍	
Do	7			♍	
Fr	8	ab	06.53	♎	
Sa	9	um	12.38	♎	●
So	**10**	**ab**	**16.02**	♏	
Mo	11			♏	
Di	12			♏	
Mi	13	ab	03.20	♐	
Do	14			♐	
Fr	15	ab	16.05	♑	
Sa	16			♑	
So	**17**			♑	☽
Mo	18	ab	04.18	♒	
Di	19			♒	
Mi	20	ab	13.34	♓	
Do	21			♓	
Fr	22	ab	18.42	♈	
Sa	23			♈	

Hochherbst

⊙ ♏ Sonne in Skorpion

So	**24**	**ab**	**22.01**	♉	○
Mo	25			♉	
Di	26	ab	20.34	♊	
Mi	27			♊	
Do	28	ab	21.10	♋	
Fr	29			♋	
Sa	30	ab	23.48	♌	
So	**31**			♌	☾

NOVEMBER

⊙ ♏ Sonne in Skorpion

Mo	1			♌	
Di	2	ab	05.08	♍	
Mi	3			♍	
Do	4	ab	12.58	♎	
Fr	5			♎	
Sa	6	ab	22.47	♏	
So	**7**			♏	
Mo	8	um	04.54	♏	●
Di	9	ab	10.16	♐	
Mi	10			♐	
Do	11	ab	23.01	♑	
Fr	12			♑	
Sa	13			♑	
So	**14**	**ab**	**11.47**	♒	
Mo	15			♒	
Di	16	ab	22.22	♓	☽
Mi	17			♓	
Do	18			♓	
Fr	19	ab	04.58	♈	
Sa	20			♈	
So	**21**	**ab**	**07.27**	♉	○
Mo	22			♉	

Spätherbst

⊙ ♐ Sonne in Schütze

Di	23	ab	07.15	♊	
Mi	24			♊	
Do	25	ab	06.30	♋	
Fr	26			♋	
Sa	27	ab	07.20	♌	
So	**28**			♌	
Mo	29	ab	11.12	♍	
Di	30			♍	☾

DEZEMBER

⊙ ♐ Sonne in Schütze

Mi	1	ab	18.30	♎	
Do	2			♎	
Fr	3	ab	04.36	♏	
Sa	4			♏	
So	**5**			♏	
Mo	6	ab	16.28	♐	
Di	7	um	23.10	♐	●
Mi	8			♐	
Do	9	ab	05.15	♑	
Fr	10			♑	
Sa	11	ab	18.00	♒	
So	**12**			♒	
Mo	13			♒	
Di	14	ab	15.19	♓	
Mi	15			♓	
Do	16	ab	13.31	♈	☽
Fr	17			♈	
Sa	18	ab	17.46	♉	
So	**19**			♉	
Mo	20	ab	18.40	♊	
Di	21			♊	
Mi	22	ab	17.53	♋	○

Winterbeginn

⊙ ♑ Sonne in Steinbock

Do	23			♋	
Fr	24	ab	17.33	♌	
Sa	25			♌	
So	**26**	**ab**	**19.35**	♍	
Mo	27			♍	
Di	28			♍	
Mi	29	ab	01.15	♎	☾
Do	30			♎	
Fr	31	ab	10.37	♏	

Mondkalender für das Jahr 1999

Januar

☉ ♑ Sonne in Steinbock

Fr	1	ab	09.16	♋	
Sa	2	um	03.50	♋	○
So	**3**	**ab**	**11.32**	♌	
Mo	4			♌	
Di	5	ab	16.50	♍	
Mi	6			♍	
Do	7			♍	
Fr	8	ab	01.54	♎	
Sa	9			♎	☾
So	**10**	**ab**	**13.50**	♏	
Mo	11			♏	
Di	12			♏	
Mi	13	ab	02.24	♐	
Do	14			♐	
Fr	15	ab	13.30	♑	
Sa	16			♑	●
So	**17**	**ab**	**22.12**	♒	
Mo	18			♒	
Di	19			♒	
Mi	20	ab	04.41	♓	

Hochwinter

☉ ♒ Sonne in Wassermann

Do	21			♓	
Fr	22	ab	09.26	♈	
Sa	23			♈	
So	**24**	**ab**	**12.53**	♉	☽
Mo	25			♉	
Di	26	ab	15.30	♊	
Mi	27			♊	
Do	28	ab	17.58	♋	
Fr	29			♋	
Sa	30	ab	21.17	♌	
So	**31**			♌	

Februar

☉ ♒ Sonne in Wassermann

Mo	1			♌	
Di	2	ab	02.38	♍	
Mi	3			♍	
Do	4	ab	10.57	♎	
Fr	5			♎	
Sa	6	ab	22.07	♏	
So	**7**			♏	
Mo	8			♏	☾
Di	9	ab	10.39	♐	
Mi	10			♐	
Do	11	ab	22.11	♑	
Fr	12			♑	
Sa	13			♑	
So	**14**	**ab**	**06.58**	♒	
Mo	15			♒	●
Di	16	ab	12.41	♓	
Mi	17			♓	
Do	18	ab	16.07	♈	
Fr	19			♈	

Winterende

☉ ♓ Sonne in Fische

Sa	20	ab	18.30	♉	
So	**21**			♉	
Mo	22	ab	20.55	♊	
Di	23			♊	☽
Mi	24			♊	
Do	25	ab	00.10	♋	
Fr	26			♋	
Sa	27	ab	04.45	♌	
So	**28**			♌	

März

☉ ♓ Sonne in Fische

Mo	1	ab	11.06	♍	
Di	2	um	08.00	♍	○
Mi	3	ab	19.35	♎	
Do	4			♎	
Fr	5			♎	
Sa	6	ab	06.23	♏	
So	**7**			♏	
Mo	8	ab	18.47	♐	
Di	9			♐	
Mi	10			♐	☾
Do	11	ab	06.55	♑	
Fr	12			♑	
Sa	13	ab	16.33	♒	
So	**14**			♒	
Mo	15	ab	22.31	♓	
Di	16			♓	
Mi	17	um	19.44	♓	●
Do	18	ab	01.14	♈	
Fr	19			♈	
Sa	20	ab	02.10	♉	
So	**21**			♉	

Frühlingsbeginn

☉ ♈ Sonne in Widder

Mo	22	ab	03.06	♊	
Di	23			♊	
Mi	24	ab	05.34	♋	☽
Do	25			♋	
Fr	26	ab	10.23	♌	
Sa	27			♌	
So	**28**	**ab**	**17.35**	♍	
Mo	29			♍	
Di	30			♍	
Mi	31	ab	02.50	♎	

April

⊙ ♈ Sonne in Widder

Sa	1	ab	09.13	♓	
So	**2**			♓	
Mo	3	ab	16.23	♈	
Di	4	um	19.08	♈	●
Mi	5	ab	20.30	♉	
Do	6			♉	
Fr	7	ab	22.59	♊	
Sa	8			♊	
So	**9**			♊	
Mo	10	ab	01.17	♋	
Di	11			♋	☽
Mi	12	ab	04.17	♌	
Do	13			♌	
Fr	14	ab	08.20	♍	
Sa	15			♍	
So	**16**	**ab**	**13.37**	♎	
Mo	17			♎	○
Di	18	ab	20.36	♏	
Mi	19			♏	

Hochfrühling

⊙ ♉ Sonne in Stier

Do	20			♏	
Fr	21	ab	05.59	♐	
Sa	22			♐	
So	**23**	**ab**	**17.48**	♑	
Mo	24			♑	
Di	25			♑	
Mi	26	ab	06.43	♒	☾
Do	27			♒	
Fr	28	ab	18.07	♓	
Sa	29			♓	
So	**30**			♓	

Mai

⊙ ♉ Sonne in Stier

Mo	1	ab	01.56	♈	
Di	2			♈	
Mi	3	ab	05.55	♉	
Do	4	um	05.11	♉	●
Fr	5	ab	07.24	♊	
Sa	6			♊	
So	**7**	**ab**	**08.15**	♋	
Mo	8			♋	
Di	9	ab	10.02	♌	
Mi	10			♌	☽
Do	11	ab	13.42	♍	
Fr	12			♍	
Sa	13	ab	19.28	♎	
So	**14**			♎	
Mo	15			♎	
Di	16	ab	03.17	♏	
Mi	17			♏	○
Do	18	ab	13.10	♐	
Fr	19			♐	
Sa	20			♐	

Spätfrühling

⊙ ♊ Sonne in Zwillinge

So	**21**	**ab**	**01.02**	♑	
Mo	22			♑	
Di	23	ab	14.01	♒	
Mi	24			♒	
Do	25			♒	
Fr	26	ab	02.08	♓	☾
Sa	27			♓	
So	**28**	**ab**	**11.09**	♈	
Mo	29			♈	
Di	30	ab	16.03	♉	
Mi	31			♉	

Juni

⊙ ♊ Sonne in Zwillinge

Do	1	ab	20.18	♊	●
Fr	2			♊	
Sa	3	ab	17.31	♋	
So	**4**			♋	
Mo	5	ab	17.47	♌	
Di	6			♌	
Mi	7	ab	19.58	♍	
Do	8			♍	☽
Fr	9			♍	
Sa	10	ab	01.00	♎	
So	**11**			♎	
Mo	12	ab	08.56	♏	
Di	13			♏	
Mi	14	ab	19.19	♐	
Do	15			♐	
Fr	16	um	14.53	♐	○
Sa	17	ab	07.28	♑	
So	**18**	ab		♑	
Mo	19	ab	20.27	♒	
Di	20			♒	
Mi	21			♒	

Sommeranfang

⊙ ♋ Sonne in Krebs

Do	22	ab	08.53	♓	
Fr	23			♓	
Sa	24	ab	18.56	♈	☾
So	**25**			♈	
Mo	26			♉	
Di	27	ab	01.20	♉	
Mi	28			♉	
Do	29	ab	04.00	♊	
Fr	30			♊	

Juli

⊙ ♋ Sonne in Krebs

Sa	1	ab	04.10	♋	●
So	**2**			♋	
Mo	3	ab	03.39	♌	
Di	4			♌	
Mi	5	ab	04.20	♍	
Do	6			♍	
Fr	7	ab	07.48	♎	
Sa	8			♎	☽
So	**9**	**ab**	**14.49**	♏	
Mo	10			♏	
Di	11			♏	
Mi	12	ab	01.07	♐	
Do	13			♐	
Fr	14	ab	13.29	♑	
Sa	15			♑	
So	**16**	**um**	**14.53**	♑	○
Mo	17	ab	02.28	♒	
Di	18			♒	
Mi	19	ab	14.45	♓	
Do	20			♓	
Fr	21			♓	
Sa	22	ab	01.10	♈	

Hochsommer

⊙ ♌ Sonne in Löwe

So	**23**			♈	
Mo	24	ab	08.45	♉	☾
Di	25			♉	
Mi	26	ab	13.02	♊	
Do	27			♊	
Fr	28	ab	14.31	♋	
Sa	29			♋	
So	**30**	**ab**	**14.25**	♌	
Mo	31			♌	

August

⊙ ♌ Sonne in Löwe

Di	1	ab	14.28	♍	
Mi	2			♍	
Do	3	ab	16.32	♎	
Fr	4			♎	
Sa	5	ab	22.05	♏	
So	**6**			♏	
Mo	7			♏	☽
Di	8	ab	07.31	♐	
Mi	9			♐	
Do	10	ab	19.45	♑	
Fr	11			♑	
Sa	12			♑	
So	**13**	**ab**	**08.44**	♒	
Mo	14			♒	○
Di	15	ab	20.42	♓	
Mi	16			♓	
Do	17			♓	
Fr	18	ab	06.45	♈	
Sa	19			♈	
So	**20**	**ab**	**14.32**	♉	
Mo	21			♉	
Di	22	ab	19.56	♊	☾

Spätsommer

⊙ ♍ Sonne in Jungfrau

Mi	23			♊	
Do	24	ab	23.01	♋	
Fr	25			♋	
Sa	26			♋	
So	**27**	**ab**	**00.18**	♌	
Mo	28			♌	
Di	29	ab	00.56	♍	●
Mi	30			♍	
Do	31	ab	02.34	♎	

September

⊙ ♍ Sonne in Jungfrau

Fr	1			♎	
Sa	2	ab	06.56	♏	
So	**3**			♏	
Mo	4	ab	15.09	♐	
Di	5			♐	☽
Mi	6			♐	
Do	7	ab	02.48	♑	
Fr	8			♑	
Sa	9	ab	15.45	♒	
So	**10**			♒	
Mo	11			♓	
Di	12	ab	03.35	♓	
Mi	13	um	20.34	♓	○
Do	14	ab	13.01	♈	
Fr	15			♈	
Sa	16	ab	20.06	♉	
So	**17**			♉	
Mo	18			♊	
Di	19	ab	01.23	♊	
Mi	20			♊	☾
Do	21	ab	05.17	♋	
Fr	22			♋	

Herbstbeginn

⊙ ♎ Sonne in Waage

Sa	23	ab	08.01	♌	
So	**24**			♌	
Mo	25	ab	10.03	♍	
Di	26			♍	
Mi	27	ab	12.23	♎	●
Do	28			♎	
Fr	29	ab	16.31	♏	
Sa	30			♏	

Oktober

⊙ ♎ Sonne in Waage

So	**1**	**ab**	**23.51**	♐	
Mo	2			♐	
Di	3			♐	
Mi	4	ab	10.43	♑	
Do	5			♑	☽
Fr	6	ab	23.34	♒	
Sa	7			♒	
So	**8**			♒	
Mo	9	ab	11.37	♓	
Di	10			♓	
Mi	11	ab	20.52	♈	
Do	12			♈	
Fr	13	um	09.48	♈	○
Sa	14	ab	03.07	♉	
So	**15**			♉	
Mo	16	ab	07.20	♊	
Di	17			♊	
Mi	18	ab	10.38	♋	
Do	19			♋	
Fr	20	ab	13.43	♌	☾
Sa	21			♌	
So	**22**	**ab**	**16.53**	♍	
Mo	23			♍	

Hochherbst

⊙ ♏ Sonne in Skorpion

Di	24	ab	20.31	♎	
Mi	25			♎	
Do	26			♎	
Fr	27	ab	01.24	♏	●
Sa	28			♏	
So	**29**	**ab**	**08.41**	♐	
Mo	30			♐	
Di	31	ab	19.03	♑	

November

⊙ ♏ Sonne in Skorpion

Mi	1			♑	
Do	2			♑	
Fr	3	ab	07.42	♒	
Sa	4			♒	☽
So	**5**	**ab**	**20.14**	♓	
Mo	6			♓	
Di	7			♓	
Mi	8	ab	06.03	♈	
Do	9			♈	
Fr	10	ab	12.13	♉	
Sa	11	um	22.14	♉	○
So	**12**	**ab**	**15.28**	♊	
Mo	13			♊	
Di	14	ab	17.22	♋	
Mi	15			♋	
Do	16	ab	19.20	♌	
Fr	17			♌	
Sa	18	ab	22.16	♍	☾
So	**19**			♍	
Mo	20			♍	
Di	21	ab	02.36	♎	
Mi	22			♎	

Spätherbst

⊙ ♐ Sonne in Schütze

Do	23	ab	08.34	♏	
Fr	24			♏	
Sa	25	ab	16.34	♐	
So	**26**	**um**	**00.11**	♐	●
Mo	27			♐	
Di	28	ab	02.58	♑	
Mi	29			♑	
Do	30	ab	15.28	♒	

Dezember

⊙ ♐ Sonne in Schütze

Fr	1			♒	
Sa	2			♒	
So	**3**	**ab**	**04.24**	♓	
Mo	4			♓	☽
Di	5	ab	15.18	♈	
Mi	6			♈	
Do	7	ab	22.28	♉	
Fr	8			♉	
Sa	9			♉	
So	**10**	**ab**	**01.51**	♊	
Mo	11	um	10.00	♊	○
Di	12	ab	02.50	♋	
Mi	13			♋	
Do	14	ab	03.10	♌	
Fr	15			♌	
Sa	16	ab	04.31	♍	
So	**17**			♍	
Mo	18	ab	08.02	♎	☾
Di	19			♎	
Mi	20	ab	14.13	♏	
Do	21			♏	

Winterbeginn

⊙ ♑ Sonne in Steinbock

Fr	22	ab	22.58	♐	
Sa	23			♐	
So	**24**			♐	
Mo	25	ab	09.55	♑	●
Di	26			♑	
Mi	27	ab	22.26	♒	
Do	28			♒	
Fr	29			♒	
Sa	30	ab	11.28	♓	
So	**31**			♓	

Mondkalender für das Jahr 2000

Januar

⊙ ♑ Sonne in Steinbock

Sa	1			♏	
So	**2**	**ab**	**22.33**	♐	
Mo	3			♐	
Di	4			♐	
Mi	5	ab	11.25	♑	
Do	6	um	19.12	♑	●
Fr	7	ab	23.54	♒	
Sa	8			♒	
So	**9**			♒	
Mo	10	ab	11.00	♓	
Di	11			♓	
Mi	12	ab	19.49	♈	
Do	13			♈	☽
Fr	14			♈	
Sa	15	ab	01.39	♉	
So	**16**			♉	
Mo	17	ab	04.26	♊	
Di	18			♊	
Mi	19	ab	05.02	♋	
Do	20			♋	

Hochwinter

⊙ ♒ Sonne in Wassermann

Fr	21	ab	04.59	♌	○
Sa	22			♌	
So	**23**	**ab**	**06.08**	♍	
Mo	24			♍	
Di	25	ab	10.10	♎	
Mi	26			♎	
Do	27	ab	18.02	♏	
Fr	28			♏	☾
Sa	29			♏	
So	**30**	**ab**	**05.19**	♐	
Mo	31			♐	

Februar

⊙ ♒ Sonne in Wassermann

Di	1	ab	18.11	♑	
Mi	2			♑	
Do	3			♑	
Fr	4	ab	06.32	♒	
Sa	5	um	14.00	♒	●
So	**6**	**ab**	**17.03**	♓	
Mo	7			♓	
Di	8			♓	
Mi	9	ab	01.18	♈	
Do	10			♈	
Fr	11	ab	07.22	♉	
Sa	12			♉	
So	**13**	**ab**	**11.24**	♊	☽
Mo	14			♊	
Di	15	ab	13.46	♋	
Mi	16			♋	
Do	17	ab	15.12	♌	
Fr	18			♌	
Sa	19	ab	17.28	♍	○

Winterende

⊙ ♓ Sonne in Fische

So	**20**			♍	
Mo	21	ab	20.22	♎	
Di	22			♎	
Mi	23			♎	
Do	24	ab	02.59	♏	
Fr	25			♏	
Sa	26	ab	13.01	♐	
So	**27**			♐	☾
Mo	28			♐	
Di	29	ab	01.46	♑	

März

⊙ ♓ Sonne in Fische

Mi	1			♑	
Do	2	ab	14.15	♒	
Fr	3			♒	
Sa	4			♒	
So	**5**	**ab**	**00.31**	♓	
Mo	6	um	06.13	♓	●
Di	7	ab	07.55	♈	
Mi	8			♈	
Do	9	ab	13.02	♉	
Fr	10			♉	
Sa	11	ab	16.47	♊	
So	**12**			♊	
Mo	13	ab	19.52	♋	☽
Di	14			♋	
Mi	15	ab	22.44	♌	
Do	16			♌	
Fr	17			♌	
Sa	18	ab	01.49	♍	○
So	**19**			♍	
Mo	20	ab	05.58	♎	

Frühlingsbeginn

⊙ ♈ Sonne in Widder

Di	21			♎	
Mi	22	ab	12.19	♏	
Do	23			♏	
Fr	24	ab	21.44	♐	
Sa	25			♐	
So	**26**			♐	
Mo	27	ab	09.52	♑	
Di	28			♑	☾
Mi	29	ab	22.35	♒	
Do	30			♒	
Fr	31			♒